紀念許世瑛先生九十冥誕
學術研討會論文集

黃錦鋐等著

文史哲出版社印行

國家圖書館出版品預行編目資料

紀念許世瑛先生九十冥誕學術研討會論文集 /
黃錦鋐等著. -- 初版. -- 臺北市：文史哲, 民
88
  面：　公分. --
  含參考書目
  ISBN 957-549-231-5(平裝)

1.中國文學 － 論文,講詞等 2.中國語言 － 論文
,講詞等 3.經學 － 論文,講詞等
820.7   88010301

紀念許世瑛先生九十冥誕學術研討會論文集

著　　者：黃　　錦　　鋐　　等
出 版 者：國 立 臺 灣 師 範 大 學 國 文 學 系
登記證字號：行政院新聞局版臺業字五三三七號
發 行 人：彭　　　　正　　　　雄
發 行 所：文　史　哲　出　版　社
印 刷 者：文　史　哲　出　版　社
　　　　　臺北市羅斯福路一段七十二巷四號
　　　　　郵政劃撥帳號：一六一八○一七五
　　　　　電話 886-2-23511028．傳眞 886-2-23965656
實價新臺幣四五○元
中 華 民 國 八 十 八 年 六 月 初 版

紀念許世瑛先生九十冥誕
學術研討會論文集

主辦單位： 國立臺灣師範大學　國文系
　　　　　 私立淡江大學　中文系
　　　　　 國立臺灣大學　中文系
　　　　　 私立輔仁大學　中文系
中華民國八十八年四月十七、十八日

序

蔡宗陽

　　爲緬懷國立臺灣師範大學國文系許世瑛教授學術上的卓越之貢獻及影響，謹訂於中華民國八十八年四月十七日（星期六）、十八日（星期日），假本校綜合大樓五〇九國際會議廳，舉辦「紀念許世瑛先生九十冥誕學術研討會」。

　　此次研討會除專題演講外，共有四場。專題演講敦請（本校名譽教授）黃錦鋐博士主講「許詩英先生的生平及其著作」、應裕康教授主講「先師許詩英先生對聲韻學教學的貢獻」。此次研討會共有論文二十篇，其中兩篇係專題演講，排列在前兩篇；其餘十八篇論文，依經史子集分類，並參酌輩分高低，如有不妥，請不吝指教。經學類有四篇：朱守亮先生「《論語》中之顏淵」、余培林先生「《詩經》中的魚」、邱德修先生「湖北郭店楚簡〈緇衣篇〉考釋舉例」、姚榮松先生「《論語》的主題句——從『父母唯其疾之憂』的句法說起」。史學類有兩篇：楊承祖先生「歷史人物戲劇變形的反思」、許璧先生「《史記》和《三國史記》的量詞研究」。思想類有兩篇：戴璉璋先生「魏晉清談的思想理趣與語言風格」、竺家寧先生「佛經中的『有所』與『無所』」。文學類有四篇：左松超先生「論韓文之雄奇與歸文之疏淡——以〈師說〉與〈項脊軒志〉二文句法結構爲例」、張健先生「王昌會論詩有三十四門——《詩話類編》研究之一」、包根弟

先生「〈詞概〉創作技巧論」、柯慶明先生「從『現實反應』到『抒情表現』——略論〈古詩十九首〉與中國詩歌的發展」。語言文字文法類有六篇。龍宇純先生「古漢語曉匣二母與送氣聲母的送氣成分——從語文現象論全濁塞音及塞擦音爲送氣讀法」、謝雲飛先生「兩套重要音標的比較研究」、陳新雄先生「宵藥二部古韻尚能細分嗎」、張文彬先生「句的探析」、金周生先生「朱熹反切音與叶韻音在研究語音史上的盲點——以《詩集傳》爲例」、王錦慧先生「選擇問句的類型與功能——從中古到近代」。

　　此次研討會不止各大學國（中）文系所教授皆踴躍參與，大學部學生、研究生，尚有社會人士皆熱心參與，盛況空前。此次研究會由臺灣師大、淡江大學、臺灣大學、輔仁大學四所大學國（中）文系所合辦，這是空前的盛大學術研討會。

國立臺灣師範大學國文系所主任**蔡宗陽**敬識

中華民國八十八年四月十六日

紀念許世瑛先生九十冥誕
學術研討會論文集

目　次

許詩英先生的生平及其著作

黃錦鋐

　　許世瑛先生，字詩英，浙江紹興人，今年是他九十歲冥誕。他的父親即名學者許壽堂（字季茀）老先生，留學日本東京高師，在留學時代，曾與錢玄同、朱希祖等人師事章太炎先生，專攻文字、聲韻、訓詁之學，歷任各大學教授、系主任、院長、校長多年，一度隨蔡元培先生供職中央研究院及出掌江西省教育廳。本省光復後，來臺擔任編譯館長，及國立臺灣大學中文系主任。詩英先生幼受優越的國學薰陶，熟讀經集史傳。民國初年肄業於北平師範專科學校（即後之北師大）附屬小學，這是北平最好的小學。畢業後考入天津南開大學附屬中學。初中畢業後，回浙江，考上省立杭州高中。杭高當時在國內是很著名的高中。高中畢業後，又到北平考入當時最著名的清華大學。民國二十三年，在清華大學部畢業以後，隨即入研究所，跟合肥劉叔雅（文典）先生學目錄校勘之學。劉氏是《淮南鴻烈集解》、《莊子補正》的作者。二十五年研究所畢業，先後在北平燕京大學、輔仁大學等校講授古韻研究、廣韻研究、聲韻學、六朝文選等課程。三十五年十二月五日，由臺灣師範學院前院長李季谷先生禮聘來臺，擔任國文系教授，講授國音學、聲韻學、文法、歷代文選等課程，並曾先後兼任國立臺灣大學、私立輔仁大學、淡江文理學院的教職。他教課比較多，因為許多地方專門學科需要他，學生們歡迎他。曾獲教育部頒

發資深優良教師獎狀。

　　許先生的個性，剛直不徇私情；治學態度則求平實，探本索源，有經學家的謹嚴，科學家的細密。生活嚴肅，除埋首研究外，只有與好友切磋討論，或與學生們談經論道；偶而聽聽廣播，過著極和樂優閒的生活。

　　我聽過許先生很多課，也追隨他教了十多年的書，時常執經問道，但夫子門牆高峻，實在不得其門而入，不能見到宗廟之美，百官之富。然以時間說，在臺灣師大的許多同學中，我是接觸比較久的一個，今天我介紹老師給各位師友，說說四十餘年前的往事，自己也有一種「青燈似兒時」的感受哩。

　　我跟從許先生受學，到他逝世為止，有三十餘年。在那悠長的歲月裏，在校時是聽他的課，畢業後又在同校教書，遇著困難，隨時質疑問難，使我能夠幸運地過了一段既是教師又是學生的生活。

　　記得許先生剛到臺灣的第一天，那時師院國文系主任張同光先生叫我到辦公室去，首先對我說：「你們所盼望的許老師已經來了，這是地址，你明天去找他，請他帶你們到北投國校參觀國語示範教學。」當我要離開的時候，張主任又交代一句：「你要好好的招呼許老師。」我退出了辦公室，心裏著實的忐忑，為甚麼要我好好的招呼，難道許老師脾氣很壞？使我想起在私塾上學的那一幕，留著八字鬍子拿著戒尺的塾師，正虎視眈眈的呼喊著。我滿腹的疑惑。第二天，我硬著頭皮到許先生的住所。結果大出意料。聽說有人找他，戴著深度眼鏡，滿臉含笑的從書房出來，這就是要我好好招呼的慈祥長者許先生嗎？我雙手遞過去張主任寫的介紹便條，他把便條靠近那架深度眼鏡下仔細的端詳，這時我才了解張主任要我「好好的招呼」那句話的含意，心裏不由如釋重負。當時約好了來接他的時間，我就走了。在我的印象裏，他是一個溫和隨便不拘禮節的長者。

　　在參觀途中，如張主任所說，我們是一路招呼他。而發號施令還是許先生。舉凡參觀時應該注意的事項，以及分組等細節，他都給我們作妥適的安排，使我們驚奇他處事的精密。當參觀完畢等車回校的時候，大家就圍著他問長問短，他都能有條不紊的一件一件詳細正確的回答，直使同學們滿意為止。我那時課外正在看一本《高士傳》，看大家和許老師談得興高采烈，自己也插嘴問起這本書來，當時不過是想湊熱鬧，並且有一種年輕人自我表現的意識。誰知許先生聽到《高士傳》，引起了他的話匣子，從作者說到板本，從板本又談到內容，如數家珍的講述出來，大家都驚奇他學識的淵博和記憶力的過人。

　　他為人雖然隨和，但教書卻一點兒也不馬虎。我所知道的，他從不隨便缺課。記得有一次我不見來上課，心想一定是病了，但又不可憑空猜測，於是就到他府上探視，果不出所料，他是患了傷風。他上課時，打開課本就講書，從不跑野馬涉及課本以外的事。只有當學生們顯出倦容的時候，他才穿插一兩句笑話，逗得大家哈哈笑起來，笑聲剛停，他又接著講課了。

　　許先生在家的時候，真是門庭若市，客人、學生，一批批進去，一批批出來，他並不以為煩，有時同學們索性就在他那裏吃起飯來。他常幫助有困難的同學，在淡江擔任系主任時，每學期捐助淡江中文系三名獎學金。在沒客人時，他總是眼鏡框幾乎要碰到書本的在伏案看書。每當看到他這樣辛勤的在研究，我心裏就感到一種莫名的愧怍。他是一個樂觀進取，小事隨便，富於正義感的人，他會為應該不應該的事，不管對心裏就楔雜O認識或不認識的人，爭執得面紅耳赤。過後又與人和好如初。因為他是對事而不是對人。我曾經看到他在開會時和一個同事爭執，但以後當那位同事遇到困難時，幫忙的還是許先生。

　　關於許先生的著作，有《中國目錄學史》（現在國民基本知識叢

書第二輯，民國四十三年八月初版）、《中國文法講話》（開明書店）、
《常用虛字淺釋》（復興書局）三部專著，其他有關聲韻學及語文法
的論文約有五十餘篇。綜其內容，大概可以分為四個部分，分別介紹
如次：

一 中國目錄學史

目錄學這門學問，自來被人認為很枯燥的一種學科，所以自從漢
劉向校書而有別錄以來，將近二千年，能以專書的形態，作系統的敘
述，當時在坊間流行的，只有商務印書館出版的姚名達《中國目錄學
史》，以及許先生的書。——民國三十五年正中書局出版的蔣伯潛《
校讎目錄學纂要》只是概要而已。

許著與姚名達的《中國目錄學史》，因為目錄歷史的文獻有限，
取材大致相同，但編制的形式卻大不相同。根據屈萬里先生的評述，
有兩點不同的地方——

第一點是「體制上的不同」。屈先生說：

> 本書共分十二章。十二章的標題，是：第一章、緒論，第二章、
> 目錄之權輿，第三章、分類編目之創始，第四章、四部分類之
> 嚆矢，第五章、七分法之目錄，第六章、四部分類法之確立，
> 第七章、隋志以後之各史藝文志，第八章、隋志以後應用四部
> 分類法官修目錄，第九章、隋志以後應用四部分類法私家所修
> 目錄，第十章、四部分類法目錄之別派，第十一章、不守四部
> 成規之目錄，第十二章、專科目錄與特種目錄。章下分節，節
> 下有的更分子目；綱舉目張，條理密察。在結構方面來說，比
> 起姚書來顯得嚴謹而整飭。
>
> 本書除第一章緒論係銓釋目錄、目錄學、目錄學史之定義外，
> 自第二章至第十一章，則述歷代藏書目錄及史志，末章則擇要

敘述專科目錄及特種目錄。而於歷代史志及藏書之有承先啓後之功的，則敘述特詳。就體例說，大致是以時代爲綱，以史志及其他書目爲目；使讀者讀過本書之後，對於本國目錄學之流變和得失，可得一原原本本的知識。而姚書則以類別爲綱（如：溯原篇，分類篇，體質篇……），以時代爲目。用史書的分類來作比喻，則本書近似編年體，姚書近似紀事本末體；兩書在體例上的不同，大致是這樣的。」（學術季刊第三卷第三期，民國四十四年三月出版）

因爲許先生是以編年體來撰寫的，所以把校讎學屬於目錄學，不另立專篇，他說：

鄭（樵）章（學誠）二氏所謂之校讎學，實兼包目錄學與校勘學二者而言。吾人今觀阮孝緒七錄將校書所撰之目錄學，如別錄、七略等聚爲「薄錄部」，而唐母煚，古今書錄改爲「目錄類」，殆古人已認校讎整理之學爲目錄學矣。職是之故，古人既早已名此種著錄書名之書爲目錄，則正是科學問之名爲目錄也，孰曰不宜？又何必拘守鄭樵、章學誠所創之舊名——校讎學——者哉？（見本書第一章第二節）

姚名達氏雖然主張這種說法，但是他的目錄學史（商務版）仍列校讎篇，似嫌含混，究不若許先生之使校讎所包括的範圍、分科爲目錄學與校勘學二者，則涇渭分明，不致混淆了。

第二點是「內容的不同」。關於這一點，屈萬里先生也有很透闢公允的說明。他說：

就內容來說，本書在敘述史志和其他目錄時，分類和體質並重，不像姚書的分門別類，各立專篇。至於姚書裏的校讎篇和宗教篇等類史料，本書則皆略而未收。本書著者在例言中說：「本書對於宗教目錄，以其性質特殊，且爲篇幅所限，致未能述及。」

這是宗教目錄之未被敘入的原因。而校讎之學，和圖書板本學一樣，它們本來雖都是目錄學的近支，但到後來，卻都已由附庸而升爲大國，於是析產分居，另立了門戶。本書於校讎及板本兩方面，沒特別地加以敘述（書於板本學亦未專篇），當是這個原因。至於取材方面，則本書對於歷代私家書目的敘述，所據的材料，較姚書爲多。而在史學方面，則近年以來，吾國受西洋圖書分類法之影響而編輯的目錄，本書均未之及。不知道本書作者的意思，是敘述目錄史實，以清末爲斷呢？還是另有說法呢？（學術季刊第三卷第三期）

　　大概書名既然名之曰「史」，則必要溯其源，探其流，使讀者知道它的來龍去脈。但是前人的目錄史的書，對於史的範圍，好像並未顧及，只是提到分類、提綱，注意橫的剖解，沒有顧及縱的連貫，可以說是目錄學概說，未足以稱爲目錄學史。許先生的《中國目錄學史》，特注重歷史的發展。他在第六章第一節裏說：

　　故吾人可以言隋志之四部，貌似荀（勗）李（充），而質實劉（向）阮（孝緒），遠承七略之三十八種，近繼七錄之四十六部，嫡脈相傳，間世一現。治目錄學者，絕不可謬認七略、七錄之學已失傳，而慨然以歎也。唯自隋志不採七略、七錄之七分，而以經、史、子、集爲四綱，嗣後撰目錄者，除少數例外，咸奉以爲法，而不敢妄越雷池一步，於是吾人謂爲四部分類法，自隋志而確立，又何不可哉！

　　只有由史的發展去探究，然後才可以收到承先啓後的功用；也惟有從這個角度去寫目錄學史，才算是真正的目錄學史。

　　最後我引屈萬里先生的幾句話，以明姚許兩種《中國目錄學史》區別的所在。

　　大抵本書之作，是真能把握著了「史」的要點；和史無關的話

語，如姚書中的：分類之原理、類之字義，事物之分類……等
枝蔓之語，本書一概沒有，所以筆者的觀感，以為姚書近似中
國目錄學概論，而本書是真正的《中國目錄學史》。（見學術
季刊第三卷第三期，民國四十四年三月出版。）

二　許先生的聲韻學

許先生研究聲韻學已經很多年了，早在民國二十八年他已經在北
平私立燕京大學中國文學系擔任過「古音研究」的課。（見許先生寫
的江舉謙著《詩經韻譜》序）最近二十年來，臺灣師範大學國文系及
國立臺灣大學中文系的聲韻學，一直是由他擔任，他還在師大國文研
究所開「中國詩律研究」的課程。大家公認他是聲韻學權威，但他卻
沒有以此自居，終日仍在默默的研究，先後有很多篇關於聲韻學的論
文發表。在那許多論文中，大約可以分為三部分。

第一類是「學術性」的論文，如：

等韻研究（民國二十七年燕京大學文學季刊）

輯江有誥通韻譜、合韻譜、借韻譜（民國二十八年燕京大學文學
季刊）

王念孫古韻二十一部通韻情形（民國二十九年燕京大學學術季刊）

段氏說文解字注所標韻部辨誤（民國二十九年燕京學報）

評羅（常培）董（同龢）兩先生釋內外轉之得失（民國五十五年
十一月淡江學報）

這幾篇論文，都綿密深入，為治音韻學者所推重。

第二類是「整理性」的論文：

許先生無論研究什麼學問，都是有步驟，有系統的，聲韻學也不
例外。他認為廣泛說某一時代用韻的情形是如何如何，那是很危險的，也
是不負責任的說法。所以他主張必須從各朝代的韻文詩歌中去整理，

歸納它用韻的情形，然後來下結論，那才是科學的，也是最可靠的。所以不厭其煩從歷代詩歌中去探討用韻的情形。例如他在〈論鵬鳥賦的用韻〉（大陸雜誌第二十九卷第十期）考定西漢人的用韻與先秦大致相同。又如〈論長恨歌與琵琶行用韻〉（淡江學報第四期）考定在中唐時「支」「脂」與「之」韻，「東」與「鍾」韻，「清」與「青」韻等等可以合用，至一部文獻不足的，則付闕疑。

　　第三類的聲韻學非但是學術的研究，而尤其貴能應用。許多人都認為聲韻學是天書，但它對於讀古書有很大的幫助，又不得不去了解，所以都感覺很苦惱。許先生對這方面也有深入淺出的說明與卓越的貢獻。例如他在〈從時日曷喪與時日害喪說到孔子的語文教育〉一文，就是將聲韻的常識，應用到語文教育上。一個人最怕鑽牛角尖，即使自己把學問研究得非常好，不能應用，那學問也是等於零。所以許先生不憚以音韻的道理來說明古書上許多後人不能解決的問題，或是後人只知其然，不知其所以然的道理。經過了他的說明，我們才了解尚書湯誓篇的「時日曷喪」，孟子梁惠王篇引本句為「時日害喪」的道理。（見孔孟月刊第二卷第十一期）

　　同時又從聲韻發展的道理，推論前人「只知守常不知時變」的不對。如〈從唐玄宗改尚書洪範篇「頗」字為「陂」字中得到一個教訓〉一文中他說：「唐玄宗開元十三年敕曰：『朕聽政之暇，乙夜觀圖，每讀尚書洪範，至「無偏無頗，遵王之義。」三復茲言，常有所疑，據其下文，並皆協韻，惟「頗」一文，實則不倫。又周易泰卦中「無平不陂」，釋文云：「陂字亦有『頗』音。『陂』之與『頗』訓詁無別。其尚書洪範『無偏無頗』字，宜改為『陂』。」從此以後，凡讀尚書的人，沒有一個不是讀『無偏無陂，遵王之義』了。」（孔孟月刊第一卷第十一期）

　　許先生根據聲韻發展的道理，認為唐玄宗改「頗」為「陂」是多

餘的。因為語音是不斷的在演變，古人協韻的篇章，今人讀起來會變得不協調，「頗」和「陂」在中古雖不同韻，但在上古卻同屬歌部，我們如果能了解「時有古今，地有南北，字有更革，音有轉移」〈語見陳第的毛詩古音考序〉，對於古書不協韻的情形，就不會感到疑惑了。這些都是許先生給後學的啓示，在教學上也有其永久不可磨滅的價值。這種淺明的解釋，或許有人覺得沒有甚麼了不起，我們要知道，世間的道理，說破了沒甚麼，但要說破一個道理，卻非要鞭辟入裏的去研究不可。蘋果掉落地上，是因地心吸力，連小學生也知道，但是當初牛頓卻花費無數的時間試驗才得來。今天讀了許先生的文章，覺得道理很淺顯，但那是許先生深入的研究之後，才說出的道理呀！

　　古人對於許多相通的詞語，都是「某者，某也」。但何以某與某相通，古人都略而不說。許先生對這方面也下過一番工夫，考訂它們相通的所以然，使後人查閱古書的時候，不致疑惑。例如〈論語、孟子中焉字的用法探究〉一文中說：

> 「焉」字等於「於是」，段玉裁、朱駿聲、劉淇、王引之、吳昌瑩、裴學海以及楊遇夫師，都是如此說法。但是如果探究一下「焉」字和「於是」的聲音關係，就覺得相去太遠，不能直捷就說「焉」字是「於是」的合音。（孔孟學報第三期）

　　因此，許先生擬測它上古時期的音值，考訂「焉」字是「於旃」的合音。然後根據廣雅釋言訓「旃」和「之」在中古同屬章母，因此「旃」與「之」二字，它們在上古時期，雖所屬韻部不同，然聲母相同，得以假借。而「之」與「是」的聲母，在上古時期發音方法雖不同，發音部位卻相同，詞性也相同，因此也可以假借，所以「焉」可以解為「於是」了。這樣由聲韻的關係推究詞義的演變，不但為古人的功臣，也是今人的良師，這又是許先生運用聲韻學的學理作深入淺出的說明的另一例子。

許先生對於聲韻學能有多方面的成就，推其原因，是他一方面既受傳統聲韻學的正傳，一方面又接受新的聲韻學的洗禮，而結合古今聲韻學學識的大成。

南洋義安學院文史系主任巴壺天先生，曾在一次講演會中，推崇許先生在聲韻學方面的成就，說：「許先生的先人季茀老先生是章太炎大師的門弟子，所以他的聲韻，是承受中國傳統聲韻學的眞傳。但許先生聲韻學的業師，是現代語言學家趙元任先生，所以他又接受了近代聲韻學的洗禮。因此許先生的聲韻學，可以說是兼有新舊之長。」（見淡江週刊）這幾句話，可以說是很正確的批評。

三　許先生的語文法

中國文法自「馬氏文通」以來，研究的人日多，出的書本也不下幾十種；其中在觀念上大約可以分爲兩派：一是因襲西洋的，仍舊沿用英文九品詞類的名稱；一是主張語法只該就一時一地的語言作個別的觀察。許先生大體上是贊成後者，尤其更主張用比較的方法去發現文法中許多個別的問題。他曾說：

> 研究一個族語的文法，要特別注意它的結構上的特徵。尤其是那些和其他族語的不同之點，更值得重視。因此，要想明白一個族語的文法，只有應用比較的方法才能竟功的。咱們可以拿文言詞句和文言詞句比較，白話詞句和白話詞句比較，看看同一種思想，究竟有幾種的表現法。咱們又可以比較文言裏一句話，在白話裏怎麼說，白話裏一句話，在文言裏又怎麼說，看看它們的語句結構方式究竟有哪些不同。咱們還可以觀察一下：一句中國話，翻成英語該怎麼樣翻法；一句英語用中國話去表達，又該怎麼樣。要曉得只有比較，才能看出它們之間的共同之點和特殊之點啊！（中國文法講話自序）

　　許先生雖然承受前賢語文法的新觀念，但並不是一味盲從前人，他有許多獨特的見解，這可以說是他二十餘年來研究文法的成就。例如從〈爲之說到始得西山宴遊記裏的爲之文以志〉一文中說：

　　談到這裏，我們可以問一問柳宗元的始得西山宴遊記：「然後知嚮之未始遊，遊於是乎始，故爲之文以志。」裏的「爲之文以志」的「爲」字讀去聲呢？還是讀平聲？近人呂叔湘氏在他的中國文學法要略上卷第四章第五節關切補詞第七、八葉，把這一條例子列入。認爲這個「爲」字讀去聲，「之」字關切補詞，「文」字是個動詞，呂氏並注明「文，動詞」。照呂氏的說法，「爲之」就必須連讀了。意思說：「所以替它寫了這篇遊記」，它指西山。但是筆者不敢苟同呂氏的這個說法。據筆者愚見以爲「故爲之文以志」，應該「之文」連讀，文是名詞，讀陽平，「做」「之文」這個詞組的端詞，而「之」是加詞，不是關切補詞。「故爲之文以志」正確的意義，是「所以我寫了這篇文章作紀念」。如果照呂氏的說法，要譯爲「所以我替它寫了這篇文章作紀念」，那就錯了。（教育與文化第二四六、七期）

　　許先生對他的業師，非常尊敬，無論上課，或是寫文章，提到他的業師，必定以老師稱呼，但也不曲從師說，如「論語中『莫』字用法探究」一文中說：

　　莫字用作無定指稱詞，遇夫師（按指長沙楊樹達先生，高等國文法、詞詮等書的作者。）所謂無指代名詞，爲「無人」、「無物」之義。（詞詮卷一頁二十四）世瑛謹按：遇夫師所舉諸例中僅鹽鐵論非鞅篇「東西南北，莫可奔走。」一條勉強可云：莫，無處之義。然又何嘗不可云「莫」字之義，乃有無之「無」，「莫可奔走」即「無可奔走」，有何不可乎？再者史記李斯傳：

「故詬莫大於卑賤，而悲莫甚於窮困。」中兩莫字，遇夫師亦以爲是無指代名詞，「無物」之義。其實此二「莫」字似以視爲動詞，作有無之「無」解爲長，是以竊以爲「莫」字作無定指稱詞用，唯有「無人」一義耳。（孔孟月刊第一卷第一期）

　　許先生在語文法上流傳最廣的有兩本書，一本是開明書店出版的《中國文法講話》，另外一本就是復興書局出版的《常用虛字用法淺釋》。尤其後者不單是自修的青年需要它，就是中學國文教師也幾乎人手一冊。它能夠流傳那麼廣的原因，一方面固然是虛字本身令人頭痛，一般人碰到它，都有不知所云的煩惱，一方面也是因爲古人常以爲虛字沒有意義就算了，以後的學者，如劉淇、王念孫、王引之、吳昌瑩、俞樾、裴學海等人，對虛字著實下了一番功夫研究，但都是採用「而，如也。如，而也」的老辦法，對虛字的眞義，仍舊沒有交待，尤其是虛字的通常用法，他們認爲人人都知道，用不著解釋，都不加以說明，一般青年學子仍感到非常困惑。許先生則特別注意到這些問題，而且還把文言與白話用法不同的地方，提出比較說明，使看了的人，都能渙然冰釋，得其會通。從前葉德輝批評劉淇的助字辨略說：「余謂此書本爲考據家之作，而實足爲詞章筆削之資。讀者日日紬繹其書，非獨二者得以肆其取求，即義理之精深，亦將由此檢讀群書，玩索而獲其益。是固不僅於助字之用得所辨析也已。」〈助字辨略序〉其實用這幾句話來批評許先生的常用虛字使用淺釋，也是最確當不過的。

四　許先生的文章

　　許先生純文藝性的文章雖不多見，但是從那許多著作中，可以看出他對文學的修養。這當然還得歸功於他對韻學及語文法有深邃的研究，因爲文章離不開聲韻文法。古人說：「情發於聲，聲成文謂之音。」可見聲韻和文章有密切的關係。尤其文法，可以說是構成文章的基本

因素。因為文章，有它的內容，還有它的形式，而形式對文章更具重要性。古文辭通義說：「為古文之學者，言道、言法是也。言道、言之有物也；言法、言之有序者也。然天下之事，莫不有法，法之於文也，尤精而嚴。」（卷十三）又說：「文之所以精者，曰義曰法，故義勝則言有物，法立則言有序，然以有物之言而言之，無序則不詞，故有物者不可襲而取，有序者可以學而致，是以善文者，必盡心於法，以為言而不敢縱其所欲也。（同書卷十三）這裏所謂「法」，就是文章的形式。許先生的文章，就是因為他精邃於聲韻、文法，所以寫出文章來自然聲調和諧而有法則，而這種法則，也是出於自然，不是刻意去求工，所以許先生的文章，像他的人一樣的如行雲流水。

有人說，文章應該講求內容，不當講求法則。是的，文章的內容誠然重要，但如果沒有條理法則，就是有很好的內容，也表現不出來。所以古文鈔序上說：「文之盛者，其言有物；文之成者，其言有序，無序而勉為有序之言，其既也可以至於有序無物。而貌為有物之言，則其弊有不可勝說者。夫有物之言。必有物備於言之先，然言之無序，則物不可見，物即可見，而言不可以行遠，故治文者，惟求其言之有序而已。」

雖然這樣，但許先生的文章，也不專以有序擅長，他也是求言之有物的。他在〈王導政績和晉元帝中興〉一文中，曾引《晉書本傳》及《世說新語‧言語篇》批評溫嶠及桓彝的一段話說：

> 這兩段記載，雖然一是溫嶠，一是桓彝，說話的人不同，可是同以管夷吾目之，也足見王茂弘在東晉的地位，正好比管夷吾之在春秋；全可以孔子的「微管仲吾其被髮左衽矣」一語，作為讚譽之辭的。那麼他的重要也可以想見的了。唯其如此，我們對於他的治理方策實在有研討的必要。（見臺灣文化第二卷第九期）

治理方策可以說就是「言之有物」的「物」了。他又在〈對偶句法與駢文〉中更明確的指出文章內容的重要性。他說：「只有更低一紙的駢文家，祇知道如何使他的文句整齊美觀，在形式上誠然達到了他的理想，可是卻忘了意義上合乎情理與否的問題了。」（見大陸雜誌第一卷第六期）由此可見許先生也是注重文章的內容，不僅是以形式見長。

許先生的文章能夠形式與內容兼長，說來也不是偶然的，還要歸功於他平時注意前人文章的構造及遣詞造句的技巧。劉勰曾說：「夫人之立言，因字而生句，積句而成章，積章而成篇。篇之彪炳。章無疵也。章之明靡，句無玷也。句之清英，字不妄也。振本而末從，知一而萬畢矣。」《文心雕龍・章句篇》許先生的文章就是能從「振本」做起。他先研究文章中特殊詞語的用法，如〈魏晉人心目中傖字的意義〉那一篇文章中，舉出許多例證，徹底說明了傖字意義的轉變。他說：

> 從上面所引各事中可以知道「傖」字最初只是鄙陋愚蠢的人的稱謂，後來才慢慢地一面由南方人罵北方人爲傖，一變爲南方人罵初來南方居住的北方人爲傖，再變爲居住久了的北方人的子孫忘了他祖宗也是北方人，而罵後來的北方人爲傖。另外一面由吳人罵楚人爲傖，變而爲罵江淮之間的北方人和楚人爲傖了。一個名詞意義的轉變，由於時代的不同，也是我們研究文史的人所應注意的啊！（臺灣文化第二卷第七期）

由一字的研究，進而到一詞的探討。如〈從爲之說到始得西山宴遊記裏的爲之文以志〉一文裏，從「爲」字的讀音說到「爲」字的作用，推到「爲之」在文句中正確的說法。（教育與文化第二四六期）由詞語的研討進而研究文章用典的問題。文章應該不應該用典，前人議論紛紛，莫衷一是。許先生在原則上是主張用典的，他認爲用典祇要不是爲的裝門面，眩才學，就不必反對。但是他不是沒有原則的一

味主張用典，在積極上說，用典是爲求文章達到眞善美的境地，他在〈用典和注釋〉一文中，對文章用典有精闢的見解。他說：

> 爲了行文便利，或使文章委婉有致起見，借用他人之語，或先哲美談趣事，而將自己要說的話隱藏起來，讓讀者去忖度臆測，我以爲因此而發揮用典的能事，實在有它的必要，不應當一概抹殺，悉數擯棄。至於純粹爲了裝潢眩耀，以逞己才，那不勞維新家倡言打倒，就連我對用典有好感的，也要「揭竿而起」作「反典運動」了。（大陸雜誌第一卷第二期）

最後他更進一步，研究文章的本源，他在〈枚乘七發與其摹擬〉一文中，從考訂〈七發〉這篇文章的起源，進而列舉漢魏晉六朝唐宋明清以來「七」體的文章五十餘篇，並說明其內容作法及與〈七發〉的比較，作歷史性的探討。（見大陸雜誌第六卷第八期）

由此而研究作家個性行爲的趨向，許先生有〈王羲之父子與天師道之關係〉（刊臺灣文化第二卷第五期），推論時代的思潮與風尚，許先生有〈魏晉風流與老莊思想〉（見臺灣文化第二卷第三期），然後評論名家的文章，他列舉曹丕曹植兄弟兩人的文章，來比較說明。他認爲無論在文章的內容上形式上，或是個人的文學修養上，曹植都趕不上乃兄曹丕，旁徵博引，有很客觀的結論。（見讀書通訊第一五九期）《文心雕龍・才略篇》云：「文帝以位尊減才，思王以勢窘益價。」許先生爲這兩句話下了很正確的註腳。他對文章能有這樣敏銳深刻的觀察力，這全由於對文章有基本的修養所致。

許先生對駢文，也有很深刻的研究。他認爲散文駢文是形式的不同，只要言之有物，都可以傳之於後世。他在〈對偶句法與駢文〉一文中說：

> 我個人常有一個想法，覺得文無古今駢散之分，祇要言之有物，無論是發抒情感，吐露憂怨，或描景物，辯理申議，而不是無

病呻吟，諛墓應制，那就不管他用甚麼文體發表，都是不朽傑
作，可以「藏之名山，傳諸後人」了。（大陸雜誌第一卷第六期）
　他以為騈文的產生，是自然的，對文章能發生奇偶相參的效用。
曾說：

> 對偶句法的產生，決不是文人有意的做作，它完全根據我國文
> 字的特色，而自然形成的一種句法。它的作用，往往在騈文裏
> 顯不出來，但是一篇「騈散間用」的文章，那動人的段落，大
> 概都是用對偶句法寫的。並且這種對偶句子，可以說是：句子
> 的形式是偶的，而它所代表的意思，卻是奇的，也是奇偶相參，
> 具備了「騈散間用」的好處。……而對偶句法，也非在這種狀
> 態下，才發生作用，引起讀者的共鳴同情。現在已是語體文獨
> 霸文壇的時代，但有誰敢說：語體文裏絲毫沒有對偶的句法呢？
> 這更足以說明，對偶句法的運用，純由於天然而非人工的了。」

（大陸雜誌第一卷第六期）

　許先生的文章得力於史記，對於歸震川的文章特為推重，曾經寫
過〈歸有光和他的記敘文抒情文〉。（文學雜誌第四卷第二期）在最
後結論說：「沒有真情感的，絕對寫不出這樣動人的文章。讀了熙甫
之文，我們必將喟然歎曰：『旨哉斯言矣！』」這幾句話正好是許先
生自己文章的注腳。

　綜觀許先生的言行、論著、文章，可以說是一個純粹的讀書人。
他有讀書人研究精神，也有讀書人的風義，更具有負責、律己的精神。

　他有濃厚的儒家「窮則獨善其身，達則兼善天下」的觀念，但也
受道家沖和思想的影響。我們了解了許先生所受思想的影響，對於他
在學術上及做人方面所表現的造詣，也就不足詫異了。梁容若教授在
東海大學一次公開講演曾說：「許詩英先生是國文教授中的全才，基
礎雄厚，目錄、語言、文字、文學各方面都有精深的研究，會教書，

深入而淺出，平正而篤實。近視無白丁，他的近視程度之深，正可見他功力的切實。當代最淵博深入的學者，如陳寅恪先生，如周法高先生，如唐君毅先生，都爲眼病（網膜脫落）所苦，也因爲他們用功太過。詩英的眼睛是白內障，適當時期不難割治，性質上輕於他們，他的後期學術生活，應當是不受影響的，我們這樣期望著。」

　　許先生逝世已二十餘年了，然留下的爲人風範，以及他的著作永遠令人追思。

先師許詩英（世瑛）先生
對聲韻學教學的貢獻

應裕康

一、前　言

　　個人草此蕪文，主要的動機及目的。爲的是紀念先師許詩英先生。許先生是民國六十一年十一月去世的，離今已有二十七個年頭了，臺灣師範大學國文系發起主辦這次紀念性的學術研討會，向我徵稿，我覺得很光榮，有幸爲許先生的學生，更有幸寫此紀念性的論文，其意義遠非在其他學術研討會中發表論文可比。然而，在撰寫過程中，遙想先師在世的音容，心中又有說不出的激動，影響寫作的內容，這也是我要深深抱歉的。

　　許先生大約是民國三十五、六年就渡海來臺的，當時就在臺灣師大的前身臺灣省立師範學院國文系任教，其間又創辦了淡江的中文系，輔仁在臺復校後，又在輔仁中文系兼課，一直到他謝世，將近三十個年頭，他都沒有離開這三個學校，而所授最重要的課程，便是三年級的聲韻學，裁成學生之眾，不計其數。臺大董同龢教授去世後，許先生又在臺大兼教聲韻學。因此，目前在臺灣各大學中文系教授聲韻學的教師，或爲弟子，或爲門人，或爲再傳弟子，百分之九十以上，都跟許先生有學術的淵源，個人大膽說一句：許先生是臺灣聲韻學教學影響最深遠的人，也不爲過。

　　我於民國三十九年就讀於當時師院的國文系，一年級時許師教我們「讀書指導」，二年級教我們「中國文法」，三年級教我們「聲韻學」。那時物質圓乏，所有課程都沒有教科書，唯賴筆記，「聲韻學」也不例外，沒有教科書，也沒有《廣韻》、《中原音韻》等韻書，《韻鏡》、《四聲等子》等韻圖，上課時除了埋首抄筆記外，沒有時間去思索「了解」「不了解」的問題。平心而論，當時班上的同學，沒有一個不怕「聲韻學」的，有些同學聽了幾堂課就放棄抄筆記，於是到了期末，要準備考試時，就只有懷抱一本「無字天書」的筆記本，欲哭無淚了。我不復記憶當時學習的成果，究有幾分。只覺得許師不斷地講，不斷地抄黑板，心中深受感動。

　　民國四十六年考取母校國文研究所，第二年寫學位論文，承所長高仲華（明）師之命，請許師為指導教授。許師讓我比較《廣韻》跟《集韻》反切上字的異同，來觀察當時聲母的情形，這是我生平第一篇論文，後來我所寫的論文，以聲韻學的範圍最多，實肇因於此。

　　民國四十八年研究所畢業後，到政大中文系任教，每年所寫的論文，包括副教授、教授的升等論文，都跟聲韻學有關，也都由許師不吝指導，心中著實感激。民國五十八年我由新加坡義安學院回國，再進政大中文所攻讀博士學位，許師跟我商定，利用師大典藏的趙蔭棠先生的藏書，撰寫《清代韻圖的研究》，當時預定的指導教授，除許師外，尚有高仲華師及林景伊（尹）師，由於許師當時雙目網膜剝落而失明，教育部以許師既然不能閱讀論文，不便擔任指導教授。因此我的博士論文，便僅由高、林二師擔任指導教授，實際上該篇論文的發凡起例，以及很多問題的解決，莫不有許師的心血在。在許師言，一篇論文指導的掛名與否，實無損於他的令名。但在作為學生的我而言，卻始終難釋於懷。不過，許師對於論文指導師生關係的看法，給我的影響很深，他認為師生之義，並不僅僅存在論文指導的名分上，

叫我在論文寫作的過程中，若有問題，儘可以隨時去問他，不必拘束，說我從進師院國文系，就已經是他的學生了，不一定因有博士論文的指導，才算是學生。許師的看法，在我自己教書濫竽教席之後，始終牢牢記得，不因論文的指導與否，而有是否自己的學生之分。

二、語音分析與聲韻學教學

許老師教聲韻學，先從語音分析著手，以國語為基礎，詳述國語語音中所有音素。國語的音素不少，許師逐一敍述他們的名稱、特徵，以及他們的發音過程，那時候聲韻學每週有三小時課，許師總要花一個月的時間來討論這些基本的問題，自輔音的四個要素、元音的三個要素，一直到用國際音標標音跟注意符號的比較。同時特別強調「分析」跟「統合」的重要，前者重其「異」，後者重其「同」，比較語音的「異」「同」，才能進一步對於語音有「時」「地」的觀念。這一部分的基礎紮實了，在研讀中古音系時，對於陸法言等九人，「因論南北是非，古今通塞」（《切韻序》），也就豁然開通了。

舉例來說，現代的國語，從韻頭或主要元音來分，韻母有開口、齊齒、合口、撮口等四呼的分別，其中合口呼是指韻頭或主要元音是舌面後圓脣高元音 u 的韻母，撮口呼是指韻頭或主要元音是舌面前圓脣高元音 y 的韻母，這是兩者之分，但在「圓脣高元音」的名稱下，兩者又可以統合起來了。所以廣義的合口，包括合口與撮口，是指韻頭或主要元音是圓脣高元音的韻母，開口與齊齒都不是這樣的韻母，就可統合成廣義的開口。明白了這點，就對中古韻母的開、合，也就很快地了解了。

許老師教我們聲韻學時，並沒有教科書，那時候物質艱乏，而一些身陷大陸未到臺灣的教授學者，他們容或有些教科書出版，可是在臺灣也不能通行，當然也不能翻印，即使一點沒有思想意識問題如聲

韻學者，也不准翻印，當時董同龢先生在臺大教聲韻學，自編講稿講授，許師跟董先生是清華大學同學，因此講聲韻學也就以董先生的講稿爲底本。董先生的講稿後來出版，名爲《漢語音韻學》，是書講到開、齊、合、撮四呼的，在第二章第四節；討論中古開口、合口的，在第六章第六節及第七章第八節，但行文都極簡，沒有許師透徹的講解，讀者是不容易了解的。許師也有不同的見解，如第二章第四節，董書說「沒有任何介音或主要元音不是〔i〕〔u〕〔y〕的叫開口音」，許師認爲就不妥當，所以跟我們講解就特別提到，此處是「及」而不是「或」，因爲「及」表示這兩種條件都要具備。「或」則是兩者擇一，而開口呼的條件，則是既要沒有介音，而且主要元音也不是〔i〕〔u了〕〔y〕的韻母才是，否則就是其他的齊齒呼、合口呼或者撮口呼了。

　　董同龢先生是治學很謹嚴的學者，他寫《漢語音韻學》，很注重前後對照相應的地方。所以上述第七章第八節講韻圖的開與合，他會注明參見第六章第六節，而在第六章第六節中，又注明參見第二章第四節，這是很好的一個凡例。不過有時候，他認爲不重要的地方，也是一筆帶過，例如在第六章第十節，講等韻門法，其中「日寄憑切」一條，董先生說：

　　　　有一部分說到日母字用精系……字作反切下字的非音和情形①，另
　　　　一部分說到別的事情，見下一章。

　　所謂別的事情，究竟是什麼事情？且在下一章的什麼部分呢？董先生都沒有說。這種地方，就賴教學者加以疏通了。許師講授至此，都會把這部分指出來，先行講解。原來在第七章第十一節，董先生擬訂中古各攝中各韻母的音值，在蟹攝的咍海代部分，董先生有一段話：

　　　　此外還有一個類的問題，廣韻咍、海兩韻有少數昌母以及以母
　　　　字②，齊韻又有禪母與日母字，這都是特殊的現象，因爲一等

韻與四等韻照例不與這些聲母配，根據韻圖以及等韻門法中的「寄韻憑切」與「日寄憑切」兩條，可知他們當是與祭韻相當的平上聲字，因字少分別寄入咍、海、齊三韻，而借用那幾韻的反切下字。寄入齊韻的「栘」等或本唐韻③自成「韻，集韻又入咍韻，都可供參考。

「日寄憑切」的另一件事情指的為此，這都是許師在講授時加以疏通的。又，在這裏提到「寄韻憑切」，而前面等韻門法，卻又不提「寄韻憑切」，許師在講授到這些部分，都會前後照應，很清楚地疏通，讓學生們了解。因此當時也流傳一個故事，董先生教他自己編著的教材，學生們都病其難而深以為苦，許師教董先生的教材，學生們反而容易明白，覺得很清楚，在這一點上，董先生也不得不佩服許師教學上的才華，先是因事而請許師代授臺大的聲韻學，後來乾脆就由許師兼任了。

三、觀察力、分析力與記憶力

許師是浙江紹興人，在杭州高中畢業以後，就在北京清華大學讀書，所以一口國語很標準，沒有鄉音。當時我在師院國文系的老師，幾乎都帶有鄉音，只是濃輕的程度不同而已。像伍叔儻老師、蘇雪林老師、以及程老夫子（諱發軔、字旨雲），聽起來實在吃力。彼此相比，聽起許師的課，自然易懂而輕鬆了。

許師講課的成功，並不單單是因為國語標準，清晰，而是因為許師實在是善於講課。在當時的師院國文系，陳治平老師應邀在每星期五晚上在大禮堂講中華五千年史，潘重規老師則在每星期日上午講四書。五千年史本身有不少史料，都是動人的故事；四書中有不少義理可以發揮，跟日常的生活可以結合。許師教的聲韻學，以及文法等語文課程，公認是最枯燥的課程，但許師使同學們聽得津津有味，因此

和潘、陳兩位老師，一起被公認爲國文系的三大名嘴。

　　許師的善於講學，以我個人的體會，實得力於他敏銳的觀察力、細膩的分析力以及驚人的記憶力。許師教過多年的歷代文選，他講每課書，都能告訴同學一些最需要注意的重點，使大家一下子就抓住學習的重心。一班幾十位同學，只要上過兩次課，他都叫得出每位同學的名字。一學期下來，每位同學的習性和優缺點，許師也就大略瞭若指掌了。許師自幼就有高度的近視，其中一隻眼睛很早就失明，另一隻也在民國五十七年間因網膜剝落而失明。但自此以後，許師的聽覺和記憶力也就更加強起來，似乎冥冥中老天以此以補報許師目力的不足。

　　所以在講課時，許師隨時會以經典史冊中的典故，乃至他自己經歷過的掌故，一一敍述，歷歷如繪，使得受教的同學，能夠對聲韻、文法中一些機械難記的資料，能夠樂而忘倦，進一步與許師口中的前賢先進，甚至前期的學長，神遊乎教室之中，不知不覺增進了知識，也增強了記憶。當時背《廣韻》的切語上字表，與切語下字表，就在這樣的方式中完成的。

四、方言與聲韻學教學

　　現代許多方言，都是從古語傳下來的，因此在擬訂古音時，學者都會用很多現代的方言作參考，於是在學習聲韻學時，假如懂得一種以上的方言，就會得到莫大的便利。例如中古的聲調，共有平、上、去、入等四個，但現在的國語已經沒有入聲調了，現代的國語雖有四聲，但是平聲分陰陽，再加上聲跟去聲，這樣的四聲已經與中古的四聲不同。

　　並且自《廣韻》的材料看，中古的入聲韻只跟陽聲韻相配，陽聲韻有-m、-n、-ŋ三種鼻音韻尾，入聲韻恰好也有 -P、-t、-K三種塞音

韻尾跟它們相應。這種現象在國語中俱已消失，但在許多方言中還保留著，譬如閩南語就是很好的一個例子。

許師在講到這些材料的時候，都會強調這種現象，尤其是在臺灣的學生，閩南語可以說是主要的母語，不過很多以閩南語為母語的同學，因為不常使用的關係，有時口中雖然唸得出入聲韻的字音，卻不太能分辨這就是入聲韻。許師在這種時候，一定用種種練習的方法，讓說閩南語的同學，能夠清楚地分辨入聲韻為止，不但是唸得出入聲韻有塞音韻尾的促聲，而且必須要唸出它們是哪一種塞音韻尾，才算派司。

許師認為方言是研究聲韻學最好的一種輔助工具，必須養成善於利用的習慣。以入聲字來講，分辨入聲不但是研究中古音的基本，就是用來作舊詩，也是非常好的。原來寫舊詩一定要分清字音的平、仄，否則就不能作詩。

中古的四聲，平、上、去、入，一共分成兩類，平聲是一類，上、去、入是另外一類，稱為仄。拿現代國語來說，入聲已經派入陰平、陽平、上聲、去聲等四個聲調去，讀上聲、去聲的無關緊要，因為用國語唸，它還是仄聲。但是讀陰平、陽平的，在國語中它們都是平聲，但在作詩時，它卻要算作仄聲。因此許師要同學們先用有入聲調的方言（如閩南語），先讀一次，若讀出入聲字，便屬仄聲，若不是入聲字，便可用國語歸類，陰平、陽平屬平聲，而上聲、去聲屬仄聲。許師笑稱，這便是學聲韻學的副產品。

背《廣韻》的切語上字表，是所有學聲韻學同學共同有的「慘痛」的經驗。現在的同學，大多通過作《廣韻》的練習來完成。可是當時我們沒有《廣韻》，也沒有《廣韻》練習那類的小冊子，唯一的方法只有死背。

但是許師告訴我們，吳語系統還完整地保存著全濁聲母，我用「

並」母的切語上字，和「幫」「滂」兩母的切語上字比對一下，發覺在上海話中，它們分得很清楚：「幫」母讀P-，「滂」母讀P-，而「並」母讀b-。

於是我把「定」母、「從」母、「邪」母、「群」母、「疑」母、「匣」母等濁聲母都試了一試，發現若用上海話來唸，它們跟相應的清聲母，都分得很清楚，於是節省了很多去背切語上字的時間。

我籍貫浙江寧波，不過生於上海，因此母語是上海話。上海話跟寧波話大致相通，聽起來彼此都聽得懂，實際上卻有很多不同的地方。例如說照三系的照、穿、神審、禪等聲母，上海話都讀舌尖的塞擦音與擦音，寧波話則讀舌面的塞擦音與擦音。學者擬訂中古音系的音值，照三系的聲母只出現在三等韻，依自然地就擬訂爲舌面音④。而在現代方言看來，寧波話照三系的讀音，正是一個很好的旁證。只是這個旁證，董先生的《漢語音韻學》卻並沒有提到⑤。

許師是注意到這個問題的，因爲在我碩士論文的口試中，許師就提這一個問題來問我。雖然我當時把這問題回答了，態度卻相當猶豫。口試後，許師笑問我不是寧波人嗎？這問題對我何難之有？我回答在上海時上海話講慣了，很難得有講寧波話機會，同時上海人大都市沙文主義的氣息很濃厚，一切上海話以外的吳語鄉音，都會被譏笑成土氣，因此「鄉音漸減」了。許師聽罷，不由哈哈大笑說：「其實上海話最雜，眞正的上海話是上海浦東話！」我當時點頭稱是，心中卻想著，上海人稱浦東人是鄉下人，浦東話是鄉下話⑥。

五、《漢語音韻學》與聲韻學教學

董同龢先生自大學畢業，即在中央研究院歷史語言研究所任研究工作，大陸撤退後，隨史語所來臺，改爲由史語所跟臺大中文系合聘，此後乃在臺大任聲韻學的教學工作。由於董先生長期任研究工作，因此

他編著的《漢語音韻學》學者氣息很濃厚，作爲教科書，學生很難自己看得懂，必須要有一個好的教授引導、疏通，學生們才能登堂入室。當年董先生自嘆他用自己的教材教學生，反不如許師用董先生的教材教學生，學生似乎更容易了解些。這是實情，很多同學都有這樣的感覺。

《漢語音韻學》除了艱深，不夠簡明，做爲大學部聲韻學的教材，確實還有很多可以討論之處，我在此處，略舉兩點，做爲代表：

1. 陳蘭甫《切韻考》所系聯的《廣韻》切語上字，共得四十類，一般講聲韻學的，於四十類的類名，大多沿用等韻三十六字母的字母名，以增進學習的記憶，但是董先生依儘可能地分類，《廣韻》的切語上字，便分作了五十一類，而每一類的類名，都取出現最多的字，作爲代表，因此那些代表字，便往往跟三十六字母的類名，有很大的距離，如照三系的之、昌、食、式、時；照二系的側、士所；端系的都、他、徒、奴；幫系的博、普、蒲、莫等，不一而足。記得當時林景伊師在臺灣師大國文研究所授古音研究、廣韻研究等課程，研究所有關聲韻學的入學試題，大略由林師命題，於是在上聲韻學時，許師就要把有關對應的類名，一一疏通說明，使得同學在準備入學試的時候，不會困惑，若沒有擔任教學的許師費神講解，反切上字歸類的問題，就不會如此容易解決。

2. 自清初顧炎武將古韻分作十部以後，前賢在這方面的工作做得很多，如江永分爲十三部，段玉裁分爲十七部，王念孫、江有誥都分作二十一部⑦。

民國學者在這方面較清代學者分部更爲細膩，董同龢先生因作過過〈上古音韻表稿〉，所以對於古韻分部不免有他自己的意見，他在第十章〈古韻分部〉的第五節如此說：

古韻分部的工作，到王念孫與江有誥可以說是大體完成。江氏

> 的朋友夏炘作〈古韻表集說〉，則是清儒成績的總表現。後來
> 再經過章炳麟、王力與本人的補苴，古韻分部的最後結果如下。
> ……

在第六節，他又如此說：

> 古韻分部，近年又有黃侃二十八部之說，實在並無新奇之處。
> 他所以比別人多幾部，是把些入聲字從陰聲各部中抽出獨立成
> 「部」的緣故。就古韻諧聲論，那是不能成立的。因為陰聲字
> 與入聲字押韻或諧聲的例子很多，如可分，清儒早就分了。（
> 清儒朱駿聲著《通訓定聲》在陰聲韻部之門成立了所謂「分部」，
> 專收一些入聲字。黃氏的意向，他早已有了，不過到底比黃氏
> 謹慎，只稱「分部」而已。

這兩段話，都充滿了對黃季剛（侃）先生不屑及不滿之意。作為學術論文，充分表示自己的意見，駁斥別人的意見，這樣的陳述是可以的，但作為教科書，似乎並不公平。因此許師在教學時，也充分表達黃先生在古音學上的成就，絕不一筆抹煞，對於初學聲韻學的學生而言，啟示甚大。學問是累積而成，不但是是累積個人，也是累積以前的前賢而成，故而許師對於聲韻學的前輩學者，都是抱著敬仰的心態，加以敘述，給上課的同學，留下非常大的影響。這是許師聲韻學教學，最最成功之處。

實際上自顧炎武把古韻分成十部起，分部愈來愈多，表示對音的分析，愈趨精細，因此王力（了一）先生，後來分古韻為二十九部，也是把入聲部獨立，而且在他的《同源字典》，就是以古韻二十九部為基礎，來說明字音上古韻母相近的道理，同學陳新雄兄，在博士論文《古音樂發微》也提出了古韻二十二部的主張。

六、結　語

　　以上略述許師在聲韻學教學上的貢獻，掛一漏萬，在所難免。重要的是，許師雖已謝世，但他種下的苗子，代代不絕。師大這一次舉辦紀念許師的學術研討會，據我所知，師大目前教聲韻學課程的，就有李鍌、陳新雄、張文彬、辛勉諸兄，他們實在是最有資格寫這一課題的，蕪文也希望他們多所指正，匡我不逮。

　　學中國文學的學者，大多知道聲韻學在治學上的重要性。聲韻學很早就被列爲經學的一部分，清儒在這方面說得很多，不煩我辭費。許師當時，聲韻學每週要上三小時，但一些重要的材料還是說不完，師範系統的學校，一年級有兩小時的國語語音學，正好作爲聲韻學的先修課程。其他學校的中文系，就沒有這樣的「運氣」了。記得許師當時主持淡江的中文系，他就在中文系一年級開設「語音學」的課程，作爲聲韻學的先修課程，減輕了聲韻學過重的負擔。

　　後來許師在輔仁中文系兼課，因此輔仁也引用了這一個作法，在一年級開設「語音學」的課程，兩個學校這樣的作法，效果都很好⑧。

　　那時各校的中文系所，大致都很重視聲韻學，臺灣師大開設「廣韻研究」、「古韻研究」等課程，政大中文所還開過「等韻研究」，那時可算是聲韻學課程的黃金歲月。

　　但自民國七十五年個人返臺任教以後，發現中文系所的課程結構，有很大的改變，例如：

　　1.很多中文所已沒有必修課，更沒有以小學課作必修課的現象。

　　2.先修課程「語音學」大致已停開。

　　3.聲韻學減爲每週兩小時。

　　最近我任教的文化大學，已把中文系的文藝組十個學分的語言文字學課程⑨，變成六個學分的課程，本來三個課程，合爲一個課程，聲韻學跟文字、訓詁，就變成一個點綴性的課程了。

　　全國教聲韻學的學者，在聲韻學會主導之下，每年都有聲韻學學

術會議的舉行。但是卻沒有一個聲韻學教學的學術會議，我引頸企盼，臺灣師大能舉辦這樣一個會議，讓全國聲韻學的教師，能共聚一堂，好好地討論這一個逐漸式微的學科。這是我衷心的希望。

【附　註】

① 日母字只出現於三等，精系三等字，韻圖卻安置在四等的位置上，看起來似乎非音和了，等韻門法說的即是這種情形。本文的目的不在討論這點，故不詳細說明。

② 昌母指照系三等的穿母；以母指本屬三等而韻圖放置四等的喻母。

③ 孫愐《唐韻》，現時僅存唐寫本殘葉一種。王國維根據卞令之〈式古堂書畫彙考〉及魏了翁〈唐韻後序〉，考知《唐韻》有開元本及天寶本，天寶本分韻加密，董先生所謂或本《唐韻》，指的是天寶本《唐韻》，不明指天寶本而稱或本，也增加讀者的困惑。

④ 依董同龢先生《漢語音韻學》第七章〈中古音系〉的擬音，照二系是舌尖面混合音，而照三系是舌面音，都把捲舌音排在外，主要的理由是照系聲母都出現於三等韻，有一個特別顯著的介音「示」，與捲舌音配是極不自然的。

⑤ 董書舉了福州、廈門、廣州音的照三系讀法為例子，而這三地都是讀舌尖面混合音，雖然不是捲舌音，卻也不是舌面音。

⑥ 上海以黃浦江為界，浦東當時盡是農田，為原來上海人世居之處，浦西為租界區，不但各地人都有，而且華洋雜處。上海人稱上海話，則主要是稱浦西地區的上海話，也包括上海縣城裏在內。

⑦ 江有誥分部在王念孫之後，他們雖都分古韻為二十一部，但各部內容，各有不同。

⑧ 筆者在民國五十七年至六十年間，在淡江、輔仁兩校的中文系，兼任「語音學」和「聲韻學」的教席，故知之甚詳，而且也深以為必要。

⑨ 文學學聲韻學各四學分，分上下學期各兩個學分，訓詁學兩學分一學期，合計十學分。

《論語》中之顏淵

朱守亮

提　要

　　本文除於緒言中，說明寫作動機、方法及取材，下分四章分別討論，得知顏淵：在稟賦個性上：則聞一知十，聰慧過人，內斂克己功夫深，而視聽言動不違乎禮。在學習態度上：則亦步亦趨，彌仰彌鑽，不違不惰，見其進未見其止，而欲罷不能，竭其才以思盡窮難測之聖道。在持身修養上：則不遷怒、不貳過，無伐善、無施勞，有若無、實若虛，心儀虞舜，有爲亦若是，而三月不違仁，列四科德行之首。在爲人處世上：則簞食瓢飲，不改其樂，用行舍藏，凡事不強求，而順乎自然，安貧樂道，恬適以自處。在政績功業上：則雖有問政，但少仕進，至其所重，則在無爲德化。發聖人之蘊，得儒家正統。在孔門中地位，無人能出其右。而孔子於其他門人，多有申斥訓誡語，惟獨對顏淵，則一無微辭。且顏淵死，謂天喪予而哭之慟，可見其親如父子之情也。惟世人或於其對孔子所言，百依百順，全盤接受態度，不僅少質疑問難，非助我之啓予，失教學相長助益；而「不違如愚」，其影響所及，則跡近盲從。如此讀書態度，實有待商榷。又簞食瓢飲，不管任何環境條件，死拚之好學精神，此固有可取；但以教育多元性目標，智德體群娛樂諸項言之，則尤有可議處。此皆恐以今例古，未盡了解顏淵斯人所處之時代環境使然也。

　　關鍵詞：論語，顏淵，孔門弟子，好學，簞食瓢飲，短命早死。

壹、緒　言

　　在世人逐漸注意人文教育之今日，探討以儒家代表之我國固有文化，勢屬必要。而儒家代表人物為孔子。欲了解孔子之言行思想、學說理念，最具體者：則可於孔子與門弟子之互動中得之。在諸多典籍中，最可信者為《論語》。茲先由《論語》四科德行之首顏淵始，再一一了解諸弟子孰為「具體而微」，孰得「聖人之一體」。如此，則可全部了解孔子及儒家文化矣，此斯文之所為而作。

　　本文各節，皆先將《論語》中原文錄出，然後加以疏解考論，所言或出己意，或採自昔賢時彥之論，雜揉眾說而成。其取材除《論語》有關者外，經書如《周易》、《左傳》、《公羊傳》、《大戴禮》、《禮記》；史書如《史記》、《漢書》、《後漢書》、《三國志》；子書如《莊子》、《墨子》、《孟子》、《荀子》、《韓非子》、《呂氏春秋》、《韓詩外傳》、《淮南子》、《鹽鐵論》、《新序》、《說苑》、《論衡》、《潛夫論》，甚而偽書《列子》、《孔子家語》等。毋論偽書或後人合撰之書，凡資料有參考價值，或可相互發明者，皆納入說解中，或於附註中引錄。(附註以節省文字，凡有關經書者，皆為臺北藝文印書館影印嘉慶二十年江西南昌府學阮元刊本；有關史書者，皆為臺北藝文印書館影印清乾隆武英殿刊本；有關子書者，多為臺北世界書局於民國八十年新編諸子集成本。而不於每一書下，一再重複註明，餘類推，皆可於參考書中知之。)

　　茲附顏淵字號、籍里、生卒年、封爵、稟性、學養、功業等重要資料於後，或有助於對顏淵之瞭解。下分四章，詳述本文欲探析者。一得之愚，必有訛誤疏失，至祈同好方家，有以教我也。

顏淵生平事蹟

顏回，姓顏，名回，字子淵，亦稱顏淵，春秋末魯人也。①生於魯昭公二十一年（西元前五二一年），少孔子三十歲。②幼家貧，生活較困窘。③師事孔子，長相左右，而少違離，情感甚篤。④卒於魯哀公十四年（西元前四八一年）。卒時，孔子哀歎爲吾道窮矣；謂天喪予，而哭之慟，享年四十一歲。⑤配享，唐時尊爲「先師」、「兗公」，宋爲「兗國公」，元爲「兗國復聖公」，明爲「復聖」，以迄於今。⑥顏淵之爲人也，彌高彌堅，仰鑽不倦，好學無違孔子。⑦希聖希賢，有爲若是，志道同乎虞舜禹稷。⑧修身則博文約禮，愼言敏行，故能不遷怒，不貳過，而拳拳服膺乎善。⑨而處世則用行舍藏，有無實虛，安貧樂道，犯而不校，而三月不違仁也。⑩至其功業也，雖不仕進；但如爲政，則主無爲德化，不窮其下。⑪因之，特重自身修持功夫，具體聖人，而列四科德行之首，垂教萬世也。⑫

貳、孔子方面

由孔子於顏淵之贊美、追思、哀歎，與其他弟子言，評論諸弟子時中有顏淵，或顏淵問而答之諸方面了解顏淵。

㈠贊美、追思、哀歎顏淵者

〈爲政〉

子曰：「吾與回言終日，不違如愚；退而省其私，亦足以發，回也不愚！」

孔子謂顏淵初學於己時，竟日與之言，一無疑難發問，似不解所言爲何之愚人。及退而省察其燕居獨處，則亦足以發明所言者，乃知其不愚也。蓋顏淵聰慧純粹，聞一知十，於夫子所言，默識心通，觸處洞然，而全能呈現於日用動靜言行間，故孔子深喜其似愚而不愚也。

〈先進〉

> 子曰：「回也，非助我者也，於吾言無所不說。」

孔子以顏淵於其所言，一無不喜悅，而謂非有助益於己者也。蓋顏淵於夫子所言，皆心領神會，聞而即解，故無不喜悅而質疑問難，使己多方巧思曉喻，一如游、夏之徒，聞言輒問；宰我、季路，辯駁慍見，而多啓予觸發，以收聖人爲教相長之功也。⑬故孔子語此，辭若有憾，其實乃心喜之以美顏淵也。

〈子罕〉

> 子曰：「語之而不惰者，其回也與？」

孔子謂教語之而不懈惰者，其惟顏回歟？蓋顏淵明睿上智，聞一知十，終日言而不違。悟道疾，敏於行，樂之尚不及，又何懈惰之有哉！至其他弟子，即聞一知二之賜也，猶不識性與天道；況晝寢宰予，藉口非不說夫子之道，力不足之冉求等之不能盡解夫子所言，而有倦怠疲憊者乎！故孔子語此以美之也。

〈又〉

> 子謂顏淵曰：「惜乎！吾見其進也；未見其止也。」

孔子於顏淵死後，所以如此痛惜之者，在見其有進益而無休止也。蓋顏淵語之不惰，終日不違，欲罷不能，既竭其才之敏於行之好學有以致此也。惟短命早死後，未聞再有好學如是者，故語此深哀之也。

〈雍也〉

> 子曰：「賢哉回也。一簞食，一瓢飲，在陋巷，人不堪其憂，
> 回也不改其樂，賢哉回也。」

孔子贊美顏淵賢行，故先言賢哉回也。其賢何在？在食一簞食，飲一瓢飲，居陋巷之困厄貧窶生活。此本常人所不堪處而以爲憂者；但顏淵能安之而不改其樂也。其所以如此者，以心中有足樂者聖道存焉。汲汲乎博文約禮之誨，以至於欲罷不能，而竭其才；尤恐有瞻之

在前，忽焉在後之失，又何暇著意乎口體之所養，而改其樂耶！此與夫子疏水曲肱，樂在其中相匹亞，故孔子又再言賢哉回也以深美之也。

〈述而〉

　子謂顏淵曰：「用之則行，舍之則藏，唯我與爾有是夫。」子路曰：「子行三軍則誰與？」子曰：「暴虎馮河，死而無悔者，吾不與也。必也臨事而懼，好謀而成者也。」

孔子謂顏淵曰：當今之世，用之則行，舍之則藏，用舍隨時，行藏不忤於物，惟我與爾同有是行也。回也簞食瓢飲，不改其樂。所樂者同，則用舍行藏，自亦無固無必，無適無莫，無違乎時，安於所適，而無歧異也。故孔子語此以美之。

〈雍也〉

　子曰：「回也，其心三月不違仁，其餘則日月至焉而已矣。」

孔子謂顏淵心中常存仁道，雖經時既久，亦無違失；至其他弟子，則或日月暫至乎仁而已。蓋顏淵克己復禮，無苟於視聽言動；不遷怒貳過，伐善施勞，故於孔子尚不敢居之之仁能如是也；惟雖近之，仍未達一間為可惜耳。若天假以年，則庶幾乎可至渾然無間之境矣。故孔子語此以美之。⑭

〈先進〉

　顏淵死。子曰：「噫！天喪予，天喪予。」

顏淵死，孔子痛傷之，而謂若天喪亡己也。重言之者，哀之甚也。蓋天生孔子聖人，必有賢者如顏淵等為之佐。今既天生德予余，何早死顏淵，使失其佐，而喪亡己乎？⑮

㈡**與其他弟子言、評論其他弟子時中有顏淵者**

〈公冶長〉

　子謂子貢曰：「女與回也孰愈？」對曰：「賜也，何敢望回？回也，聞一以知十；賜也，聞一以知二。」子曰：「弗如也！

　吾與女弗如也！」

　　孔子以子貢喜方人，乃問其才能與顏淵孰勝？子貢言顏淵之才也
十；而己則僅為二，相去懸遠，何敢相比。孔子聞此，知子貢有自知
之明；又恐其自屈而慚，故謂吾與汝皆弗如也（或曰：與，許也。吾
與點也之與，亦通。），其所以如此者，蓋一者數之始，十者數之終。
回也，明睿上智，生知之亞，即始而見終，故終日不違，無所不悅，
其庶幾乎；而賜也，瑚璉美材，中資以上，因此而識彼，告往知來，
故終不聞性與天道也。孔子語此，除慰子貢外，亦以美顏淵也。

　〈先進〉

　　子曰：「回也，其庶乎！屢空。賜不受命，而貨殖焉，億則屢
　　中。」

　　孔子就二弟子之短長，而評其得失也。顏淵庶幾完人，雖數空匱
居陋巷；但能簞食瓢飲而安之，樂在聖道之存乎其中也。故孔子語此
以美之。

　〈公冶長〉

　　顏淵、季路侍。子曰：「盍各言爾志？」子路曰：「願車馬衣
　　輕裘，與朋友共，敝之而無憾。」顏淵曰：「願無伐善，無施
　　勞。」子路曰：「願聞子之志？」子曰：「老者安之，朋友信
　　之，少者懷之。」

　　孔子乘間，顏淵、季路二弟子侍坐。謂何不各言爾心中之所志也。
顏淵言，願一己之言行，雖有可稱者，而不誇矜自伐；勞役之事。非
己所願，亦不施之於人也。（或解雖有些許功勞，亦不自我張揚，亦
通。）蓋顏淵不自私於己，故無伐善；知同於人，故不施勞，此終日
不違仁人之所在也。⑯

　〈先進〉

　　子曰：「從我於陳、蔡者，皆不及門也。德行：顏淵、閔子騫、

冉伯牛、仲弓。言語：宰我、子貢。政事：冉有、季路。文學：
子游：子夏。」

孔子憫昔周遊列國，厄於陳、蔡之弟子，今皆不在門下，因追思
其能。修道有得，德行昭著，而能化俗垂教者，則有顏淵、閔子騫、
冉伯牛，仲弓四人也。⑰又以顏淵能克己復禮，三月不違仁，故以爲
首。

㈢顏淵問而孔子答之者

〈衛靈公〉

顏淵問爲邦。子曰：「行夏之時，乘殷之輅，服周之冕，樂則
韶舞，放鄭聲，遠佞人。鄭聲淫，佞人殆。」

顏淵問治邦國之道如何？孔子以所用行之禮樂車服答之。詳言之，
夏時建寅，萬物以生，得天之正，故行夏之時。殷輅木車，質素無飾，得
其儉樸，故乘殷之輅。周冕禮冠，禮文周備，雖靡而不爲華，費而不
及奢，得其時中，故服周之冕。而韶舞，舜樂兼舞，盡善盡美，故取
之。鄭聲佞人，使人淫亂危殆，喪其所守，故放遠之也。弟子問政者
多矣，獨顏淵告之以此者，蓋顏淵備王者之佐，匹敵伊、管，故以三
代損益，百世不易之大法告之；而其他弟子，才各有異，故答之多重
在具體行之道術技藝方法也。

〈顏淵〉

顏淵問仁。子曰：「克己復禮爲仁。一日克己復禮，天下歸仁
焉！爲仁由己，而由人乎哉？」顏淵曰：「請問其目。」子曰：
「非禮勿視，非禮勿聽，非禮勿言，非禮勿動。」顏淵曰：「
回雖不敏，請事斯語矣！」

顏淵問如何行之，始可謂全德之仁？孔子總告之以克己復禮。乃
約束自我，使歸於禮也。此顏淵所能，故告之如此。繼言其效，雖一
日之暫行，則天下歸乎仁德，況終身行之者乎？且行仁在己不在人，

非外鑠可得也。顏淵默識心通，洞悉奧旨，故請如何行之之要目，孔子乃以視聽言動四者勿違禮之言以告之。顏淵敬諾，遵而行之也。⑱蓋顏淵既終日不違，雖簞食瓢飲，貧居陋巷，亦樂道不倦。不遷怒貳過，內斂功夫深，而列德行之首。又得博我以文，約我以禮，循循善誘之教，庶幾優入聖域。且孟子謂曾子能守約，而《呂覽‧勸學》又曾參、顏淵同列。知顏淵之於克己約身功夫，已至乎極，行之必綽綽有餘裕也。故孔子告之如此，是真知如子早死，不得不哭之慟之顏淵矣。

叄、顏淵方面

由顏淵歎聖道之難窮，或愛其身而思盡得其教諸方面了解顏淵。
㈠歎聖道之難窮者
〈子罕〉

　　顏淵喟然歎曰：「仰之彌高，鑽之彌堅，瞻之在前，忽焉在後。夫子循循然善誘人，博我以文，約我以禮。欲罷不能，既竭吾才，如有所立，卓爾；雖欲從之，莫由也己。」

顏淵之喟然而歎者，以夫子之道，仰彌高，鑽彌堅，其深遠難以盡窮；瞻在前，忽在後，其神變又莫可推究也。惟夫子能秩秩然，善以此道次第獎掖誘導人耳。其教誨顏淵者，則廣以文章誘引，禮教約束二端而已。顏淵之於斯二者之學也，雖欲暫歇罷止而不能，已竭盡其才求之矣；然夫子更有所創立，卓然絕異現於前；雖欲從之，則又如天之不可階而升，仍無由可及也。夫子至聖，回也上賢，雖亦步亦趨，似可尾隨；但奔逸絕塵，則瞠乎其後矣。聖域之高堅，真未易力至，此顏淵所以未達一間之殆幾，終不能臻德配天地，道貫古今，大而化之之境，而為聖之亞之所在耶！此惟深知聖道者，始能有此喟然之歎也。⑲

㈡愛其身而思盡得其教者

〈先進〉

> 子畏於匡，顏淵後。子曰：「吾以女爲死矣！」曰：「子在，
> 回何敢死？」

孔子被誤會圍於匡時，曾與諸弟子相失，既免於難，漸復集聚，而顏淵後至。孔子見而驚喜之曰：吾以汝死於難矣！顏淵之所以以子在，回何敢死答之者。蓋《禮・曲禮》：父母在，不許友以死，是顏淵事夫子猶事父，而不敢死也。如夫子陷於危險或遇難，則顏淵必捐生致死以赴之；今夫子在，何爲先死而不愛其身乎？此言顏淵於孔子，事之如父，而思盡得其教也。⑳

肆、他人方面

由他人問群弟子於孔子，顏淵死後，孔子過於哀痛，或言行不當諸方面了解顏淵。

㈠問群弟子於孔子者

〈雍也〉

> 哀公問：「弟子孰爲好學？」孔子對曰：「有顏回者好學，不
> 遷怒，不貳過。不幸短命死矣！今也則亡，未聞好學者也。」

魯君哀公問於孔子，群弟子中，孰爲篤於行之好學者？孔子答以不遷怒、貳過，不幸短命早死之顏淵好學，今則無之矣。蓋顏子簞食瓢飲，不改其樂；克己復禮，終日不違。有不善未嘗不知，知之未嘗復行；擇乎中庸，拳拳服膺；故能視聽言動，一本於禮，而無所失，庶幾乎至於聖人之境矣。特舉怒於甲者不遷於乙，過於前者不復於後。人所易曉知，易操執二者，以言其好學也。至短命早死後，未聞好學者，一則深哀賢者不得長壽，再即惜眞好學之難得，而美顏子之德也。識乎此，則知列於德行之首之所在矣。

〈先進〉

> 季康子問：「弟子，孰爲好學？」孔子對曰：「有顏回者好學，
> 不幸短命死矣！今也則亡。」

　魯大夫季康子問於孔子，群弟子中，孰爲篤於行之好學者？孔子答以不幸短命早死之顏淵好學，今則無之矣。亦追美顏淵也。㉑

㈡顏淵死後，門弟子以孔子過於哀痛者

〈先進〉

> 顏淵死，子哭之慟。從者曰：「子慟矣！」曰：「有慟乎？非
> 夫人之爲慟而誰爲？」

　顏淵死，門弟子以夫子過哀而哭之痛，孔子不自知而答之曰：有過哀而哭之痛乎耶？繼又申之曰：不於顏淵而哭之痛，將誰爲乎？蓋顏淵之早死，既失其猶子之親，又喪其行道用世之佐。哭之宜慟，非他人可比，故孔子如此言之也。㉒

㈢顏淵死後，門弟子言行不當者

〈先進〉

> 顏淵死，顏路請子之車以爲之槨。子曰：「才不才，亦各言其
> 子也。鯉也死，有棺而無槨。吾不徒行以爲之槨，以吾從大夫
> 之後，不可徒行也。」

　顏淵死，其父顏路以孔子最愛顏淵；又以家貧，欲請孔子之車，賣以爲槨。孔子不以爲然而拒之。其所以如此者，蓋顏淵才與孔鯉不才雖有別，但若各就其父視之，則皆是其子而無異也。我子鯉也死，但有棺而不賣車以爲槨，今汝子死，安得賣我車以爲槨乎？且我曾爲大夫，他人乘車，一己亦不可徒行。雖我視顏淵猶子，自不可別於鯉，而賣車以爲槨也。

　又

> 顏淵死，門人欲厚葬之。子曰：「不可。」門人厚葬之。子曰：

「回也，視予猶父也；予不得視猶子也。非我也，夫二三子也。」

顏淵死，雖家貧，但門人欲厚葬之。孔子止之不得而終厚葬。孔子謂視予猶父之顏淵，而己不得視之如子者，非己所欲，皆門弟子所為也。蓋顏淵之葬也異乎伯魚，且葬在準乎貧富而得其宜，以致其哀。故云：喪與其易也寧戚；而孟子之葬其親，亦以貧富而異。顏淵家貧，何可非禮厚葬之？孔子言此，一以示己與顏淵雖親同父子，亦不得越禮行事。一以責門人之非禮厚葬也。

伍、其　他

此雖未明言誰何，但由文字陳述，知非顏淵莫屬者，藉此了解顏淵。

〈子罕〉

子曰：「苗而不秀者有矣夫！秀而不實者有矣夫！」

孔子謂：稻禾之生，有苗蔚茂，而不吐華秀穗；或吐華秀穗，而不成穀結實，終失順成收穫者，顏子之早死，學而不至於成有如是也。此文未明言顏淵，而知為顏淵者，蓋前此兩章，皆顏淵死後，孔子言其不懈惰於學，有進益而無休止知之也。是以皇侃疏云：「又為歎顏淵為譬也。」此孔子語此，哀顏淵早死，痛惜其學之未成也。

〈泰伯〉

曾子曰：「以能問於不能，以多問於寡。有若無，實若虛，犯而不校；昔者吾友，嘗從事於斯矣！」

曾參謂：未嘗以一己之才高識多，矜伐誇競，而能諮問尋求才識不如己者。處人世間，未嘗以己之才德為有為實，而能謙沖退抑如虛無者。且有過惡犯己之人，而能不報無道，加以計較者，惟昔日吾友顏淵，曾從事於此也。此文亦未明言顏淵，而知為顏淵者。蓋有此好學持謙德行者，非顏淵莫之能當也。且曾參言此時，顏淵已死，故曰

「昔者」，是以集解馬云：「謂顏淵也」，此曾參語此，以追念亡友顏淵之德也。

陸、結　論

　　經以上粗略陳述，於《論語》二十三則有關顏淵記載中，除極少數無涉顏淵之行誼外，綜合言之，可大體發現，在稟賦個性上：則聞一知十，聰慧過人，內歛克己功夫深，而視聽言動不違乎禮。在學習態度上：則亦步亦趨，彌仰彌鑽，不違不惰，見其進未見其止，而欲罷不能，竭其才以思盡窮難測之聖道。在持身修養上：則不遷怒、不貳過，無伐善、無施勞，有若無、實若虛，心儀虞舜，有爲亦若是。㉓而三月不違仁，列四科德行之首。在爲人處世上：則簞食瓢飲，不改其樂，用行舍藏，凡事不強求，而順乎自然，安貧樂道，恬適以自處。在政績功業上：則雖有問政，但少仕進，至其所重，則在無爲德化，不窮其下。至與孔子之師生間關係：則子在，回何敢死，而親同父子。故顏淵短命早死，孔子謂天喪予而哭之慟。發聖人之蘊，得儒家正統，在孔門中地位，無人能出其右。雖如此，但世人或於孔子所言，百依百順，全盤接受態度，不僅少質疑問難，非助我之啓予，失教學相長助益；而「不違如愚」，其影響所及，亦恐將類「前言戲之爾」，「丘也幸，苟有過，人必知之」㉔等，亦不詳察而「無所不悅」，則跡近盲從矣。如此讀書態度，不僅以今日眼光視之，有待商榷，即當時孔門中弟子，亦多不如是也。又簞食瓢飲，不管任何環境條件，死拚之好學精神，此固有可取；但以教育多元目標，智德體群娛樂諸項言之，則尤有可議處。且「顏淵之所以短命早死，雖有其他不可知原因；但不顧環境惡劣，營養不足，而又拚命用功，不無關係。」㉕此雖屬戲言，或自有道理。恐皆以今例古，未盡了解顏淵斯人之所處時代環境使然，且今之好讀書求上進苦學之士，或亦多有類顏淵者，

亦未可如是言之以非短鄉先賢也。

　　附記：

　　此文承王甦、趙制陽、朱維煥、曾厚成四教授削其贅疣，補其不足，繩其繆誤；而研究生陳伯适複印資料，黃端陽、東陽同學電打、排版、校對，皆惠我至多，特一併於此致深切謝意。

【附註】

① 　《史記・仲尼弟子列傳》：「顏回者，魯人也，字子淵。」頁877。

② 　李啓謙云：「顏回出生的年代這個問題，《史記》、《孔子家語》記載相同，即孔子比顏回大三十歲，也就是說孔子三十一歲時顏回出生，而這一年正是魯昭公二十一年。(公元前五二一年)」見李氏撰〈顏回研究〉頁25。而李氏所撰《孔門弟子研究》同，惟文字稍異。

③ 　《論語・雍也》：「一簞食，一瓢飲，在陋巷，人不堪其憂。」頁 76。雖如此言之，但《史記・仲尼弟子列傳》有「顏無繇，字路。路者，顏回父。父子嘗各異時事孔子。」頁884。而《莊子・讓王》又言「回有郭外之田五十畝，足以給飦粥；郭內之田十畝，足以爲絲麻。」頁421。莊生多寓言，或不可盡信，但由其父亦爲孔子弟子觀之，當絕非赤貧，故《孔門弟子研究・顏回 (顏淵)》有「從他們父子有條件長時期都跟著孔子讀書學習這一情況看，其家庭也決不會一無所有」(頁2) 之言也。

④ 　《論衡・講瑞》：「孔子之門，三盈三虛，唯顏淵不去。」頁164。又《論語・先進》：「子畏於匡，顏淵後。」頁165。孔子周游列國，初離魯後第二年，以貌似陽虎被圍於匡，而至結束，在陳絕糧時，顏淵之籌米、擇菜爲炊。詳見《莊子》之〈山木〉、〈讓王〉、《呂氏春秋・任數》等，首尾十四年，從未離左右。至《莊子・人間世》：「顏回見仲尼，請行。曰：奚之？曰：將之衛。」又〈至樂〉：「顏淵東之齊，孔子有憂色」(頁61，頁273) 云云。乃莊生寓言，恐未可全信。雖如此，但亦非

絕未相離，故《說苑・敬慎》有：「顏回將西遊（《孔子家語・賢君》作
『顏淵西遊於宋』。）問於孔子曰：何以為身」(頁88) 之言也。正因長相
左右少違離，因而產生深厚情感。故《論語・先進》云：「回也，視予
猶父也。」又「子在，回何敢死。」頁158、頁165。《禮記・檀公》云：
「昔者夫子之喪顏淵，若喪子而無服。」頁56。又《呂氏春秋・勸學》
亦云：「顏回之於孔子也，猶曾參之事父也。」頁37。影響所及，故《
史記・仲尼弟子列傳》「自吾有回，門人益親」(頁878) 之言，自必可信。

⑤　《公羊傳・哀公十四年》：「顏淵死。」頁337。《史記・孔子世家》：
「魯哀公十四年，春…顏淵死。」頁772。哀公十四年為西元前四八一年。惟
《列子・力命》：「顏淵之才，不出眾人之下，而壽四八。」頁67。四
八，他本作十八，與《淮南子・精神訓》注及《後漢書・郎顗傳》同。
或解四八為三十二，與《文選・辨命論》注及《史記・仲尼弟子列傳》
索隱引《家語》：「三十二而死」同。《論語・雍也》與〈先進〉又皆
謂短命死。而《孔子家語・七十二弟子解》謂三十一早死 (卷九)。眾說
紛紜，莫衷一是。惟李啟謙詳加考證後云：「劉寶楠的論語正義，雍也
篇的注釋，在介紹的各種說法中，就有這樣的觀點，說：李氏鍇尚史辨
之云：顏子卒於伯魚之後。按譜，孔子七十而伯魚卒，是顏子之卒當在
孔子七十一之年。顏子少孔子三十歲，是享年四十有一矣。江氏永鄉黨
圖考同。古人這種意見，是正確的。」頁6。又《論語・先進》：「顏淵
死，子曰：噫！天喪予，天喪予。」「顏淵死，子哭之慟。」頁157。《
公羊傳》哀公十四年：「顏淵死，子曰：噫！天喪予；子路死，子曰：
噫！天祝予；西狩獲麟，孔子曰：吾道窮矣。」頁357。《史記・孔子世
家》：「顏淵死，孔子曰：天喪予。及西狩見麟曰：吾道窮矣！喟然歎
曰：莫知我夫。」頁772。皆孔子痛哀之也。

⑥　《復聖顏子史料彙編》：「文廟祀典，自漢以降，皆奉孔子，以顏子為
配享。」「顏子配享孔子，始於漢高祖十二載，定於魏正始二年。」頁

71、頁156。《孔門弟子研究・顏回 (顏淵)》：「顏回在諸弟子中，不但居其首位，而且三國南北朝時期很多帝王在祭孔時，往往獨以顏回配享。以後祭孔配享的有十哲、四配十二哲等不同的名稱，不論如何變化，而顏回總是列在第一位。另外，歷代也不斷追加諡號，唐太宗貞觀二年，尊爲『先師』，唐玄宗開元二十七年尊爲『兗公』，宋大中祥符二年尊爲『兗國公』，元至順元年尊爲『兗國復聖公』，明嘉靖九年尊爲『復聖』。諡號可說是越來越崇高。」頁18。曲阜建有「復聖廟」，即「顏廟」。

⑦ 《論語・子罕》：「顏淵喟然歎曰：仰之彌高，鑽之彌堅。」頁123。又〈雍也〉：「有顏回者好學。」頁71。又〈爲政〉：「子曰：吾與回言終日，不違如愚。」頁18。

⑧ 《孟子・滕文公》：「顏淵曰：舜何人也，予何人也，有爲者亦若是。」頁109。又〈離婁〉：「禹、稷當平世，三過其門而不入，孔子賢之。顏子當亂世，居於陋巷，一簞食，一瓢飲，人不堪其憂，顏子不改其樂，孔子賢之。孟子曰：禹、稷、顏回同道，禹思天下有溺者，由己溺之也，稷思天下有飢者，由己飢之也，是以如是其急也。禹、稷、顏子，易地則皆然。」頁207。

⑨ 《論語・子罕》：「夫子循循然善誘人，博我以文，約我以禮。」頁123。又〈雍也〉：「不遷怒，不貳過，不幸短命死矣！」頁71。《易・繫辭》：「子曰：顏氏之子，其殆庶幾乎！有不善，未嘗不知；知之未嘗復行也。」頁88。《中庸》：「子曰：回之爲人也，擇乎中庸，得一善，則拳拳服膺而弗失之矣。」頁9。

⑩ 《論語・述而》：「子謂顏淵曰：用之則行，舍之則藏，唯我與爾有是夫。」頁90–91。又〈泰伯〉：「曾子曰：以能問於不能，以多問於寡；有若無，實若虛，犯而不校；昔者吾友嘗從事於斯矣。」頁108–109。又〈雍也〉：「子曰：回也，其心三月不違仁。」頁74。

⑪　《莊子‧讓王》：「孔子謂顏回曰：回來，家貧居卑，胡不仕乎？顏回
　　對曰：不願仕。」頁421。《論語‧為政》：「子曰：為政以德，譬如北
　　辰，居其所而眾星共之。」頁13。又〈衛靈公〉：「無為而治者，其舜
　　也與？夫何為哉？恭己正南面而已矣。」頁234。顏淵既無違孔子之教，
　　且思有為亦若乎舜，其為政必主無為德化矣。故《韓詩外傳‧七》有：
　　「顏淵曰：願得小國而相之，主以道制，臣以德化。君臣同心，內外相
　　應。列國諸侯，莫不從義嚮風。壯者趨而進，老者扶而至。教行乎百姓，
　　德施乎四蠻，莫不釋兵，輻輳乎四門，天下咸獲永寧。蠉飛蠕動，各樂
　　其性；進賢使能，各任其事。於是君綏於上，臣和於下。垂拱無為，動
　　作中道，從容得禮。言仁義者賞，言戰鬥者死。則由（子路）何進而救，
　　賜（子貢）何難之解」（頁312）之言也。《荀子‧哀公》：「定公曰：前日
　　寡人問吾子，吾子曰：東野畢之馭，善則善矣，雖然，其馬將失，不識
　　吾子何以知之？顏淵對曰：臣以政知之，昔舜巧於使民，而造父巧於使
　　馬。舜不窮其民，造父不窮其馬。是舜無失民，造父無失馬也。…鳥窮
　　則啄，獸窮則攫，人窮則詐，自古及今，未有窮其下而能無危者也。」
　　頁359。又見《孔子家語‧顏淵》、《新序‧雜事》。

⑫　《孟子‧公孫丑》：「子夏、子游、子張，皆有聖人之一體；冉牛、閔
　　子、顏淵，則具體而微。」頁71。《論語‧先進》：「德行：顏淵、閔
　　子騫、冉伯牛、仲弓。」頁154。《復聖顏子史料彙編》：「宋太祖顏子
　　贊：德魁四科，名垂千古。」頁100。《復聖顏子思想研究》：「顏子，
　　為孔門四科德行之首，歷代帝王賢哲，莫不對之崇敬不已。」頁18。

⑬　《論語正義‧先進》：「教學本是相長，故夫子言子夏為起予，正以質
　　疑問難。…徐幹中論智行篇：仲尼亦奇顏淵之有盛才也，故曰：回也，
　　非助我者也，於吾言無所不說。顏淵達於聖人之情，故無窮難之辭，是
　　以能獨獲亹亹（錢地以唯唯易之，蓋亹亹不惓之意，與唯唯近，易之易讀
　　也。）之譽，為七十子之冠。」頁239。此可作非助我注腳。

⑭　友人云:「子曰:回也,其心三月不違仁,其餘則日月至焉而已矣。本章文字,疑有誤植,當為:回也,其心仁,三月不違,其餘則日月至焉而已矣。以寫顏淵於孔子,有深愛心,極為親近,侍之三月,未嘗離去;其餘弟子,則日月之間,偶來探視而已。」此別一說,新鮮,特附於此,以待後賢論定之也。

⑮　《後漢書‧董仲舒傳贊》:「顏淵死,孔子曰:噫!天喪余。」注曰:「師古曰:言失其輔佐也。」頁1173。友人略謂:非失其輔佐。蓋顏淵死,使孔子有天喪斯文,道統無以為繼之感,故痛之深,而西狩見麟,又有生不逢時道窮之嘆,故絕筆春秋也。

⑯　《韓詩外傳‧卷七》、《說苑‧指武》與《孔子家語‧致思》等,載孔子北遊於景山,子路、子貢、顏淵等侍。登高望下,心有所感,使二三子各言其志。顏淵之對,則重在以禮樂仁德之教化治國,與此異,可參閱。

⑰　《孟子‧公孫丑》:「冉牛、閔子、顏淵,善言德行。」頁72。僅三人,次第亦異於此。

⑱　《大戴禮‧衛將軍文子》:「夙興夜寐,諷誦(詩)崇禮。」頁 222,可為此注腳。

⑲　《孟子‧盡心》:「道則高矣,美矣,宜若登天然,似不可及也。」頁340。《莊子‧田子方》:「夫子步亦步,夫子趨亦趨,夫子馳亦馳;夫子奔逸絕塵,而回瞠若乎後矣。」頁308。皆可為此處注腳。

⑳　《呂氏春秋‧勸學》:「曾點使曾參,過期而不至。人皆見曾點曰:無乃畏(畏猶死也)邪?曾點曰:彼雖畏。我存,夫安敢畏?孔子畏(讀如字)於匡,顏淵後。孔子曰:吾以汝為死矣。顏淵曰:子在,回何敢死?顏回之於孔子也,猶曾參之事父也。古之賢者與?其尊師若此,故師盡智竭道以教。」頁37。可與此相互發明。

㉑　前哀公與此康子問同,而答之詳略有異者;《論語正義》:「皇疏:此

與哀公問同，而答異者，舊有二通。一云：緣哀公有遷怒，貳過之事，故孔子因答以箴之也。季康子無此事，故不煩言也。又一云：哀公是君之尊，故須具答；而康子是臣爲卑，故略以相酬也。案疏後說是，大戴禮虞戴德云：子曰：丘於君，唯無言，言必盡；於他人則否，是其證。」頁240。崔述《洙泗考信錄》謂此未必果爲二事。未知孰是。

㉒　《漢書‧董仲舒傳贊》：「(劉)向子歆以爲伊、呂迺聖人之耦，王者不得則不興，故顏淵死，孔子曰：噫！天喪余。爲此一人，唯能當之。自宰予、子貢、子游、子夏不與焉。」頁1173。是以於顏淵死哭之痛也。

㉓　《孟子‧滕文公》：「顏淵曰：舜何人也，予何人也，有爲者亦若是。」頁108。

㉔　《論語‧陽貨》：「子之武城，聞弦歌之聲，夫子莞爾而笑曰：割雞焉用牛刀？子游對曰：昔者，偃也聞諸夫子曰，君子學道則愛人，小人學道則易使也。子曰：二三子，偃之言是也；前言戲之耳。」頁 263。又〈述而〉：「陳司敗問：昭公知禮乎？孔子曰：知禮。孔子退，巫馬期而進之，曰：吾聞君子不黨，君子亦黨乎？君取於吳爲同姓，謂之吳孟子。君而知禮，孰不知禮？巫馬期以告。子曰：丘也幸！苟有過，人必知之。」頁101。

㉕　不僅今人有「顏回因環境衛生不良，營養不足而死」《復聖顏子史料彙編》頁147，又「今且有人以顏子一簞食，一瓢飲爲營養不良；在陋巷爲生活環境太差，以故短命。」《復聖顏子思想研究》頁11。即前人亦有太竭盡精力於學致死之說。《論衡‧書虛》：「(顏子)髮白齒落，用精於學，勤而不休。氣力竭盡，故至於此。」頁36。

參考書目

㈠有關《論語》者

《論語注疏》,臺北,藝文印書館影印嘉慶二十年江西南昌府學阮元
　　刊本。

《論語章句集注》,朱熹,臺北,文津出版社,一九八五年。

《論語正義》,劉寶楠,《新編諸子集成》本,臺北,世界書局,民
　　國八十年。

《論語新解》,蔣伯潛,《語譯廣解四書讀本》,臺北,啓明書局,
　　民國四十一年。

《論語漢宋集解》,錢地,臺北,臺灣中華書局,民國六十七年。

㈡有關經書者

《周易》,臺北,藝文印書館影印嘉慶二十年江西南昌府學阮元刊本。

《左傳》,臺北,藝文印書館影印嘉慶二十年江西南昌府學阮元刊本。

《公羊傳》,臺北,藝文印書館影印嘉慶二十年江西南昌府學阮元刊
　　本。

《禮記》,臺北,藝文印書館影印嘉慶二十年江西南昌府學阮元刊本。

《中庸新解》,蔣伯潛,《語譯廣解四書讀本》,臺北,啓明書局,
　　民國四十一年。

《大戴禮記今註今譯》,高明,商務印書館,民國六十四年。

㈢有關史書者

《史記》,臺北,藝文印書館影印清乾隆武英殿刊本。

《漢書》,臺北,藝文印書館影印清乾隆武英殿刊本。

《後漢書》,臺北,藝文印書館影印清乾隆武英殿刊本。

《三國志》,臺北,藝文印書館影印清乾隆武英殿刊本。

㈣有關子書者

《孟子新解》，蔣伯潛，《語譯廣解四書讀本》，臺北，啓明書局，
　　民國四十一年。

《韓詩外傳今註今譯》，賴炎元，臺北，臺灣商務印書館，民國六十
　　一年。

《墨子》，臺北，世界書局，《新編諸子集成》本，民國八十年。

《莊子》，臺北，世界書局，《新編諸子集成》本，民國八十年。

《荀子》，臺北，世界書局，《新編諸子集成》本，民國八十年。

《韓非子》，臺北，世界書局，《新編諸子集成》本，民國八十年。

《呂氏春秋》，臺北，世界書局，《新編諸子集成》本，民國八十年。

《淮南子》，臺北，世界書局，《新編諸子集成》本，民國八十年。

《鹽鐵論》，臺北，世界書局，《新編諸子集成》本，民國八十年。

《論衡》，臺北，世界書局，《新編諸子集成》本，民國八十年。

《潛夫論》，臺北，世界書局，《新編諸子集成》本，民國八十年。

《列子》，臺北，世界書局，《新編諸子集成》本，民國八十年。

《孔子家語》，臺北，世界書局，《新編諸子集成》本，民國八十年。

《新序》，臺北，世界書局《四部刊要》本，民國四十四年。

《說苑》，臺北，世界書局《四部刊要》本，民國四十四年。

《春秋繁露》，臺北，世界書局，楊家駱主編，增訂中國學術名著第
　　一輯，民國五十一年。

㈤有關仲尼弟子者

《復聖顏子思想研究》，黃紹祖，臺北，文史哲出版社，民國七十一
　　年。

《復聖顏子史料彙編》，黃紹祖，臺北，新文豐出版公司，民國七十
　　四年。

《孔子及其弟子事蹟考證》，袁全書，臺北，三民書局，民國八十年。

《孔門弟子研究》，李啓謙，山東，齊魯書社，一九八七年。

《孔門弟子志行考述》，蔡仁厚，臺北，商務印書館，民國八十一年。

《顏子家世》，濟寧市政協文史資料委員會、曲阜市政協文史資料委
　　員會編，山東，齊魯書社，1998年。

《孔門弟子研究資料》，李啓謙、楊佐仁編，曲阜師範學院孔子研究
　　所，不著出版年月。

〈顏回研究〉，李啓謙，山東師大學報，一九八五年四月。

《詩經》中的「魚」

余培林

一、前 言

　　《詩經》中用「魚」字的詩共有十九篇，其中〈小雅・采薇〉篇的「象弭魚服」、〈采芑〉篇的「簟茀魚服」，二「魚」字都是獸名，〈魯頌・駉〉篇的「有驔有魚」的魚則是馬名，不是本文研究的對象，本文所要研究的是其餘十六篇裡的「魚」字，是水中之魚。

　　自《毛傳》以下，對於這十六篇中「魚」字所象徵或比喻的事物，並沒有統一的說法，都是隨文而解。直到聞一多作《詩經通義》，才認定〈國風〉中的「魚」字，都是兩性之間的廋語，孫作雲《詩經與周代社會研究》也有此說，李湘《詩經特定名物應用系列新編》更認為〈雅〉、〈頌〉中某些詩篇中的「魚」字也有此意。不僅此也，他更擴而大之，認為和魚有關的字，如釣、梁、笱、罶、鳩、鸛、鶴、鴛鴦等，都與兩性有關。而廖群新著《詩經與中國文化》也遙為呼應，把瓜果子實、薪芻蕭艾、飢渴食飲、風雨山水等字，都看作是性愛的語言。這種說法，當然令人難以置信，然而時下一般的《詩經》研究者卻趨之若鶩，這就不能等閒視之了。考孫、李、廖諸氏的說法，都植基於聞一多的「〈國風〉中凡言魚，皆兩性間互稱其對之廋語」之說，所以把《詩經》中所有含「魚」字的語句作一番整理，作一番檢驗，看看這一說法能否成立，實在是正本清源之道，這就是本文寫作的動機。

　　經過一番整理，發現這十五篇中的「魚」字，大致可分四類，一

是象徵人民，二是象徵賢人，三是聞氏所謂的兩性之間的瘦語，四是無所象徵，只是用其本義。下面分別予以說明。

二、象徵人民

以魚來象徵人民，《易經》中早已有之。〈姤·九四〉說：「庖无魚，起凶。」〈象〉說：「无魚之害，遠民也。」〈象辭〉以「遠民」釋「无無」的隱意，眞是的當不移。《老子·六十章》也說：「治大國，若烹小鮮。」也以烹魚比喻治民，不過這比《詩經》的時代要晚的多了。《詩經》中以魚比喻人民的詩共有四篇，茲依次說明如下：

㈠魴魚赬尾，王室如燬；雖則如燬，父母孔邇。（〈周南·汝墳〉）

魴魚何以赬尾，有二說：一是「魚勞則尾赤」，創於《毛傳》；一是「赤尾魚」，始於《說文》。後來說詩者多依違於此二說。筆者曾以木棒在魚缸中攪動終日，使魚不得休息，魚尾一點都沒有變赤，後見《本草綱目》中說：「魴魚，俗稱『火燒鯿』。」才知道《說文》的說法正確。至於「魴魚赬尾」一語所象徵的意義，前人有四種不同的說法：

1.孔穎達《正義》：「婦人言魴魚勞則尾赤，以興君子苦則容憔。」
2.姚際恆《詩經通論》：「魴魚赬尾，喻民之勞苦。」
3.聞一多《詩經通義》：「〈國風〉中凡是言魚，皆兩性間互稱其對方之瘦語，無一實指魚者。」又說：「詩爲女子所作，則魚指男言也。」
4.孫作雲《詩經與周代社會研究》：「據動物學家說，有一些魚在春天交尾時期，尾巴發紅，以招引異性。」象徵青年男女發情。

1.說是依據《詩序》及《鄭箋》推演而成，以魴魚象徵君子，並

無不可，只是「赬尾」象徵「容悴」，似過於牽強。 3.說雖新穎，實際上和 1.說並沒有大的差異，問題還是在於「赬尾」二字無法落實。 4.說十分大膽，孫氏並且把下文的「王室」解作「大廟」，即禖廟，「王室如燬」，說成青年男女在禖宮前熱烈的求偶。但是《詩經》中二百多個「王」字，凡作名詞用的都是君王之意，沒有一個解作「大」的。「王室」就是君王之室，也就是指周室。孫氏訓「王」為大，已是突兀，又把「王室」解為禖廟，真是匪夷所思。 2.說最近詩義，但「勞苦」二字顯然是受了「魚勞則尾赤」的影響。實則「赬尾」是形容形勢緊急，猶如俚語「大燒屁股」。和下文「如燬」同一喻意。如果把「勞苦」二字改作「急迫」或緊急，就更切合詩義了。

㈡誰能亨魚，溉之釜鬵。誰將西歸，懷之好音。（〈檜風・匪風〉）

《毛傳》：「亨魚煩則碎，治民煩則散。知亨魚，則知治民矣。」這是取用《老子》「治大國，若烹小鮮」之意為解，所以陳奐《詩毛氏傳疏》就引《韓非子・解老》篇的文字來疏解。後代的說詩者，大抵都取用這一說法，但聞一多的說法卻不同。《詩經通義》說：「〈匪風〉篇疑是婦人望其夫來歸之詞，『誰能烹魚』。蓋亦廋語也。」李湘《詩經特定名物應用系列新編》更說：「烹魚、食魚，皆喻男女之歡合與結配，則烹魚、食魚為一義，這是說幫助烹魚，亦助人歡合之義。」

按孫作雲《詩經與周代社會研究》說：「周道」是周人從鎬京到洛邑所修建的一條軍用公路，這解決了本篇中「周道」的問題。裴普賢《詩經欣賞與研究》以為這首詩是「犬戎作亂，幽王被殺，鎬京淪陷」時所作。十分可信。準此以觀，《毛傳》以烹魚象徵治民，很合詩義。李湘把「烹魚」比喻為「男女之歡合」，在國家亂亡，「中心怛兮」、「中心弔兮」的時候，竟然還專注於男女之事，完全違背常

情。李氏說《毛傳》是「主觀臆測，穿鑿附會」，如果把這話來形容他自己，也許更爲恰當。

　㈢**牧人乃夢，衆維魚矣，旐維旟矣。大人占之。衆維魚矣，實維豐年；旐維旟矣，室家溱溱。**（〈小雅・無羊〉）

　本章「衆維魚矣」一語，看似易懂，實則難解之極。前人之說有下列數種：

　1.《毛傳》：「陰陽和則魚衆多矣。」以「衆」爲衆多，並且把「衆維魚」簡成「衆魚」。這顯然不合詩義，但後人從之者最多。

　2.《鄭箋》：「牧人乃夢見人衆相與捕魚。」把名詞「魚」解作動詞「捕魚」，完全是以意說詩。

　3.朱熹《詩集傳》既說：「占夢之說未詳。」又說：「衆，謂人也。夢人乃是魚，則爲豐年。」文義皆難通，無怪乎清儒多予駁難。

　4.盧文弨《鍾山札記》引丁希曾說：「衆乃螽字之省，衆乃蝗類……今衆不爲蝗而爲魚，故以爲豐年之徵。」馬瑞辰《毛詩傳箋通釋》也有此說。蝗化爲魚，實難驗證；而旐化爲旟，更絕無可能。

　5.王引之《經義述聞》：「上『維』字訓『乃』，下『維』字訓『與』，旐維旟者，旐與旟也。上句單言一物，下句並舉二物。」上下二「維」字異其訓解，實不足爲訓。

　6.俞樾《群經平議》：「衆維魚矣，猶云維衆魚矣；旐維旟矣，猶云維旐旟矣。」以「衆魚」爲一物，「旐旟」爲二物，文義皆不相對。

　7.于省吾《澤螺居詩經新證》：「『旐維旟矣』的旐，應讀爲兆，古籍謂十億或億萬曰兆，引伸之則爲衆多之泛稱……『衆』與

『兆』均為量詞，『維』為句中助詞。此詩本謂牧人所夢的是魚之眾與旟之多，眾魚是豐年之兆，兆旟為室家繁盛之驗。」但《詩經》中旐、旟對舉的很多，如〈小雅・出車〉「彼旟旐斯」，〈大雅・桑柔〉「旟旐有翩」，旟和旐都是旗名，何以本篇和「旟」對舉的「旐」字，獨鮮為兆？再說，詩人何以不寫作「維旐旟矣」，而要把「維」字置於「旐」和「旟」之間？

按以上各家的解說，都持之有故，言之成理，但都不夠精當。筆者以為要解這兩句詩，一定要參考上篇〈斯干〉詩中的「維熊維羆，維虺維蛇」二語。因為這兩首詩是同時的作品，並且極可能是一人之作。詩人為了求變化，就把這兩句的第一個「維」字去掉，而在句末加上一個語詞「矣」字，以充足四字，而意思並沒有改變。如果把這兩句詩還原，寫作「維眾維魚，維旐維旟」，意思就清楚多了。上篇中的「熊」與「羆」、「虺」與「蛇」都是同類而二名，本篇中的「旐」和「旟」，也是同類而二名，那末，「眾」和「魚」必定是同類而二名無疑。「眾」是群眾或師眾。「魚」是水中之物，與「眾」不類，但可以象徵人民，這在《詩》中多見，因此，就可以和「眾」為一類了。同時「魚」諧「餘」音，餘有多的意思，也與「眾」同義。古時人民大部分從事農耕，人民既多，稼穡者眾，所以下文說「實維豐年」。

㈣魚在在藻，有頒其首。王在在鎬。豈樂飲酒。

　魚在在藻，有莘其尾。王在在鎬，飲酒豈樂。

　魚在在藻，依于其蒲。王在在鎬，有那其居。（〈小雅・魚藻〉）

《鄭箋》：「魚之依水草，猶人之依明王也……此時人物皆得其所，正言魚者以潛逃之類，信其著見。」孔穎達《正義》：「物之潛隱莫過魚，顯見者莫過人，《經》舉潛逃，《箋》舉著見，則萬物盡該之矣，故以人類之。」鄭氏以魚得水草，猶人得其所，頗能切合詩

義，孔氏的疏解足可證明，後世從其說者甚多。雖然范處義《詩補傳》、嚴
粲《詩緝》等以爲藻蒲水淺，是魚之所失，以興幽王之民失所，與鄭
說有異，但以魚象徵人民，則與鄭氏相同。

三、象徵賢人

這類的「魚」字共四見。

(五)**九罭之魚，鱒魴。我遘之子，袞衣繡裳。**（〈豳風‧九罭〉）

《毛傳》：「九罭，緵罟，小魚之網也。鱒魴，大魚也。」孔穎
達《正義》：「鱒魴是大魚，處九罭之小網，非其宜。以興周公是聖
人，處東方之小邑，亦非其宜。」王靜芝《詩經通釋》：「九罭之小
網，不當網鱒魴。以喻周公之大，此下土小國不宜久留周公也。」此
說以「鱒魴」喻周公，後人解詩多從之。

聞一多《風詩類鈔》：「魚，指之子。」孫作雲《詩經與周代
社會研究》：「罭是密網，用以捕小魚者，而今卻得到大魚鱒魴……
『袞衣繡裳』猶〈候人〉詩所謂『三百赤芾』，極言服飾之盛。」又
說：「這裡的『鴻』，我以爲即指『公歸不復』的『公』，也就是『
我遘之子』的『子』，總之，絕不是周公。」李湘《詩經特定名物應
用系列新編》：「之子，指男子，與下章的『公』爲一人。」又說：
「九罭者；細目小網，鱒和魴，魚之大者。以小網而得大魚，自當爲
快意之事……下文所言之君子，乃是袞衣繡裳，身分不同一般，就恰
同這大魚鱒魴相觀照。」聞、孫、李三氏以爲魚非喻周公，而是喻下
文的「之子」；但「之子」就「公」，是穿『袞衣繡裳』的人。既然
是公，又穿袞繡裳，即使如孫氏所說袞衣繡裳就是「三百赤芾」（當
然不是），他也是候人之官，是貴族，絕非一般平民。因此，說他是
賢人，應該沒有問題吧。

(六)**南有嘉魚，烝然罩罩。君子有酒，嘉賓式燕以樂。**

南有嘉魚，烝然汕汕。君子有酒，嘉賓式燕以衎。（〈小雅‧南有嘉魚〉）

《詩序》：「〈南有嘉魚〉、樂與賢也。」《鄭箋》：「言南方水中有善魚，人將久如而俱罩之，遲之也。喻<u>天下有賢者</u>，在位之人將久如而並求致之於朝，亦遲之也。」

按馬瑞辰《毛詩傳箋通釋》說：「『與』，當讀爲舉。」「與賢」，即舉賢才，亦即鄭氏所謂「天下有賢者，求致之於朝」的意思。這兩章詩前言「嘉魚」，後言「嘉賓」，二「嘉」字前後呼應，應是詩人精心的安排。因此，如說此「嘉魚」象徵下文「嘉賓」，該不會有人反對吧。

㈦**魚潛在淵，或在于渚。**

魚在于渚，或潛在淵。（〈小雅‧鹿鳴〉）

《毛傳》：「良魚在淵，小魚在渚。」《鄭箋》：「此言魚之性，寒則逃於淵，溫則見於渚，<u>喻賢者世亂則隱</u>，治平則出，在時君也。」孔穎達《正義》：「此文止有一魚，復云『或在』，是魚在二處，以魚之出沒，喻賢者之進退，於理爲密。」

按毛氏於一章之末說：「舉賢用滯，則可以治國。」「賢」是應前文的「良」，「滯」是應前文的「淵」，是則其解「魚潛」二句，雖與鄭氏有異，但其意在舉賢，及以詩中「魚」字喻賢人，則與鄭氏相同。後人多用鄭氏之說，以其文明而義顯，並非有褒貶於其間。朱熹《詩集傳》說：「言理之無定在也。」理學家氣味太重。姚際恆《詩經通論》評之爲「說詩之魔」，下語雖重，卻也是一針見血。可惜的是季本看不到這個評語，否則他就不會採用朱子之說了。

㈧**魚在于藻，亦匪克樂，潛雖伏矣，亦孔之炤。**（〈小雅‧正月〉）

《鄭箋》：「池，魚之所樂，而非能樂。其潛伏於淵，又不足以逃，其炤炤易見。<u>以喻時賢者在朝廷</u>，道不行，無所樂；而窮處，又

無所止也。」陳奐《詩毛氏傳疏》：「池以畜魚，<u>喻國以養賢</u>。君子不能居朝珽，猶魚在池中而不能以樂也。」

按此四句詩，與《節南山》「我瞻四方，蹙蹙靡所騁」有同樣旨趣。句中的「魚」字，喻朝廷君子，也是詩人有喻。

⑼**鳶飛戾天，魚躍于淵。豈弟君子，遐不作人。**（〈大雅・旱麓〉）

《毛傳》：「言上下察也。」

按孔穎達《正義》說：「德教明察著於上下。其上則鳶鳥得飛至於天以遨翔，其下則魚皆跳躍於淵中，喻民喜得所。」依孔氏之說，則鳶、魚喻「作人」之「人」。范家相《三家詩拾遺》說：「《韓詩》薛君之意，蓋以鳶、魚喻干祿之君子，以戾天、躍淵喻其干祿之豈弟。」依范氏之說，則鳶、魚喻君子。君子固然是賢人，被造就的人也是賢才，二說無論誰是，鳶、魚所喻的都是賢人。

四、兩性之間的廋語

聞一多《詩經通義》以為〈國風〉中的「魚」字，是兩性之間的廋語，此說並非虛言。只是〈國風〉中僅有一二篇有這類隱語，並非全部「魚」字都是如此。即使這一二篇的「魚」字，古人也已經註明此意，只是沒有用「廋語」一詞，可以說是有其意而無其詞。謂予不信，請看〈新臺〉、〈敝笱〉二詩便知。

㈩**魚網之設，鴻則離之。燕婉之求，得此戚施。**（〈邶風・新臺〉）

《毛傳》：「言所得非所求也。」《鄭箋》：「猶齊女來求世子而得宣公。」

按聞一多〈新臺鴻字說〉謂詩中的「鴻」字，即蟾，亦即若蟾，一曰蛤蟆，一曰蟾蜍。其說至當。詩中的「魚」字，即指下文「燕婉」，「鴻」字，即指下文「戚施」。高亨《詩經今注》說：「詩以設魚網捕魚而得蛤蟆，比喻女子想嫁美男子而配醜夫。」正是此意。鄭氏謂「魚」喻世子伋，「鴻」喻宣公，只是點明其人而已。是則「魚」字

的隱義，鄭氏早已知之。

　　㈡敝笱在梁，其魚魴鰥。齊子歸上，其從如雲。

　　　敝笱在梁，其魚魴鱮。齊子歸止，其從如雨。

　　　敝笱在梁，其魚唯唯。齊子歸止，其從如水。（〈齊風·敝笱〉）

　　《毛傳》：「鰥，大魚。唯唯，出入不制。」《鄭箋》：「鱮，魚子也。喻魯桓微弱，不能防閑其妻。唯唯，行相隨順之貌。」

　　按馬瑞辰《毛詩傳箋通釋》說：「魚行相隨即不能制，《傳》、《箋》義正相成。」其說極是。唯唯本是謙應之辭，魚行唯唯，當是相隨之貌。鄭氏說其本義，毛氏說其在詩中之義。詩中的「敝笱」，象徵魯桓公。魴、鰥、鱮，都是象徵文姜。魚大、笱敝。所以笱不能制魚。齊強、魯弱，所以魯桓不能制文姜。陳啟源《毛詩稽古編》、胡承珙《毛詩後箋》、陳奐《詩毛氏傳疏》皆有說。郝敬《毛詩原解》以為敝笱喻帷薄不修，高亨《詩經今注》以為敝笱喻禮法破壞，皆嫌穿鑿。

五、用其本義

　　這一類的「魚」字沒有什麼象徵或比喻，只是用其本義。由於魚味鮮美，於是有人用來表示菜餚的豐美，如〈大雅·韓奕〉是。由於魚性活潑，於是又有人用來表示情景的生動，如〈大雅·靈臺〉是。這類詩有五篇，茲依次說之。

　　㈢豈其食魚，必河之魴。豈其取妻，必齊之姜。

　　　豈其食魚，必河之鯉。豈其取妻，必宋之子。（〈陳風·衡門〉）

　　「食魚」一詞究竟有無喻意，隨詩旨的認定而有別。

　　《詩序》說：「〈衡門〉，誘僖公也。願而無立志，故作是詩以誘掖其君也。」由於詩旨是「誘僖公」，所以《鄭箋》就說：「『食魚』，喻君任臣何必聖人，亦取忠孝而已。」歐陽修《詩本義》則說：「

言小國皆有可爲，大國不可待而得。」

　　朱熹《詩集傳》說：「此隱居自樂而無求者之辭。」姚際恆《詩經通論》也說：「一章，甘貧也。二、三章，無求也。一章與二、三章詞異意同，又因飢而言食，因食而言取妻，皆飲食男之之事。」若依此說，「食魚」就沒有喻意。

　　李湘《詩經特定物應用系列新編》說：「這是一首情詩，或即一篇幽會詩。」以爲「食魚」是「男女歡合之隱語」。

　　細觀詩文，朱熹、姚際恆所說較是，「食魚」一詞，並無任何喻意。

　　㈡**魚麗于罶，鱨鯊，君子有酒，旨且多。**

　　　魚麗于罶，魴鱧，君子有酒，多且旨。

　　　魚麗于罶，鰋鯉。君子有酒，旨且有。（〈小雅・魚麗〉）

　　這首詩的詩旨約有四說：

　　1.《詩序》：「〈魚麗〉、美萬物盛多能備禮也。……可以告於神明矣。」

　　2.朱熹《詩集傳》：「此燕饗通用之樂歌。」

　　3.季本《詩說解頤》：「此詩爲尊禮賢者而作，因用以爲燕饗臣工之樂歌。」

　　4.姚際恆《詩經通論》：「此王者燕饗臣工之樂歌。」

　　按1說除首句「美萬物盛多」一語尚合詩義，其餘似皆附會之辭。2說是此詩的應用，而非作此詩的本旨。3說與其說〈南有嘉魚〉篇詩旨同，但編觀詩文，並無「尊禮賢者」之意。4說後世採用者最多，其實和2說相較，只是少「通用」二字而已。由詩文「君子有酒」及後三章詩文看來，當是被燕饗的臣工讚美君子酒旨餚豐之作。因此其中的鱨鯊，魴鱧、鰋鯉，僅是形容菜餚之豐美，無所象徵或比喻。

　　㈢**王在靈沼，於牣魚躍。**（〈大雅・靈臺〉）

《鄭箋》：「靈沼之水，魚盈滿其中，皆跳躍，亦言得其所」朱熹《詩集傳》：「魚滿而躍，言多而得其所。」「多而得其所」，是「於牣魚躍」的意思，並沒有什麼言外之意。

㈩其殽維何，炰鱉鮮魚。（〈大雅・韓奕〉）

《鄭箋》：「鮮魚，中膾者也。」詩文已明言其爲「殽」，故不必推究其有否喻意。

㈥猗與漆沮，潛有多魚，有鱣有鮪，鰷鱨鰋鯉。以享以祀，以介景福。（〈周頌・潛〉）

《詩序》：「〈潛〉，季冬薦魚，奉獻鮪。」姚際恆《詩經通論》評其有三謬，皆中其痛處。季本《詩說解頤》說：「此周王薦魚於寢廟之樂歌。」其說極是。祭祀的荼餚應該很豐盛，爲何詩中只說魚一味，可能是取其諧「餘」音，取其「有餘」之意。今人每逢年節喜慶，筵席之中必有魚，就是取其「有餘」之意。以今推古，當不致有大誤。

六、結　語

經過一番整理檢討後，有下列三點結語：

一、《詩經》中有「魚」字的詩共有十九篇，「魚」字可以視爲兩性之間廋語的只有〈新臺〉與〈敝笱〉二篇，都在〈國風〉之中，聞一多謂「〈國風〉中凡言魚，皆兩性間互稱其對方之廋語。」固然不確。李湘擴及〈雅〉、〈頌〉諸篇，更是虛誕。而即使這兩篇，前人已指出其「魚」字所象徵的人物，只是未用「廋語」一詞而已。

二、「魚」字象徵賢人，都是信而有徵。《毛傳》、《鄭箋》有說，後人也多採信。

三、〈汝墳〉的「魴魚頳尾」與〈無羊〉的「衆維魚矣」二語，前人的解釋連篇累牘，但沒有一說能令人滿意。筆者把其中「魚」字解作象徵人民，也是由讀《易・姤》卦而悟得。但移來解詩，是否有當，尚

待高明指教。

【附註】

《詩經》中有不言「魚」而直言魚名的，共有四篇。它們是：

1.施罛濊濊，鱣鮪發發。（〈衛風・碩人〉）

2.飲御諸友，炰鱉膾鯉。（〈小雅・六月〉）

3.匪鱣匪鮪，潛逃于淵。（〈小雅・四月〉）

4.其釣維何，維魴及鱮。（〈小雅・采綠〉）

其中〈碩人〉篇的「鱣鮪」、〈六月〉篇的「鱉鯉」、〈采綠〉篇的「魴鱮」，一看詩文便知是用其本義，沒有什麼象徵或比喻的意思。但〈四月〉篇的「鱣鮪」，則不如此，《毛傳》說：「大魚能逃處淵。」孔穎達《正義》說：「鱣也、鮪也，長大之魚，乃潛逃於淵，今賢者非鱣非鮪也，何為隱遁避亂如魚之潛逃於隱也。」是鱣鮪比喻賢人，此與〈大雅・旱麓〉「鳶飛戾天，魚躍于淵。」鳶、魚並舉相似，都是比喻賢人。《鄭箋》認為兩篇都是比喻人民，似稍欠貼切。

湖北郭店楚簡〈緇衣篇〉考釋舉例

邱德修

壹、前　言

　　民國八十二年冬天，地不愛寶，考古學家於大陸湖北省荊門市，郭店一號楚墓發掘出土乙批楚簡，雖屢遭盜擾，仍幸存八百餘枚彌足珍貴。其中有些無字簡，學者經過整理後加以統計，共得七百三十枚，大體完整無闕，未能拼合的小碎片也爲數不多。其中存有〈緇衣〉乙篇，內容與今本《小戴禮記‧緇衣》大體脗合，但兩者的分章及章目次第卻相去甚遠，文字亦頗爲參差。兩相校勘，可以發現今本〈緇衣〉的若干錯誤，亦足以證明《鄭注》對讀《禮記》乙書的人而言，爲不可或缺的著作，係《小戴記》之功臣。

　　郭店楚墓位於紀山古代楚墓群中。透過歷年的考古鑽探及其出土資料證明，這裡是一片東周時期楚國貴族的族葬地區，其南面約九公里遠之所在，便是東周時代楚國的都城——紀南城（郢）。即地望而言，這些墓葬主人與住在紀南城的楚貴族脫離不了關係。郭店一號楚墓係一座土坑豎穴木槨墓，其中殘存有銅鈹、龍形玉帶鉤、七弦琴、漆耳杯、漆奩等歷史文物。就這批文物的造型、樣式及其花紋都具有十分明顯的戰國時期楚文化的特質及其風格。考古發掘者據此推斷該墓葬之年代爲戰國中期偏晚。其說若然，那末，郭店楚簡的年代下限應略早於墓葬年代，亦即屬於戰國中期的作品。①

　　愚治《三禮》多年，何其幸運得以目睹這筆〈緇衣篇〉的新材料，天天籀讀再三，凡有所得輒記於簡冊之旁，久而久之，朱墨爛然，甚爲可觀。今不揣固陋，學殖荒疏之困窘，將這些扎記筆成草稿，付諸

梓人，心知綆短汲深，往往有力不從心之感，更難免有野人獻暴之譏。諸
希國內鴻儒，海外碩彥，有以教之，則幸甚幸甚！

貳、郭店〈緇衣篇〉楚簡存影

　　〈緇衣篇〉簡冊係由四十七枚竹簡構成。竹簡係兩端皆修削而成
呈梯形，簡長三十二點五公分。其上編繩兩道，編繩上下間距爲一二
點八至十三公分左右。全篇筆畫歷歷，清晰可辨，於出土文物中，爲
不可多得的瓖寶。

　　本篇〈緇衣篇〉簡文的內容與今本《小戴禮記》的〈緇衣篇〉所
刊者大體相脗合，二者應是同一部著作之不同傳本。其中簡本無今本
的第一與第十六章，其第一章爲今本的第二章，篇題之「緇衣」乙詞
即存在於此章文句之中。今本第一章的來由，可能是在簡本〈緇衣〉
固定了篇名之後，後儒增添上去的。

　　至於簡本與今本的章序安排具有很大的不同，文字用語也顯然有
不少的出入，兩相比較，可見簡本的內容較今本所依據者爲原始，爲
更接近原作者的風貌。唯從各章在意義上的系聯來看，簡本的章序安
排多比今本爲合乎常情，近乎《禮記》表述的風格。

　　此外，簡本每章之末都用「■」號來標注該章經文之完結，像這
種標點清楚每一章完結符號，正足以補助傳世今本〈緇衣〉分章不明
的缺憾。簡本之出土，對我們閱讀今本〈緇衣〉實在具有莫大的助益。同
時，對判讀《禮記》各篇著諸竹帛的時代，起決定性的作用。②

　　本篇簡文出土時原本沒有篇題，今依據今本《禮記・緇衣》冠以篇
名，使其名正而言順，方便世人稱引，亦有利於研究者作比較，作探究。

　　最後，爲了清楚起見，我們將出土的〈緇衣〉原簡，依每章節的
內容剪裁下來，影印羅列於下，以爲校對今本〈緇衣〉的憑藉，亦是
本文考釋時之依據。

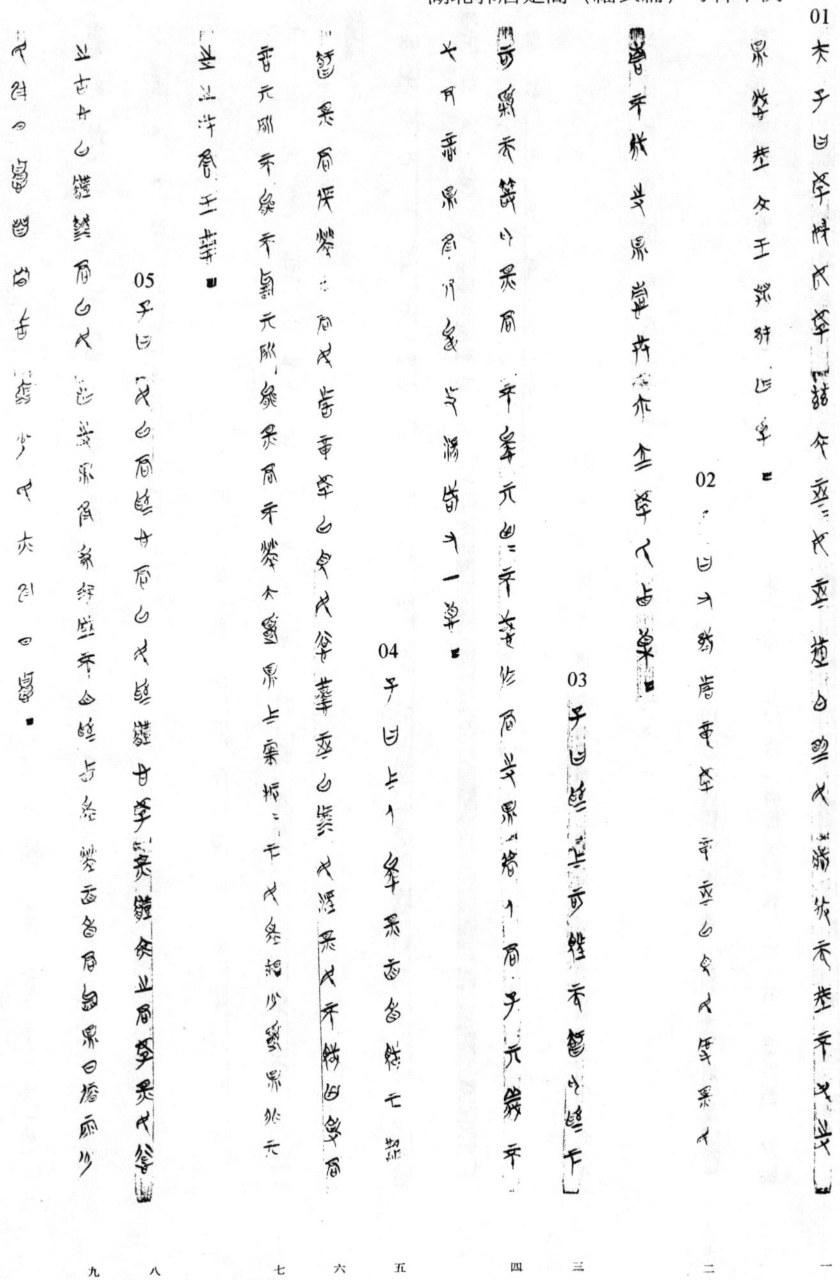
01
02
03
04
05
一 二 三 四 五 六 七 八 九

08

09

10

07

06

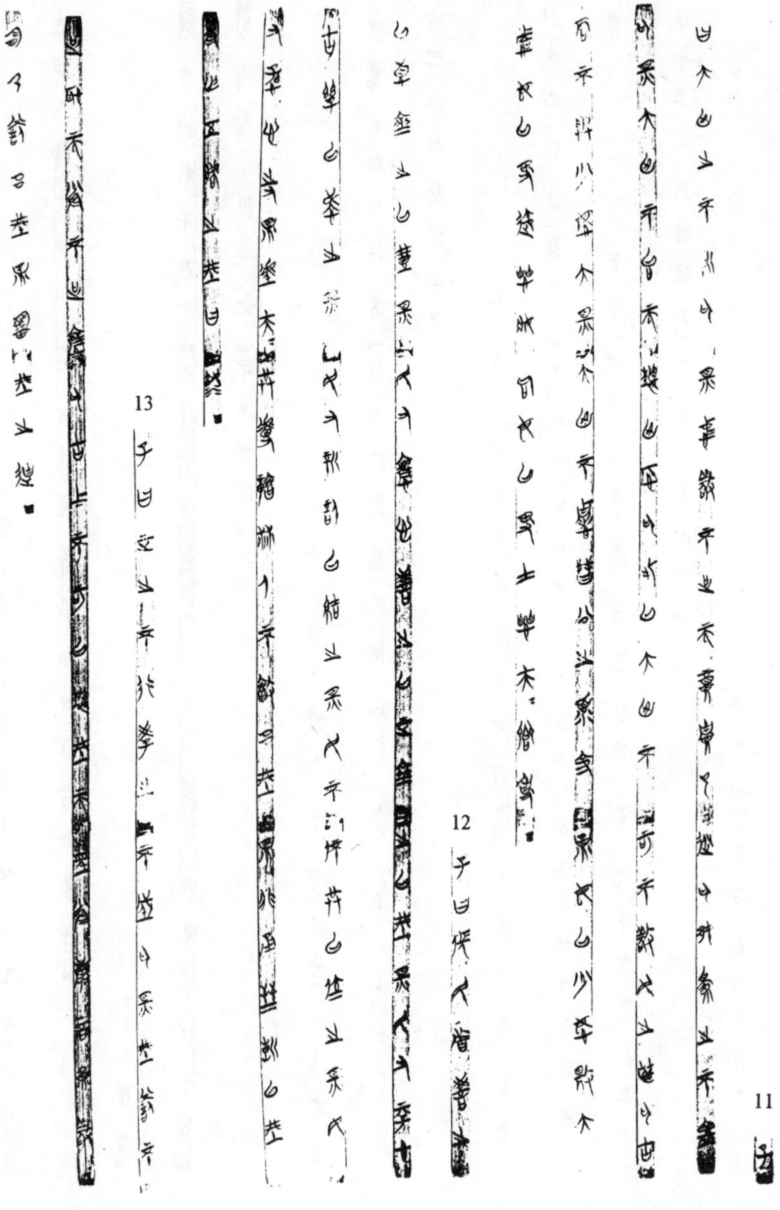

11 一九 二〇 二一 二二

12 二三 二四 二五 二六

13 二七 二八

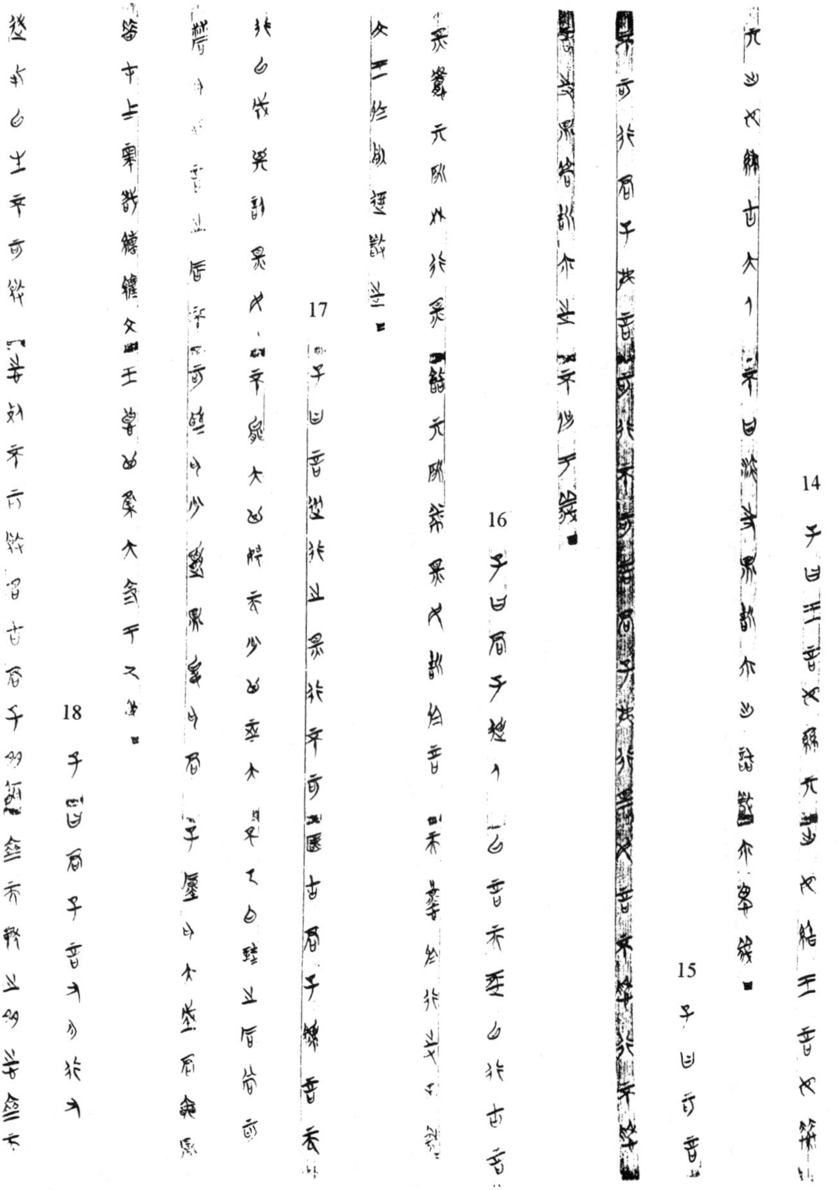

二九　三〇　三一　三二　三三　三四　三五　三六　三七　三八

19

20

21

22

23

子曰

一四〇背

三九　四〇　四一　四二　四三　四四　四五　四六　四七

叁、〈緇衣篇〉考釋舉例

簡本〈緇文篇〉凡二十三章爲了後人研治簡本〈緇衣篇〉的需要，我們曾爲之作過考釋工作，限於篇幅，試舉第十一章爲例，考釋如下：

第十一章

子一九曰：大臣之不新（親）也，則忠敬不足〔一〕，而賏（富）貴已逃（過）也〔二〕。邦豖（家）之不盇（寧）二○也〔三〕，則大臣不台（治），而埶（藝）臣恉（託）也〔四〕。此以大臣不可不敬，民之蓋（蘉）也〔五〕。古（故）二一君不與少（小）恄（謀）大〔六〕，則大臣不　〔七〕。𦱳公之〈𦣻（顧）命〉〔八〕員（云）：「毋以少（小）恄（謀）敗大二二恉（作）〔九〕，毋以卑（嬖）御息（塞）妝（莊）句（后）〔十〕，毋以卑（嬖）士息（塞）大夫、卿事（士）〔十一〕。」

【考　釋】

〔一〕則忠敬不足：《鄭注》：「忠敬不足，謂臣不忠於君，君不敬其臣。」④此句之上，今本尚有「百姓不寧」乙句，爲簡本所無者。

〔二〕而賏（富）貴已逃（過）也：富字，簡文作𣊫形，隸定作𣊫，即今的「富」字；《長沙・子彈庫・帛書》之「福」字從示作「𥜌」形⑤，其上半部與簡文形構同，可證。

貴字，簡文作𧴩形，今本《說文》正篆作𧶜，〈貝部〉云：「貴，物不賤也。從貝，臾聲。臾，古文蕢。」⑥其實許書所刊已是譌變之體，宜以簡文所作爲是。字的上半部象商周時代的「銅盉」形，下半部從貝作；銅盉係古代軍人執干戈以衛社稷的軍需品⑦，而當「貝」

組起來，以會「物不賤」的意思。倘如《說文》釋其上半部為「古文貴」，何貴之有？

過字，簡文作 形，從辵化聲；其中「化聲」，呼跨切，十七部；過字，古禾切，十七部，兩字上古音為疊韻可通。簡文作「迱」，今本作「過」，正好可以對譯出來。總之，「迱」之與「過」，可能是古今字。

〔三〕邦豢《家》之不窋（寧）也：家字，簡文作 形，分析其形構為上從爪中從宀，下從豕，兩周金文有此字作 形，為《說文》所未收。張振林謂：『其音義如「嫁」。長沙出土《楚帛書》有「豢女取臣妾」，與《秦簡・日書》之「取婦家女」和「取妻嫁女」同意。』⑧據此可知，將「豢」對譯成「家」，是有根據的。

窋字，簡文作 形；《說文・宀部》云：「窋，安也。從宀心在皿上。皿，人之食飲器，所以安人也。」《段注》：『此「安寧」正字，今則「寧」行而「窋」廢矣。《偽古文》「萬邦咸窋」，《音義》曰：「窋，安也。」《說文》「安寧」字如此。「寧，願詞也」；語甚分明。自衛包改正文，李昉、陳鄂又改《釋文》，令人不可讀矣。』⑨據此可知，「安窋」之「窋」，古作「窋」，今通作「寧」。

此句六字為今本所無，恐係抄者誤脫。或今本作「百姓不寧」，置於「則忠敬不足」句之上面，亦未可知也。

〔四〕而褻（褻）臣怩（託）也：褻字，簡文作 形，通「褻」，《說文・衣部》：『褻，私服也。從衣，執聲。《詩》曰：「是褻絆也。」』《段注》：『「私」、「褻」疊韻。《論語》曰：「紅紫不以為褻服。」引伸為凡「昵狎」之稱。』⑩「褻臣」，今本作「邇臣」，就是昵狎之臣。

怩字，簡文作 形，從心從氐，釋作「㡆」，即「怩」字，通「託」；《說文・言部》：「託，寄也。從言，乇聲。」⑪今本「託」

作「比」。《鄭注》：「邇，近也，言近以見遠，言大以見小，互言之，此私親也。」今本全句作「而邇臣比矣」。

〔五〕民之蠠（蔍）也：蠠字，簡文作 形，字从艸，从古文「絕」；《說文・斤部》：「斷，截也。从斤 。 ，古文絕。」⑫那末，簡文的「蠠」就是小篆的「蔍」字。且夫楚簡文字中的「絕」字正好多作「丝」或「幽」，象以刀斷絲形。《說文・艸部》云：「蔍，朝會束茅表位曰蔍。从艸，絕聲。」⑬據此可知，字的本義爲「束茅表位」，引伸之而有「表徵」義，今本作「表」正好與之相對譯。字或作「萊」，从艸，朿聲，詳第八章注〔六〕⑭。茲將本章之「蠠」與第八章之「萊」比對如下：

第 八 章　今本「是民之表也」，簡文作「萊」
第十一章　今本「是民之表也」，簡文作「蠠」 ⎱《說文》作「蔍」

總之，簡本「民之蔍也」，今本作「是民之表也」。今本此句下尚有「邇臣不可不愼也，是民之道也」句，凡十二個字，《鄭注》云：「民之道，言民循從也。」足供參考。

〔六〕古（故）君不與少（小）悔（謀）大：「古」通「故」，「少」通「小」，簡文習見，不注。

悔字，簡文作 形，从女母聲，係形聲之字，《說文》作「愭」，〈心部〉云：「愭，愭憮也。从心，某聲。讀若侮。」⑮通「謀」，《說文・言部》云：「謀，慮難曰謀。从言，某聲。晉，古文謀；𣧊，亦古文。」《段注》：『「母聲」、「某聲」同在一部。〈士冠禮〉：古文「某」爲「謀」，蓋《古文禮》「某」作「晉」也。』⑯正因爲古音「母聲」與「某聲」相同，所以凡形聲之字「从某聲」作者，亦可以用「母聲」來作「聲符」替換。是故，簡文之「愭」可以通「謀」，下同。今本作「君毋以小謀大」，正是「愭」通「謀」的明證。唯此

句下今本尚有「毋以遠言近，毋以內圖外」句，凡十個字。《鄭注》云：『圖，亦「謀」也。言凡「謀」之當，各於其黨；於其黨，知其過審也。大臣柄權於外，小臣執命於內，或時交爭，轉相陷害。』鄭說可供判讀之參考。

〔七〕則大臣不惛（怨）：惛字，簡文作 形，釋作「怨」字，餘詳第五章注〔十一〕⑰。此句下今本尚有「邇臣不疾，而遠臣不蔽矣」，凡十個字。《鄭注》云：「疾，猶非也。」

〔八〕公之夐（顧）命：字，簡文作 形，從曰從二屮，與今本對譯作「葉」字。葉公者，《鄭注》云：「葉公，楚縣公，葉公子高也。臨死遺書曰〈顧命〉。」《釋文》云：『葉，舒涉反，《注》同。葉公，楚大夫沈諸梁也，字子高，為葉縣尹，僭稱「公」也。』⑱唯清儒・孫希旦云：『「葉」當作「祭」，字之誤也。……祭公之〈顧命〉者，祭公謀父將死，告穆王之言也。今見《逸周書・祭公解篇》。』⑲。關於「葉公」，古有二說，如今簡本作「公」，則出現了第三說，至於真相如何，待考。

「夐」字，簡文作 形，為「寡」的初文，通作「顧」字。〈顧命〉乃《尚書》篇名之一，鄭玄釋之云：『迴首曰「顧」；「顧」，是將去之意。此言臨終之命曰「顧命」；言臨死將去，迴顧而為語也。』⑳唯簡本與今本所引〈顧命〉不見於今本《尚書》，只見於《逸周書・祭公解篇》之中。

〔九〕毋以少（小）悎（謀）敗大悎（作）：少，通「小」；悎，即「慔」字，通「謀」，詳本文注〔八〕。

敗字，簡文作 形，從二貝從攴，兩周金文作 若 形㉑，以手（又）執物敲破貝殼，以會「毀」意。《說文・攴部》云：『敗，毀也。從攴貝，「賊」、「敗」皆從貝。𣪊，籀文從𧴪。』㉒

悎字，簡文作 形，從心，者聲，之也切，古音在第五部，通

「作」，則洛切，五部；兩字古疊韻。《說文・人部》：「作，起也。从人，乍聲。」㉓。

此句今本作「毋以小謀敗大作」；《鄭注》：「小謀，小臣之謀也；大作，大臣之所爲也。」鄭說是也。

〔十〕毋以卑（嬖）御息（疾）妝（莊）句（后）：卑字，簡文作𤰞形，通「嬖」。句中「嬖御」連讀，《鄭注》：「嬖御人，愛妾也。」《釋文》：『嬖，補邁反。……賤而得幸，曰「嬖」。云便嬖，愛妾。』㉔

息字，簡文作𢝊形，从二自从心，爲「息」的繁文，《說文・心部》：「息，喘也。从心自。」《段注》：『口部』曰：「喘，疾息也。」「喘」爲「息之疾」者，析言之；此云「息者，喘也」，渾言之。』㉕又〈疒部〉：「疾，病也。从疒，矢聲。」㉖據此可知，「息」的本義爲「喘疾」，「疾」也是「病」，兩字可以互訓，所以今本作「疾」，《鄭注》云：「疾，亦非也。」可見此「疾」作動詞用，表示「批判」的意思。唯《郭店竹簡》云：『息，……借作「塞」。《國語・晉語》：「是自背其信而塞其忠也」；《注》：「絕也」。』㉗此說恐不然矣。今本「疾」上有「人」字，與下文「嬖御士」對文，而與簡本有殊。

莊字，簡文作𤕪形，从爿女，通「莊」字。

句字，簡文作𠚦形，通「后」字。莊后者，《鄭注》云：「莊后，適夫人，齊莊得禮者。」《釋文》：「莊后，側良反，齊莊也，下及《注》同。」㉘

〔一一〕毋以卑（嬖）士息（疾）大夫、卿事（士）：簡本「卑（嬖）士」，今本作「嬖御士」；今本「息（疾）」下，尚有「莊士」乙語：《鄭注》：「嬖御士，愛臣也。莊士，亦謂士之齊莊得禮者，今爲大夫、卿士。」大夫，簡文作夫𠔽（合文），讀作「大夫」。

　　卿字，簡文作 形，《說文・卯部》：「卿，章也。六卿：天官冢宰、地官司徒、春官宗伯、夏官司馬、秋官司寇、冬官司空。從卯，皀聲。」㉙事字，簡文作 形，通「士」。《說文・史部》：「事，職也。從史，屮省聲。」《段注》：『疊韻。職，記微也。古假借爲「士」字。〈鄭風〉曰：「子不我思，豈無他事」；毛曰：「事，士也。」』㉚段說甚是。此句簡文作「事」，今本作「士」，，正可佐證段說。

　　簡本與今本此句頗有出入，表列於下，以便比較：

　　簡本：毋以卑（嬖）士息（疾）大夫、卿事（士）

　　今本：毋以嬖〔御〕士疾〔莊士〕、大夫、卿士

從以上比較可知，此句今本增「御」與「莊士」三字。

　　※此爲簡本第十一章，今本第十四章。

肆、結語——今本〈緇衣篇〉係以簡本為藍圖說

　　簡本〈緇衣〉之出土，對我們瞭解今本〈緇衣〉篇章的生成，具有莫大的幫助。尤其是今本係以簡本爲基礎，架構而成的，是顯而易見之事實。

　　綜上所論，今本〈緇衣〉係依據簡本爲藍本增益而成是絕對沒有問題的。這一方面可以瞭解到《禮記》四十九篇，每篇中每一章生成的經過，使後人瞭解到今本《禮記》與先秦本《禮記》的差異性之所在。另一方面也啓示了我們儒家經典的組合原本就像滾雪球一般越滾越大，越到後來越俱規模的眞相，得到了實證。如果沒有《郭店楚簡》的〈緇衣篇〉之出土，這些眞相實在很難具體化、實證化㉛；如今有了這筆絕妙的材料，我們終於將過去的推理所得，有了地下新材料得以證明，誠爲學術界最大的盛事。總之，《郭店楚簡》確實是人間瓌寶，士林拱璧了。

　　茲將今本與簡本〈緇衣〉最大不同的兩個地方，一曰章次先後安排之異同，二曰用「云」用「曰」之異同，列於〈異同對照表〉，一則可供治《禮記》之學者參考，一則可以一清眉目，同時也作爲本章之結語。

　　簡本〈緇衣〉與今本章次及用「云」用「曰」異同對照表

章		次	用「云」用「曰」	
今　本	簡　本	簡　　　　本	今　　　　本	
			用「云」者	用「曰」者
2	1	《詩》鼎（云）		〈大雅〉曰
11	2	《詩》鼎（云）	《詩》云	
10	3	《詩》鼎（云） 〈尹誥〉鼎（云）	《詩》云	〈尹吉（誥）〉曰
12	4	〈大夏〉鼎（云） 〈小夏〉鼎（云）	《詩》云	〈小雅〉曰
17	5	《詩》鼎（云） 〈君舀（牙）〉鼎	《詩》云	〈君雅（牙）〉曰
6	6	《詩》鼎（云）	《詩》云	
5	7	《詩》鼎（云） 〈呂刑〉鼎（云） ○	《詩》云 〈甫刑〉云	〈大雅〉曰
4	8	《詩》鼎（云）	○	○
9	9	《詩》鼎（云）	《詩》云	
15	10	《詩》鼎（云） 〈君迪（陳）〉鼎（云）	○	〈君陳〉曰
14	11	〈顧命〉鼎（云）		〈顧命〉曰
3	12	《詩》鼎（云）		○

		〈呂刑〉鼎（云）		〈甫刑〉曰
13	13	〈康誥〉鼎（云） 〈呂刑〉鼎（云）		〈康誥〉曰 〈甫刑〉曰
7 前	14	《詩》鼎（云）	〇	〇
7 後	15	《詩》鼎（云）	《詩》云	
8	16	《詩》鼎（云） 〇	《詩》云	〈大雅〉曰
24	17	〈大虽（夏）〉云 〈小夏〉鼎（云） 〈君奭〉鼎（云）	《詩》云	〈小雅〉曰 〈君奭〉曰
19	18	《詩》鼎（云） 〈君迪（陳）〉鼎（云）	《詩》云	〈君陳〉曰
23	19	《詩》鼎（云）		〈葛覃〉曰
22	20	《詩》鼎（云）	《詩》云	
20	21	《詩》鼎（云）	《詩》云	
21	22	《詩》鼎（云）	《詩》云	
25	23	《詩》鼎（云） 〇 〇	《詩》云	〈兌命〉曰 〈易〉曰
25	23	鼎（云）32 云　　　1	云：16	曰：17

　　據此統計，我們知道簡本〈緇衣〉用「鼎」出現了三十二次，用「云」出現乙次，用字規律相當一致；至若今本〈緇衣〉則用「云」十六次，用「曰」十七次，「曰」與「云」出現的頻率已是旗鼓相當，平分秋色的局面。像這兩本所呈現的差異性，足供我們對古書成書年代作為斷代的依據。

此外，我們根據考釋結果作了以下多方面的研究，例如：

△簡本〈緇衣篇〉係公孫尼子作說

△鄭氏注〈緇衣篇〉的貢獻㉜。

凡此種種，對我們研治《禮記》而言，壹皆有莫大的助益。愚以爲拙作只是一個開端而已，倘能引起學界的興趣，群策群力，必能作出更多、更好的成績來呢。

【附　註】

① 王傳富〈荊門郭店一號楚墓〉，《文物》1997年七期，頁35—48。

② 此節依據《郭店楚墓竹簡》，頁129的資料寫作而成。

③ 簡本〈緇衣篇〉二十三章竹簡，採自《郭店楚墓竹簡》，頁17－20。

④ 本論文所採用《鄭注》，係依據學海景印宋紹熙建安余氏萬卷堂校刊本《禮記鄭注》，卷十七，頁10下—17，下同，不另作注。

⑤ 《長沙楚帛書文字編》，頁85。

⑥ 《說文解字注》，六篇下，頁20下。以下省稱《段注》。

⑦ 詳拙作「說克」，第四屆中國文學全國學術研討會論文。

⑧ 《金文編》，卷三，頁177。

⑨ 《段注》，七篇下，頁8下。

⑩ 《段注》，八篇上，頁61。

⑪ 《段注》本，三篇上，頁18。

⑫ 《段注》本，十四篇上，頁32。

⑬ 《段注》本，一篇下，頁43下。

⑭ 此指拙作《湖北郭店楚簡〈緇衣篇〉研究》中〈考釋〉內文部分。

⑮ 《段注》本，十篇下，頁33。

⑯ 《段注》，三篇上，頁11。

⑰ 同注⑭。

⑱　陸氏《禮記音義》，卷之四，頁8下。

⑲　《禮記集解》，卷五十二，頁5下—6上。

⑳　《尚書・顧命・正義》引。

㉑　《金文編》，卷三，頁219。

㉒　《段注》本，三篇下，頁37下。

㉓　《段注》本，八篇上，頁19下。

㉔　《禮記音義》，卷之四，頁8下。

㉕　《段注》，十篇下，頁24。

㉖　《段注》本，七篇下，頁26下。

㉗　《郭店楚墓竹簡》，頁134。

㉘　《禮記音義》，卷之四，頁9。

㉙　《段注》本，九篇上，頁34下。

㉚　《段注》，三篇下，頁20下—21上。

㉛　詳拙作《周禮源流》，國立編譯館主編《十三經源流叢書》之一。

㉜　詳拙作《湖北・郭店楚簡〈緇衣篇〉研究》乙書。

參考書目（論文附）

△荊門郭店一號楚墓　王傳富撰　《文物》1997年第七期，頁35—48。

△郭店楚墓竹簡　荊門博物館撰編　文物出版社　1998年5月。

△郭店《老子》國際研討會文集　美國・達特茅斯大學編撰　1998年5月。

△郭店竹簡《老子》釋析與研究　丁原植教授撰　萬卷樓排印本1998年9月。

△本世紀出土思想文獻與中國古典哲學研究兩岸學術研討會會議論文

集　輔仁大學哲學系編撰　輔仁大學出版　1999年1月。

△長沙楚帛書文字編　曾憲通撰集　中華書局（北京）　1993年2月。

△禮記鄭注　漢・戴聖編撰　漢・鄭玄注　學海出版社景印建安余氏
萬卷堂校刊本　1979年5月。

△禮記集解　漢・戴聖編撰　清・孫希旦集解　蘭臺書局景印《皇清
經解》本　1971年5月。

△說文解字注　漢・許慎撰　清・段玉裁注　黎明文化公司景印經韻
樓藏版本　1985年9月。。

△湖北郭店楚簡〈緇衣篇〉研究　邱德修撰　五南圖書出版公司排印
中　1999年5月（預定）。

△經典釋文（禮記音義）　唐・陸德明撰　鼎文書局景印通志堂刊本
1975年3月。

△說克　邱德修撰　第四屆中國文字學全國學術研討會論文　1993年
3月。

△從郭店楚簡〈緇衣〉看今本形成的原委　邱德修撰　臺灣師大劉正
浩教授七秩華誕祝壽論文集　1999年2月。

△論郭店楚墓竹簡《老子》的文獻價值　黃釗撰　南華管理學院　《第二
屆海峽兩岸道教學術研討會論文集》，頁406—422　1999年3月。

△周禮源流　邱德修編撰　國立編譯館主編　《十三經源流叢書》之
一　審查中。

【附記】民國六十年九月始，修習許老師的《古文法》乙門課程。有
感自己的固陋，又在每週一至淡江大學旁聽老師的課，中午
則聚在一起用餐，老師學識淵博，為人幽默風趣，得親炙謦
欬，一直銘感在心，永難忘懷！

《論語》的主題句

——從「父母唯其疾之憂」的句法說起

姚榮松

壹、「父母唯其疾之憂」的兩派訓詁

　　《論語・爲政》之六：孟武伯問孝。子曰：「父母唯其疾之憂。」這段經文自漢代以降即有兩種解讀。第一種解讀見王充《論衡》及高誘注《淮南子》，爲了說明原委，先引《論衡・問孔》的一段話：

> 孟武伯問孝，子曰：「父母，唯其疾之憂。」武伯善憂父母，故曰：「唯其疾之憂。」

黃暉《論衡校釋》①說：

> 其，父母也。「之」猶「則」也。淮南子說林訓：「憂父之疾者子，治之者醫。」高注：「論語曰：『父母唯其疾之憂。』故曰：『憂之者子。』」與仲任說同。集解馬曰：「言孝子不妄爲非，唯有疾病，然後使父母之憂耳。」其義獨異。潘維城曰：「孝經紀孝行章：『孝子之事其親也，病則致其憂。』與王、高說合。馬以爲父母憂子，未知何據。」臧琳經義雜記五，亦以王高二氏說，文順義洽。

這段文字同時引高誘注的相同說法及何晏《論語集解》中的馬融「異說」，並援潘維城、臧琳兩家之言，以證成第一種解讀。

　　馬融的「另類解讀」其實只有兩句話：

言孝子不妄爲非，唯疾病然後使父母憂。②

楊伯峻《論語譯注》譯文採取馬融之說，譯成「做爹娘的只是爲孝子的疾病發愁。」把「其」字譯成「孝子」，未免誇飾。楊氏在「餘論」項下也說得「文順義洽」，他說：

孔子的意思是，若是孝子，除疾病以外（因爲這是在當時的衛生和知識條件下，難以抵抗和預防的），便該沒有任何其他的事足以使父母擔心。

這個說法被朱子採爲「舊說」，《論語集註》云：

舊說，人子能使父母不以其陷於不義爲憂，而獨以其疾爲憂，乃可謂孝，亦通。

朱子顯然不滿意舊說，因此在《集註》中提出以下的更委婉的說法：

言父母愛子之心，無所不至，惟恐其有疾病，常以爲憂也。人子體此，而以父母之心爲心，則凡所以守其身者，自不容於不謹矣，豈不可以爲孝乎？③

朱子的新說，可以當第三說，和第二說一樣，「其」都指兒女，不指父母。因此，從「其」字的訓詁來說，只有兩種說法。

貳、從句法看兩派解讀的分歧

楊伯峻《譯注》指出：「其，第三人稱表示領位的代名詞，相當於『他的』、『他們的』。但這裡所指代的是父母呢？還是兒女呢？便有兩說。……兩說都可通，而譯文採取馬融之說。」（頁15）

楊氏輕斷「兩說都可通」，大概是從義理上說的，但並不表示通得過語法的檢驗。一般都把語言歧義的類型大別爲二種，一種是詞彙性的，另一種是句法層次的。前者如：

⑴她是去年生的女兒。（「她」可指女兒的母親，也可指女兒）

(2)雞不吃了。（「雞」可以是活的雞隻，或是桌上的烤雞）

(3)他一天不吃飯都不行。（「飯」可指三餐，也可專指米飯）

後一種歧義句，如：

(4)在火車上寫字。（另一義：把字寫在火車上）

(5)關心自己的孩子。（關心的賓語是自己？抑孩子？）

(6)咬死了獵人的狗。（獵人是咬死的賓語？或狗的定語？）④

詞彙上的歧義有時也伴隨句法分析的不同，例如：句1的兩個說法相應於7、8兩句。

(7)她(S)去年生了女兒。

(8)她(T)(S)是去年〔我〕生的女兒。⑤

(7)(8)的「她」都是主語，(7)的主語和賓語「女兒」為兩個人，而(8)的主語和謂語中的「女兒」卻是同指一人。我們也可以說(7)是簡單敘述句，(8)是準分裂句，是由(7)插入「是……的」結構而衍生的，其過程如(9)：

(9)她去年生了女兒 → 她去年生女兒（「了」字刪除）→

「是……的」插入 → 她(是)去年生(的)女兒

「是……的」插入是為強調動作發生的時間在去年。至於(8)是傳統的判斷句，繫詞「是」前後的名詞組一般指涉相同，所以主語的「她」和斷語的「女兒」同一人。而「去年生的」是由修飾「女兒」的關係分句縮略而成，全句可以分析為(10)：

(10)〔她是(我的)女兒〕〔我去年生女兒〕

　　　主要分句　　　　關係分句

關係分句的「我」和主要分句的「我的」指涉同一人，兩個分句的「女兒」也指同一人，因此關係分句中就只有「去年生」三字是不能縮減的信息，合併到主要分句作「定語」就是：

(11)她是(我)去年生(的)女兒

做「定語」的關係詞組後通常加「的」，但第一人稱代名詞「我」因為是說話人，在言談中習慣省略，也就變成了(1)。同樣(2)的歧義也相當於下列(12)(13)二式。

(12)雞（儿）不吃(東西)了。〔賓語省略 → (2)〕

(13)(這一道)雞(我)不吃了。〔主語「我」省略＋賓語「雞」提前 → (2)〕

由此可見，(2)的歧義不僅由於「雞」的詞彙意義有兩種，而是由於不同的深層（語義）結構經過刪略或移位，而出現相同的表層結構（即口語）。究竟爲什麼(13))的「雞」要提前呢？將賓語名詞組提到句首，通常是爲了言談中「主題化」（Topicalization）的需要，也就是爲了把這道「雞」做爲話題。這就讓我們回到「父母唯其疾之憂」的句子。深層的句子可能有兩種：

(14)父母憂子女之疾

(15)子女憂父母之疾

在有上下文的情境下，領位的名詞組可換成代詞「其」這個第三人稱代詞，常指對話雙方共識的第三者，因此，(14)(15)即可衍生(16)(17)二句：

(16)父母憂其疾

(17)子女憂其疾

如果沒有上下文，這兩句都可以看作簡單的直述句，換言之，這裡的主語都是被談論的第三者，所以「其」字可以指「他們自己的」，而且合乎第三人稱代詞的指稱法則。不過，在《論語》裡，我們看不到(17)的表面結構，只見(18a)或(18b)，所以（17a,b）前加星號。

＊(17)a.子女唯其疾之憂

　　b.子女，唯其疾之憂

(18)a.父母唯其疾之憂

b.父母，唯其疾之憂

（18 a）裡「父母」只能是主語，（18 b）裡「父母」先一頓，再接謂語，可能不是主語，因為直述句的主語通常不會停頓。按照《論衡・問孔》的說法，是「武伯善憂父母」，因此，（18 b）「唯其疾之憂」的主語可能是正在向孔子問孝的孟武伯，或者泛指為人子女的人，故而省略。至於句首小頓的「父母」，既不是主語，就是談話的「主題」了。（18 b）可以譯作：

　　⒆對於（談到）父母啊！（做兒女的）要特別為他們的疾病操心。⑥

把「父母」視為主題，這跟《論衡・問孔》的講法是一致的，只不過王充把主語落實為武伯一人。至於（18 a）把「父母」當主語，因領格代詞「其」的歧義，也有兩種直譯：

　　⒇a.父母最耽心的事莫過於他們自己的疾病。

　　　b.父母最憂心的事莫過於孩子的疾病。

從事理上說，兩種情況都存在，我們要檢討的是代詞「其」的指稱用法。　（20 a）對（18 a）而言，是完全的直譯句，因為讀者可以不靠上下文就知道「其」和主語「父母」是指稱相同的對象，這種『指稱相同』（coreferential）是代名詞的優先原則，而（20 b）用「其」指稱主語以外的對象，若無上、下文便不容易預測，對（18 a）而言，（20 b）便不是直譯句，反而有點拐彎抹角，這當然不是代名詞的普遍原則。所以從句法的角度來看，「父母唯其疾之憂」的訓詁所以分歧，最基本的歧義出在代名詞「其」的指稱對象認定的差異，馬融一開始即認定「其」指的是孝子，用名詞替換可以還原為下句：

　　㉑父母唯孝子之疾是憂

但是把「孝子之疾」換成「其疾」並非代名詞指稱用法的常軌，因為不合乎簡句中代名詞指稱同一性的照應原則。㉑這個簡句共有「父母」和「孝子」兩個名詞組（NP），對應於說話者，這兩個名詞皆為

第三者，那麼，像「父母唯其疾之憂」句中唯一的名詞是主語「父母」，通常出現在其後的第三人稱代名詞「其」，和主語名詞組產生呼應關係，即指稱相同，所以，嚴格說來，(21)句並不能衍生「父母唯其疾之憂」，(21)的「孝子」也不能視為「其」的還原。然則，兩派訓詁的優劣，句法的合法度是重要判準之一。

叁、代名詞的指稱性質

當代句法學中的「管轄約束理論」(Government and Binding Theory，簡稱GB理論)中的「約束理論」(Binding Theory)對於名詞、代名詞及照應詞 (anaphora)的指稱性質，受句法結構如何的限制或影響，有一套指稱關係的原則。換言之，一個句子中的兩個名詞組(或名詞與代名詞、照應詞)是否能有相同的指稱對象，至少有部分因素必須取決於該句的結構。⑦在英語裡，(22)句中有兩種指稱關係。⑧

(22)a. 〔IP John$_i$ saw him$_j$〕約翰看見了他

　　b. 〔IP John$_i$ saw him$_i$〕約翰看見了他

(22)其實是同一個句子，但是只能有(22a)一種詮釋，那就是John與代名詞him指稱必須相異。利用「代號規則」(每一個名詞組都有一個代號)，a句中前後兩個名詞(含代名詞)的代號不同，分別標作$_i$和$_j$，表示他們指稱的對象不同，這個句子是合法的。b句兩名詞都標作$_i$，成為「代號相同」 (coindexed)，反而是不合法的句子。〔IP…〕表示帶有屈折變化的屈折詞組 (inflection phrase，簡稱IP，相當於句子S)，在(22)句的中文裡限制相同，「他」不能指「約翰」。要指約翰，必須說「約翰看見了他自己」，「他自己」等於英文的反省代詞himself。

關於代名詞的指稱性質可以規定如下：

(23)代名詞不得在約束範圍內受約束

這是規定him不得在IP內受約束，(22 a)因代號不同所以合法；(22 b)him受John的統制⑨，代號(指稱對象)也相同，所以受約束，即違反了(23)的規定。再看下列一組例句：

(24)a* 〔IP John$_i$ saw 〔NP〕 a picture of him$_i$〕〕

　　　約翰看見了他的照片

　b 〔IP John$_i$ saw 〔NP〕 Mary's $_j$ picture of him$_i$〕〕

　　　約翰看見了瑪麗給他拍的照片

宋國明(1997：192)指出：在(24 a)中，代名詞him處於賓語NP〔a picture of him〕之內，這個NP不含主語，所以算不得him的約束範圍；主要子句IP包含了主語John(不同於him)，所以是him的約束範圍。根據(23)關於代名詞指稱性質的規定，him不得在此範圍內受約束，但John約束了him(代號相同而且John統制him)，所以(24 a)不合語法。(24 b)情況大異，因為賓語名詞組中包含了一個主語Mary(不同於him)，所以賓語NP〔Mary's picture of him〕即是代名詞him的約束範圍，him在這個NP中不受約束(因為Mary和him屬性不合)，所以(24 b)合語法。

我們也可以用「約束理論」來檢查(25)句：

(25)a* 〔IP父母$_i$憂其$_i$疾〕

　b 〔IP父母$_i$憂其$_j$疾〕

按照英語的(22 b)例，「約翰看見了他」，「他」不能是「約翰」，在25 a中，「其」也不能是「父母」，否則即成下列一句：

(26)*父母憂父母之疾

在日常的口語中，(26)的同義句應該是(27)。

(27)父母(最)擔心他們自己的病

這裡「其」已轉化為反身代詞，是屬於「照應詞」的指稱。宋(1997：182)指出：「照應詞在約束範圍內必須有先行詞。」例如：

(28)a. John$_i$ saw himself$_i$ 約翰看見他自己

　　b.*John$_i$ saw himself$_j$ 同上

（28 b）的不合法是因指稱不同（ij代號不同），由此可見(27)句的「他們自己」必須是「父母」才能成立。所以我們可以確定，(25 a)要成立，只能用(27)來翻譯。至於(25 b)顯然合乎(23)代名詞指稱性質的規定。也就是(29)的語譯：

(29)父母$_i$(最)擔心孩子(=他)$_j$的疾病

這麼說來，朱子《論語集註》中引的舊說及他自己的新說，都以「其」指人子，也能通過上述的約束理論的檢驗。我們不妨把名詞分為指稱詞、代名詞及照應詞三類，其指稱性質可歸結如下⑩：

(30)(i)照應詞在約束範圍內必須有先行詞(Antecedent)。

　　(ii)代名詞在約束範圍內不得有先行詞。

　　(iii)指稱詞不得有先行詞。

(29)句裡的「孩子」因為無先行詞(因孩子$_j$與父母$_i$不同指)而得以成立。合乎(30)原則(iii)。同樣，把孩子改為「他」或「他們」，因指稱不同，也不以父母$_i$為先行詞，合乎(30)原則(ii)，也得以成立。

至於(30)(i)「照應詞必須在約束範圍(指屈折詞組IP或句子)內有先行詞」，宋國明(1997：205)也指出漢語並不要求照應詞必須在約束範圍內受約束，因此，也允許約束範圍以外的當名詞的先行詞。根據這點，我們可以回到本節的(18 b)：

（18 b）父母，唯其疾之憂。

我們前文曾指出，父母作為主題，自然就不屬於「唯其疾之憂」的約束範圍，我們將句子的分析如下：

(31)a.父母$_i$，〔PRO$_j$ 唯憂其$_i$疾〕

　　b.*父母，〔PRO$_i$ 唯憂其$_i$疾〕

PRO或譯為空語類(Empty　category)或稱為大代號或隱形主語，

當我們認定⑶的「父母」不是句子的主語,(而是主題),便意謂有一個述詞「憂」的隱性主語PRO,最可能指對話中的聽話者,也就是和「父母」相對的「爲人子女者」,按照⑽(ii)的規定,代名詞「其」不可能以約束範圍內的PRO爲先行詞,所以(31 b)是不合語法的,譯成白話如下:

　　⑶*對待父母啊,(做兒女的)PRO要特別爲兒女(他們自己)的疾病操心。

　　相形之下,(31 a)是合法的句子,因爲「其ᵢ」的先行詞就是在約束範圍之外的「父母ᵢ」,譯成白話,也就是我們先前的⒆。顯然,把⒆句看作「父母,唯其疾之憂」的典範解釋,就涉及《論語》中的主題句(Topic-comment Sentence)是不是當時的普遍語型,這是本文最後必須驗證的。

肆、《論語》中的主題句

一、漢語的主題與主語

　　研究現代漢語語法的學者,在五十年代以前只有主語的概念,後來才發現按意義或出現的位置來確定主語,都不能盡如理想,例如王力(1956)舉的三個句子:

　　⑶a.北京有個故宮。

　　　b.北京城裡有個故宮。

　　　c.在北京城裡有個故宮。

　　王把b句的「北京城裡」析爲主語,把c的「在北京城裡」析爲狀語。曹逢甫(1995:5)指出:「說漢語的人卻感到b和c在語義是相同的」。曹並且利用以下兩個句子來說明區別主語和主題的優越性。

　　⑶他肚子餓了。

　　⑶他肚子餓,又找不到東西吃,所以躺在床上睡覺。

在曹的分析中，這兩句的「他」是主題，「肚子」是主語（在(35)）中是分句主語）。由於(35)的第一分句後又有語段延續，下面每個句子談論的都是「他」，這就構成一個主題串。如果把主題定義為話題，那麼這幾句的主題都是「他」，第一分句真正的主語是「肚子」，二、三分句的主語也是「他」，這說明主語與主題可以合一，所以從語段分析來看，主題是話語層次，主語只限於語句的層次，這就把主題和主語概念做了區別。⑪把漢語的主題句提出來的是趙元任(1968：69)《中國話的文法》一書。他指出「主語跟謂語在中文句子裡的文法意義是主題(Topic)跟評述(comment)，而不是動作者(actor)跟動作(action)。」換言之，「主語就是名符其實的主題，謂語就是說話人對主題的評述。」(趙1968：70)趙的缺點是把主語和主題合而為一，他指出：「漢語的主語只用於引介語段的主題。」(趙1968：85)曹(1977)指出從以下實際語段(36)，就可以看出趙所分析的主語並不只有一種功能。請看(36)：

　　(36)<u>這個英文句子</u>真難，<u>我</u>不懂，<u>他</u>也不懂。⑫

　　曹指出：「按趙元任的語法理論，每句劃線的都是主語，很明顯地，「語段主題」是「這個英文句子」，可是只有第一個主語才具有這種功能。……所以儘管趙元任認識到漢語的主題有語段功能，可是他仍然把主題當主語。」有關主語與主題的討論學者甚多，如湯廷池(1972)、Li and Thompson(1976)，曹(1977)第三章歸納了漢語主語的五個特徵和主題的六個特徵(1995：36；38-39)，以下錄主題的特徵：

　　(37) 1.主題總是據主題串首位。

　　　　 2.主題可以由四個停頓語氣詞 "啊(呀)、呢、嘛、吧" 之一
　　　　　 將其與句子其餘部分隔開。

　　　　 3.主題句總是有定的。

　　　　 4.主題是語段概念，常常可以將其語義範圍擴展到一個句子

以上。

　5.主題在主題串中控制同指名詞組代名化或刪略。

　6.主題在反身、被動、同等名詞組刪略，系列動詞、祈使化
　　等過程不起作用，除非它在句子中本身也是主語。

相對於以上六項之1，「主語」總是動詞最左邊第一個有生名詞
組。相對於上之4，「主語」與句子主動詞總有某種選擇關係。針對
於以上之6的過程，「主語」是起重要作用的。因此，我們已有區別
主題與主語的基本對立面了。

二、《論語》的主題句

根據(37)的特徵，筆者從《論語》中找到一些帶有主題的句子，
我們稱之為主題句[13]。如：

　(38)a.孝弟也者,其為仁之本與。（學而1.2）

　　　b.泰伯,其可謂至德也已矣。（泰伯8.1）

　　　c.語之而不惰者,其回也與。（子罕9.19）

　　　d.魯衛之政,兄弟也。（子路13.7）

這些判斷句、準判斷句，由於主語都有明顯的停頓，句首名詞組
可以視同主題。這是一類主題—評述句，廣義地說，判斷句是最典型
的主題—評述句。又如：

　(39)a.民可使由之,不可使知之。（泰伯8.9）

　　　b.苗而不秀者,有矣夫！秀而不實者有矣夫！（子罕9.21）

　　　c.法語之言,能無從乎？改之為貴！（子罕9.23）

許詩英師(1973：134)指出：「『民』是致使繁句中提前的止詞
兼起詞。」所謂「起詞」是說明敘事句的述詞的動作由何人或何物來
主持。[14]這個定義似乎是指動作的起點，相對於起詞，把「動作所及
的對象是何人或何物」稱為止詞(避免稱為賓語)。現在看來，「止詞
兼起詞」即是賓語提前又兼為「致使句」動詞「使」的賓語。賓語所

以必須提前，是因(39a)是兩句致使繁句以對待關係構成複句，用我們的話來說，「民」正是這兩句共同的主題，兩句構成最小的主題串。(39b)則爲平行關係構成的複句。「苗而不秀者」跟「秀而不實者」都是提前的止詞。端詞「者」是「之五穀」的意思，用我們的話說，兩句提前的短語都是表態簡句，這裡都是述詞「有」的賓語，若不提前， (39b)可改爲(40)：

　　(40)有苗而不秀者，有秀而不實者。

　　賓語提前的目的無非就是主題化，形成兩個相連屬的主題群，更能突顯兩個平行主題。(39c)許師(1973：157)也說：「止詞『法語之言』是詞組，提在句首的位置，是爲了要加重它的地位。」按：《論語》原文又接「巽與之言，能無說乎？繹之爲貴」，與「法語之言」三句具有平行關係，兩者皆賓語提前，才能構成平行的話題連鎖，因此，這類的提前賓語，都是主題，其主要句的主語(即起詞)也都概括性省略了。這是第二類主題句。下面還有一種主題與主語並存的主題句，如：

　　(40)a.禹，吾無間然矣！菲飲食，而致孝乎鬼神，惡衣服，而致美乎黻冕；卑宮室，而盡力乎溝洫。禹，吾無間然矣。 （泰伯8.21）

　　　　b.回也非助我者也，于吾言無所不悅。 （先進11.4）

　　　　c.孝哉閔子騫，人不間於其父母昆弟之言。 （先進11.5）

　　(40a)首尾兩句「禹，吾無間然矣。」許師(1973：140)視爲表態繁句，主語是「禹」，謂語「吾無間然」的主語「吾」，「吾無間然」也是表態繁句。其實，「禹」與其視爲第一個表態繁句的主語，不如視爲全章的主題，因爲以下三個轉折關係複句都共用「禹」字爲主題，也是以下三句的主語，形成典型的主題串。(40b)中的「回也」，也是主題兼主語；意思是說：「顏回不是對我有所幫助的人，他對我的

話沒有不喜歡的。」兩句判斷句相互補充，共用一個主題「回也」。
(40c)許師(1973：179)也說：「第一小句是表態簡句，爲了加重語氣，
謂語和主語的次序顚倒了。第二小句是表態繁句，主語是單詞『人』，謂
語『不閒於父母昆弟之言』是詞結。」許師把上下兩句看成補充關係，在
我看來，「孝哉閔子騫」即是這兩句的主題，「人不間於其父母昆弟
之言」是評述部分，這也是孔子月旦人物的一種典型的句子。此外，
孔子在論君子時，也往往以主題串的形式出現，如：

(41)a.志士仁人，無求生以害仁，有殺身以成仁。（衛靈公15.9）

    b.君子義以爲質，禮以行之，孫以出之，信以成之，君子哉！（
      衛靈公15.18）

    c.君子矜而不爭，群而不黨。（衛靈公15.22）

    d.君子不以言舉人，不以人廢言。（衛靈公15.23）

    e.君子謀道不謀食。耕也，餒在其中矣；學也，祿在其中矣；君
      子憂道不憂貧。（衛靈公15.32）

以(41e)的語段而言，第二、三句「耕也，餒在其中矣；學也，祿
在其中矣。」耕與學皆爲述詞，主語分別是承大主題「君子」而省，
不過，在二、三句中，「君子耕也」、「君子學也」的「君子」都是
主語。在主題串中，主語是習慣省略。

伍、結 論

由前節所舉諸例，雖未窮盡《論語》主題句的類型，但可以證明，
古漢語中大量的判斷句、表態句，從言談的角度看，句首名詞組傳統
單純視爲主語或起詞者，都可以作爲主語，如(41b)-(41e)的「君子」，
都兼有主語的話題功能，漢語作爲「主題明顯」、「語段取向」的語
言，在《論語》一書中已充分表露無遺。因此，在理解「父母唯其疾
之憂」一句時，才有那麼豐富的意涵。本文只是藉此一句，將近年有

關主題句的辨析略加闡發，無非拋磚引玉，以期引起更多人注意漢語
語法尚未揭發的事實。

【主要參考書目】

王　力　1955　《中國語法理論》，上海商務印書館
王　力　1956　〈主語的定義及其在漢語中的應用〉，語文匯編9，
　　　　　　　　頁169-180
王成竹譯釋 1997　《半部"論語"治天下》　河南人民出版社
朱　熹　1985　《四書集註》　台北：文津出版社
申小龍　1988　《中國句型文化》　長春：東北師範大學
史有為　1997　〈主題後停頓與話題〉，在史有為著《漢語如是觀》，頁
　　　　　　　　128-156，北京：語言文化大學出版社
竹添光鴻　1961　《論語會箋》([宋]朱熹集註、[日]竹添光鴻會箋)
　　　　　　　　廣文書局
何　晏　1970　《論語集解》　台北：新興書局（永懷堂本）
宋國明　1997　《句法理論概要》　北京：中國社會科學出版社
曹逢甫　1990　〈從主題評論的觀點談中文的句型〉，收入丁邦新等
　　　　　　　　編《第二屆世界華語文教學研討會論文集：理論與分析篇（
　　　　　　　　下）》　世界華文教育協進會（台北）
曹逢甫　1992　〈漢語的分裂句：主題與焦點和諧共處的結構〉，收
　　　　　　　　入李壬癸等編《第三屆世界華語文教學研討會論文集：理論
　　　　　　　　與分析篇（上）》　世界文教育協進會（台北）
曹逢甫著、謝天蔚譯　1995　《主題在漢語中的功能研究——邁向語
　　　　　　　　段分析第一步》　北京：語文出版社
曹逢甫、西楨光正編　1997　《台灣學者漢語研究文集——語法篇》

　　　　　天津人民出版社

黃　暉　1983　《論衡校釋》(上下冊)　臺灣商務印書館(台六版)

許世瑛　1980　《中國文法講話》(修訂十五版)　台灣開明書局

許世瑛　1993　《論語二十篇句法研究》　台灣開明書局

陳高春編　1989　《實用漢語語法大辭典》　北京：職工教育出版社

湯廷池　1979　《國語語法研究論集》　台灣學生書局

趙元任著、丁邦新譯　1980　《中國話的文法》　香港中文大學出版
　　　社

楊伯峻　1980　《論語譯註》　台北：河洛出版社

Charles Li & S.A.Thompson原著、黃宣範譯　1983　《漢語語法》
　　　（Mondarin Chinese, A Functional Reference Grammar）
　　　台北：文鶴出版公司

【附註】

① 　《論衡校釋》（上）卷九，頁三九七，臺灣商務印書館。

② 　《論語集解》卷二，為政第二，頁11，台北：新興書局「永懷堂本」。

③ 　《四書集註》頁138，台北：文津出版社。

④ 　以上(4)-(6)例句見張光宇(1987)〈語法、文法在語文教學上的功能研究〉，
　　《我國人文社會教育科際整合現況與展望》（第一冊），頁99。

⑤ 　T（Topic）代表交談（Discourse）的主題。

⑥ 　王成竹譯釋《半部「論語」治天下》，頁21，河南人民出版社，1997年。

⑦ 　宋國明《句法理論概要》頁167。

⑧ 　同上，頁191。本例句(22)即該書之例句(37)。

⑨ 　command(統制)的定義是；甲節不支配乙節，但第一個支配甲節的詞組
　　若也支配乙節，則甲節統制乙節。(同注7，頁81)

⑩ 　同註7，頁182。

⑪　曹逢甫(1995:10)說：主題是語段概念，大致相當於所討論的東西，而主語是語法術語，總是和主動詞有某種選擇關係。

⑫　曹(1977)："A Functional Study of Topic in Chinese：The First Step Toward Discourse Analysis"，中譯作《主題在漢語中的功能研究---邁向語段分析的第一步》，謝天蔚譯 (1995)，北京：語文出版社。(36)句採自中譯本(1995：11)的例句(34)。

⑬　曹逢甫(1990)〈從主題─評論的觀點談中文的句型〉將簡句依主題的多寡及其在句中的功能分爲三種：單主題句、多主題句和特殊主題句三種。又申小龍〈左傳主題句研究〉一文，將漢語句子大部分歸作三大類型，即主題句、施事句和關係句。又謂：「主題句的結構重心在主題語上，語義重心在評論語上。」其後又在〈句讀本體、邏輯鋪排、意盡爲界〉一文將主題句分作14小類，包括是認主題句、能願主題句、描寫主題句等，本文無意採用這種擴充式的講法。

⑭　許世瑛《中國文法講話》，頁68。

歷史人物戲劇變形的反思

楊承祖

一

　　歷史劇一直是頗受歡迎的，尤其在教育不很普及的時代，除了娛樂，也有以通俗方式教化民眾的功能。農村和市井庶民所知的歷史故事，所接受的倫常教化，不少是從看戲聽書得來。至於讀書人，自可經由正規教育，由正史認知歷史；他們能知道戲劇中的歷史人物與故事跟正史有何區別，但往往並不介意，而只看人物的塑形是否生動，人情的描摩是否深刻、結構發展是否緊湊，藝技表演是否精采；至於情節與歷史的眞象相符與否，往往並非士大夫和戲劇工作者關切的重點，這與戲劇發展的歷史和社會背景有關。不過，今天也是由於社會和時代背景的變遷，觸動我作出相關的思考。

　　歷史劇可以分爲兩大類：一是力求重視歷史精神，符合歷史的眞象，可以名之曰「眞性的歷史劇」。此一類以往較少，近來則有漸多的趨勢①。另一類則不求符合歷史的眞象，原只爲了警世譏俗，或慕賢思齊，於是借古以諷今；往往變造增潤，另生波瀾，可以名之曰「變性的歷史劇」。

　　在「變性的歷史劇」中，人物和故事變形的目的，就是爲求更加生動，更加深入，達到更美的藝術效果，大致上多能如此；但如認眞考察，卻不盡然。我們可以先從戲劇的角度來檢討，然後再從歷史、

文化和教育的視野來加以「反思」。

二

試舉兩例頗爲成功的戲劇，來和史傳相比較：

㈠ 曹操與楊修

新編國劇〈曹操與楊修〉，演出於大陸臺灣，甚受海峽兩岸觀眾的好評。情節是演曹操既握漢柄，而天下未安，思得人材，於是設館招賢。楊修懷才不遇，而自視甚高，曹操竟能禮而下之，修遂樂爲之用。既而楊修露才揚己，爲曹操所忌。終乃藉故殺之。雖也一再表現曹操的憐才，而畢竟促中多疑，不能容物，主旨蓋在諷刺爲領袖者妒能害賢，國家雖有人而不能令其陳力盡忠，是一部富於政治意義的悲情諷刺劇。其中對雙主角的矛盾對立也著力刻畫，但曹操要殺楊修，在劇中並未見其固然之理，必至之勢，其中楊修對於曹操並未構成嚴重的威脅，只因忌其才和忿其傲便要殺之而後快，就全劇結構的張力而言，是不夠強的，對曹操和楊修的人物塑形，也缺乏應有的深度。

〈曹操與楊修〉的缺陷，如果用正史的材料加以比照，就不難分曉。歷史上楊修故事的動人之處，在他的「死」，一個絕頂聰明極富才華的人，被無辜地殘害了，令人無限恨惋。其實這只是漢末政治亂局大悲劇中的一例而已。曹操的確是「亂世之奸雄」，他殘害的人何止楊修？所以然者，只是要怙權立威，謀爲篡奪，所以高才大名如孔融，終亦不免見殺。

曹操的性格形相，《曹瞞傳》有很好的描述：

> 爲人佻易無威重，好音樂，倡優在側，常以日達夕。……時或冠恰帽以見賓客。每與人談論，戲弄言誦，盡無所隱。及歡悅大笑，至以頭沒杯桉中，肴膳皆沾污巾幘，其輕易如此。然持

法峻刻，諸將有計畫勝己者，隨以法誅之。及故人舊怨，亦皆無餘。其所刑殺，輒對之垂涕嗟痛之，終無所活。……

又有幸姬，嘗從晝寢，枕之以臥，告之曰：「須臾覺我。」姬見太祖臥安，未即寤，及自覺，棒殺之。

嘗討賊，廩穀不足，私謂主者曰：「如何？」主者曰：「可以（合）斛以足之。」太祖曰：「善！」後軍中言太祖欺眾，太祖謂主者曰：「特當借君死以厭眾，不然事不解。」乃斬之。取首題徇曰：「行小斛盜官，穀。」斬之軍門。其酷虐變詐，皆此類也。②

在〈曹操與楊修〉劇中，編者對曹操的譎詐殘酷，大致曾依此著墨，所以有相當程度的成功。

曹操是知識份子，一生勤學不倦，但對知識份子的基本心態是冷酷的，可以籠絡利用，也可以毫不留情地殘害殺戮。〈曹操與楊修〉一劇似正以此為主軸，讓兩人的關係由「求才」、「愛才」、「疑才」、「忌才」，最後發展到「殺之而後已」。表象地看，似乎楊修與曹操的衝突很激烈，然就劇中的情節言，曹操沒有非殺楊修不可的必然性。雖說曹操可以只因「忌才」就殺人，但連狂悖無禮的才士禰衡都可以容忍不殺，如果沒有深層的理由，曹操何必一定要殺楊修呢？

僅以「忌才」作為殺修的主要理由既不充分，結構性衝突的強度便弱了。追根究柢，問題似乎出在編劇者不願強調曹操要斬絕漢祚，自為文王的野心，不願批評他常懷篡逆、橫殺漢臣等極不道德的政治作為，因之也放棄了楊修死於魏立太子、丕植兄弟鬥爭的真正關鍵題材，終致戲劇的結構牽強，張力不足，不能感動觀眾的深心。編劇者何以要捨正史唾手可得的史事不用，而棄高就下，以「變形」的方式來另造新局，自然別有考量，但就戲劇而論，是非常可惜的。

為了要讓楊修在劇中以高傲狂放的姿態與曹操對立，編導用了類

似「狂鼓史」禰衡的類型來刻畫楊修,但楊修與禰衡在史傳中的類型是很有距離的。歷史劇的輪廓是須依循史實限制的,就楊修的事件而言,被曹操所殺如果沒有必然的理由,即使把他扭曲成「狂鼓史」禰衡,也不能算成功的變形。試看史傳中禰衡的狂傲比之戲劇大為激烈,而曹操卻能不殺,並不是因他已有時名,殺之恐遭物議,重點在他對曹操並無威脅可言③。像禰衡「狂鼓史」的典型的確很富戲劇效果,所以不僅崑曲《四聲猿》,連比較寫實的皮黃〈擊鼓罵曹〉也是極為成功的戲曲;但禰衡辱罵黃祖被殺,則不能演成名劇,因為他可說咎由自取,雖然令人惋歎,卻缺乏情節上必然的衝突與張力。以此比觀,就不難理解,把楊修變形成禰衡,反而成為編劇很難處理的缺陷。

其實,正史中楊修的死因是改編劇本極好的題材,只要依照史事,情節發展便會自然流暢,而全劇所能表現的深度就不同了。

楊修是東漢名臣太尉楊震的玄孫,「四世太尉,德業相繼,與袁氏俱為東京名族。」④,而楊修又是「袁氏之甥」⑤,所以身世背景與狂傲的禰衡是不同的,也由於身世才華,成為當時青年俊彥中物望之所歸,《典略》記他:

> 謙恭才博,建安中舉孝廉,除郎中,丞相(曹操)請署倉曹屬主簿。是時軍國多事,修總知內外,事皆稱意。自魏太子已下,並爭與交好。⑥

由這樣的史料塑造楊修的類型,會接近傳統戲劇中劉備時期的諸葛亮,既富才辯,又有機鋒,卻無輕狂;又不必道士化,所以更可顯得端莊,這也與他的家世不無關係。

但楊修的命運,卻倚伏於曹丕、曹植兄弟的命運之間。《典略》云:

> 是時臨菑侯植以才捷愛幸,來意投修,數與修書。……其相往來,如此甚歡。植後以驕縱見疏,而植故連綴修不止,修亦不

敢自絕。至（建安）二十四年秋，（曹）公以修前後漏泄言教，
交關諸侯，乃收殺之。修臨死，謂故人曰：「我固自以死之晚
也。」其意以爲坐曹植也。修死後百餘日而太祖薨，太子立，
遂有天下。⑦

《三國志》中的曹植傳，也明白地記載：

> （植）性簡易，不治威儀，輿馬服飾，不尚華麗，每進見難問，
> 應聲而對，特見寵愛。……植既以才見異，而丁儀、丁廙、楊
> 修等爲之羽翼；太祖狐疑，幾爲太子者數矣。而植任性而行，
> 不自彫勵，飲酒不節；文帝（丕）御之以術，矯情自飾，宮人
> 左右並爲之說，故遂定爲嗣。……太祖既慮始終之變，以楊修
> 頗有才策，而又袁氏之甥也，於是以罪誅修。植益內不自安。
> ……文帝即王位，誅丁儀、丁廙，並其男口。⑧

可證楊修之死，是在曹氏兄弟嗣位的鬥爭中作了犧牲品。曹操掌握了
漢末的政權，自封魏王加九錫，也自知會作「文王」，所以對丕植兄
弟誰宜嗣位考慮甚久，也顧慮甚多，既已定嗣，便怕曹植的勢力威脅
到曹丕的政權，再加上楊修「有才策」，又爲「袁氏之甥」，自然要
先加剪除。楊修在丕植兄弟之間，初或無所偏愛，但曹植的文才、個
性和十分熱情，都讓楊修無法避拒，終於只能站在曹植一邊。及至丕
植兄弟暗鬥愈烈，曹植最後不是哥哥的對手，修雖見已及此，卻無以
自免。這便是悲劇的癥結。從這一層切入，塑造楊修的形象，將會自
然呈顯出悲劇的質素。

　　如果以兄弟爭嗣的宮廷鬥爭爲主線，配合漢魏之交複雜的政治背
景，尤其是曹操的冷狠毒辣，這一齣戲會是很具張力的；楊修、曹操、曹
丕、曹植，乃至吳質、丁儀、丁廙，甚至楊修的父親楊彪，都會很成
功地展現於舞台上，像楊彪：

> 見漢祚將終，遂稱腳攣，不復行。積十年後，子修爲曹操所殺，

操見彪曰：「公何瘦之甚？」對曰：「愧無日磾先見之明，猶懷老牛舐犢之愛。」操為之改容。⑨

這一條史料所呈顯的，就不是一般演員容易表達的，但若經過好編導、好演員，則能產生極深的悲愴效應。

由於新編國劇改變了歷史上曹操與楊修故事的重心，以致讓楊修的造型變為懷才不遇，狂傲自高，時時表露才智機謀，要和曹操針鋒相對，於是性格十分突顯，張狂有餘而內斂不足，不易有深蘊的內涵。史傳中的楊修雖然機敏穎悟，卻能為曹操應事稱意，為丕植兄弟同時愛重⑩，令「魏太子以下並爭與之交」，應該是個俊朗英秀的人物，在曹丕定嗣之前⑪，楊修的形象會大致如此；其後則既為曹植憂，也為自身懼，危疑之情必深懷於中，但已無可引避。自此楊修的內心及形之於外者，都會有大轉折。史傳中雖未詳敘，但他臨終時說「我固自以死之晚也」，正不知含藏多少慨愴，多少對命運無奈的悲涼。這只有依循歷史真象去探索纔能體會，也纔能引動更多更深的歷史情懷。

從以上的分析，可以得到一點結論，就是歷史人物故事，經過戲劇的變形，未必較諸正史所寫的真實事件，更為生動，更為深入。

㈡　**朱買臣休妻**

朱買臣是漢武帝時人，他之休妻，本是窮書生「貧賤夫妻百事哀」的故事，戲劇變成妻子嫌貧，要求離婚，最後覆水難收，以悲劇作結。崑曲〈爛柯山〉傳奇，先有「相罵」、「逼休」，寫其妻嫌貧貪富，對買臣不能相愛相知；中間以「悔嫁」、「癡夢」為轉折，幻想破鏡可以重圓，把一切悔恨寄託於買臣尚念舊恩，或肯相諒；而買臣卻命收覆水，使她羞愧自盡。如此讓前夫快意恩怨，在男權偏高，女子須守三從四德的時代，不但有匡世正俗的作用，甚至也大為女性所認同。後來皮黃改編，題為〈馬前潑水〉，倒更合於「題目正名」。

在崑曲和皮黃裡，朱妻固然是俗間婦女，不能食貧，吵家嫌夫，強逼求離。而朱買臣後來羞辱令死，也只能算是世俗男子的行徑，了無君子容人的雅度，更不必說古人禮待出婦之道。這是俗世文學表現的俗世精神，但在正史資料中卻不如此。

《漢書》卷六四〈朱買臣傳〉云：

> （買臣）家貧，好讀書，不治產業。常艾薪樵賣以給食。擔束薪，行且誦書，其妻負戴相隨，數止買臣歌謳道中，買臣愈益疾歌。妻羞之，求去。買臣笑曰：「我年五十當富貴，今已四十餘矣。女（汝）苦日久，待我富貴，報女（汝）功。」妻恚怒曰：「如公等，終餓死溝中耳，何能富貴！」買臣不能留，即聽去。
>
> 其後買臣獨行歌道中，負薪墓間，故妻與夫家俱上冢，見買臣飢寒，呼飯飲之。
>
> 後數歲，買臣隨計吏，爲卒將重車至長安，詣闕上書。書久不報，待詔公車，糧用乏，上計吏卒更乞丐之。會邑子嚴助貴幸，薦買臣，召見說《春秋》，言《楚辭》，帝甚說之，拜買臣爲中大夫。……後坐事免。久之，……上拜買臣會稽太守。……會稽聞太守且至，發民除道，縣吏並送迎。車百餘乘入吳界，見其故妻妻夫治道，買臣駐車，呼令後車載其夫妻，至太守舍，置園中，給食之。居一月，妻自經死。買臣乞其夫錢令葬。悉召見故人與飲食諸嘗有恩者，皆報復焉。

從休妻故事的首尾，不難看出買臣與其故妻的心地與處己待人，都不算甚乖常情，只能說其妻不能了解買臣，也不知讀書的意義與價值。但她肯多年隨夫負薪，本質上是善良的。只是朱買臣一邊砍柴，一邊誦書謳歌，不免爲鄉愚所訕，知識無多的妻子便羞於見人了。愈勸買臣愈唱，作妻子的無以自容，惱羞成怒，終於求離。

　　《漢書》對朱買臣的性格有很生動的描寫，除了對妻子的一段之外，寫他拜命會稽太守後，「衣故衣，懷其印綬，步歸」他嘗寄居的會稽留守京師的「郡邸」，故意讓那些上計的掾吏大吃一驚；又其後與張湯相處不平種種，皆見其魁磊不羈，性情坦放⑫。他主動收載故妻夫婦，給食園中，未必不出於善意，倘如設想他會羞辱故妻，就不免以小人之心度君子之腹了。試想他既然能對「故人與飲食諸嘗有恩者皆報復焉」，對離婚後見其飢寒而飲食之的故妻，又豈忍深責呢？更何況朱買臣通經能文，與其妻在知識上必然有極大的差距，妻子不能了解買臣，而買臣應該很能了解妻子，也知道她「苦日久」，更了解她負薪時羞見其夫歌謳誦書的心情；買臣「愈益疾歌」，是他能超越俗世，而其妻不能。

　　從史傳也能看出他們夫妻性格的差異。其妻固然不能識大知遠，而從她對買臣不知以貧窮為恥、不肯治產業的反世俗態度之不耐，可見其性格狷急，不很開朗，對於買臣以輕率的態度回應她認真的問題，更刺激她走極端，以致夫妻終於仳離。因此不妨推論知識與性格的不合纔是離婚的主要因素，比之貧窮更加有關。

　　在漢代，離婚並非社會的大忌；從買臣相勸，說不久即當富貴相報的口吻，可見他也自覺有負於妻，分手時並非積怨成仇。所以買臣收留故妻夫婦，應該是純出善意，不大可能會加以羞辱。但買臣衣錦還鄉，尊為太守，故妻重見，雲泥霄壤，情有不堪，其內心的怨艾恨苦，種種曲折，真非想像所能極，筆墨所能盡，以她的性格，無須買臣譙責羞辱，也會自己走上絕路。

　　不把朱買臣描寫成量小的前夫，不把其妻描寫成嫌貧的貪婦，而只依史傳去了解一對貧賤夫妻、一對志量懸殊夫妻的悲劇，從人性中善良可憫的一面去了解他們，尤其是可憐、可歎的妻子，比起〈爛柯山〉或〈馬前潑水〉來，我們所體認到的人性的真際，運遇的無常，

和在現實悲劇中的感受與憬悟，一定會深入、沈重，也嚴肅得多。

　　從這個例子，也可說明，由戲劇變形的人物和故事，其感人未必深於正史。

　　以上兩例，雖僅一斑，亦可見正統嚴肅的史傳文學，從藝術的觀點來看，往往會較通俗娛人的戲劇更為生動，更為深入感人。

三

　　史傳與戲劇，各有其功能，因而也各有不同的寫作目的與撰製方式。尤其「變性的歷史劇」，多半是借古諷今，目的原不在求表達歷史人物與事件的真象。通過戲劇變形，如果超越現實，甚至荒誕不稽的，如《封神榜》、《西遊記》系統的戲劇，其影響於現實社會與真實人生並不很大，觀眾只會在幻設境界中以之滿足心理的需求，不會認為是社會與歷史的真象；但如果是接近或貌似歷史真象的，反倒會令觀眾不知不覺地受其偏導，信以為真。今天雖說教育普及，人人都有機會接受正統的歷史教育，但經典史傳，卻正逐漸束之高閣，在大學很多教室已不重視原典，代之以現代學者的詮釋申論，而戲劇通過各種媒體，正逐漸改變和侵蝕精慎嚴肅的經典教育。毋庸否認，不乏受過中上教育的人，對於本國歷史文化所知無幾，往往只從戲劇小說吸取經過變形的有限知識，所了解的也就難免於淺俗，畢竟戲劇小說就是為了通俗的。如果只看國劇了解的曹操楊修，就與歷史的真涵相距不小；楊修的形象被扭曲、被淺化，不僅要為楊修惋惜，也為只看戲劇的人們惋惜。

　　至於像〈爛柯山〉傳奇，借朱買臣的故事，變造成諷世的婚姻悲劇，本來是要誚責朱妻，但又為了要安排〈癡夢〉，便添加了〈悔嫁〉，終於使〈癡夢〉成為非常動人的名齣，也使觀眾轉而同情朱妻；就藝

術論，可謂成就非凡。但朱買臣與其故妻的性格被扭曲，人格被鄙俗化，從歷史、文化與風俗的認知來看，就只能說僅得乎下了。

誠然，藝術的美不一定要符合科學的真，「變性的歷史劇」也不一定要符合歷史的真象，站在藝術的立場，兩方面可以並存而不相斥；但若為了求真，站在歷史、文化、人性和價值觀的立場，應該作不同的反思：不要讓虛構的美掩蓋了科學的真；不要讓「變性的歷史劇」掩蓋了歷史的真象；不要讓歷史人物的戲劇變形取代了他們的真面目。

歷史應該是能永續的，不斷發展的，後世不僅要以前代的歷史為根源，也要以之為鏡鑑；根源不能讓渾曲的多過清正的，鏡鑑不能讓凹凸的取代平整的，所以藝術可以是人生的補濟，社會的活閥，但不能成為主要的實質骨幹，一如不能以醇酒取代通常的飲食。所以不能讓變形的歷史人物和故事，掩蓋真實，何況本色可能更生動、更深刻，更美。。

文化應該是多樣的，不斷創造，容納，不能只局限於某種範圍。文化可以有導致人類精神發越、道德上進的層次，也可以是適應人類基本欲求、生活需要的事物；不過，事有本末、輕重高下應該各得其宜。如果形成人類或者某一民族歷史的文化出現本末倒置、高下易位的現象，就難免社會紛亂失序，時代擾攘衰頹。所以戲劇是可愛的，也多半是有益的，但如果扭曲了歷史，讓歷史人物變形失真，就不能掉以輕心。

站在多元社會、開放教育的立場，戲劇是不必、也不應限制的，「變性的歷史劇」自有其本身的目的，也勿須從歷史的觀點批評其是否失真。除了在上節就藝術角度，試圖論析變形的人物故事未必勝過歷史的真實（至少是史傳呈示的真實），所以美的追求，也應該從史傳領受更深刻動人的藝術。

站在文化與教育的立場，經典正史的傳統更是要維護推揚。沒有

歷史的民族是原始的、無競爭力，容易被消滅的民族。放棄悠久嚴肅歷史的民族是缺乏自尊自愛的；讓次級文化壓過高尚文化，讓戲劇小說娛衆通俗的藝術掩蓋了經典傳衍的功能，勢將造成教育的淺俗與知識的貧乏。

　　在強化戲劇教育的同時⑬，對經典教育，對正史史傳的研究傳習也必須加強。這本應該是一個順向的理路，卻說成「反思」，不知道我的措辭會引起那些聯想。作爲一個文史工作者，一個傳統戲劇的熱愛者，希望我的討論是有意義的；希望「眞性的歷史劇」和「變性的歷史劇」各有開拓的天地，不相混淆；希望文史經典、史傳的傳習不廢，受到各界尤其是高等學府的重視，更希望所有的人都能從眞實的歷史認識自己的民族，珍惜可貴的傳統文化，在歷史人物的鑑照中檢省自己的人生，在戲劇舞台的燈光下悅怡自己的心神。

民八八，三、二九、臺北。

【附註】

①　如大陸製電視連續劇《三國演義》、《雍正王朝》即是。

②　《三國志》卷一〈魏志・武帝紀〉末〈裴松之注〉引。按《曹瞞傳》雖出吳人，然以其他資料比證，所述宜不過誣。

③　詳《後漢書》卷八〇下〈禰衡傳〉。

④　《後漢書》卷五四〈楊震傳・附彪傳〉。按東漢袁安以下，四世三公，至袁紹、袁術兄弟，於建安中並據地自雄，與曹操爲敵。

⑤　見《三國志》卷一九〈魏志・陳思王植傳〉；亦引見下文。

⑥　見註⑤〈裴松之注〉引。

⑦　同註⑥。

⑧　同註⑤。

⑨　見註④引〈楊震傳・附彪傳〉。〈章懷太子注〉云：「《前書》曰：『

金日磾子二人；武帝所愛，以為弄兒。其後弄兒壯大，不謹，自殿下與宮人戲，日磾適見之，惡其淫亂，遂殺弄兒。』」

⑩　同註⑥引《典略》云：「初修以所得王髦劍奉太子，太子常服之。及即尊位，在洛湯，從容出宮，追思修之過薄也，撫其劍，駐車顧左右曰：『此楊德祖昔所說王髦劍也，髦今焉在？』及召見之，賜髦穀帛。」丕修友情，即此可以概見。

⑪　曹丕建安二十二年十月立為魏太子，見《三國志》卷一〈魏志・武帝紀〉。

⑫　詳上引《漢書・朱買臣傳》。

⑬　最近教育部已籌畫表演藝術納入國民教育；但對傳統戲曲的教材，專家殊感棘手。見八十八年三月二十九日，北《聯合報・文化版》「表演藝術納人國教／系列」。

《史記》和《三國史記》的量詞研究

許　璧

摘　要

　　王力在他的著書「漢語史稿」中說：「單位詞主要有兩種；第一種是度量衡單位，如『尺』『寸』『升』『斗』『斤』『兩』等；第二種是天然單位；如『個』『隻』『枚』『匹』『顆』『次』『回』等。第一種是一般語言都具備的，第二種是東方語言所特有的，特別是漢藏系語言所特有的」。我們韓國也和中國一樣對度量衡標準的選擇、制定與器具的製造、歷代都非常重視。

　　量詞和各國文物制度有非常密切的關係，因此在我們的日常生活當中，量詞佔得極高的地位。中國在先秦時代，度量衡制度建立以後，出現了許多度量衡單位詞，但是天然單位的單位詞還是很少見的，到了漢代以後『枚』『頭』『隻』『塊』『根』『條』『片』等不斷地出現，量詞才逐漸增多起來。

　　史記是中國正史的第一部書，記載黃帝到漢武帝時候的歷史、史記的取材，包含了所有當時可以見得到的古代典籍，加上司馬遷自己的直接見聞，排比整理，批評鑑別，成爲一部極有組織的書，特別是在史記的表和書中，出現了許多量詞，因此這些資料可以說是研究中國古代社會文物制度的絕好材料。

　　在韓國歷史上最重要的史書是三國史記、三國遺事，高麗史、朝鮮王朝實錄和承政院日記等資料，其中三國史記這一部書是韓國現存

最古而最可靠的文獻和三國遺事同為代表三國時代的最完整的基本史料，許多量詞在三國史記的雜志中出現，由此可以看出，韓國古代社會典章制度的情形。

　　雖然史記和三國史記的著作年代相差很遠，但是這兩部書的作者司馬遷和金富軾都是當時在漢朝和高麗出名的史學家也是文筆家，這兩部書中所包含的各種資料既豐富又可靠因此研究中、韓兩國古代社會典章制度的絕好材料，這就是本文的研究動機之一。

一

　　量詞往往加在數詞後面表示某種單位，中、韓兩國古代的單位詞，遠不如近代的普遍，有許多在現代非用單位詞不可的，在古代也可有可無。在早期，如西周金文中，有些名詞沒有適當的單位詞，就把前面的名詞復說，很少見單位詞和名詞相連，如現代說「四匹馬」在周代則說「四馬」，「馬四」或「馬四匹」，不過「數詞＋單位詞＋名詞」的形式，在先秦時代雖很少見，但也有其例。但到了漢代以後，此類用法便逐漸盛行了。

　　周法高先生在他的著作〈中國古代語法・稱代編〉第三百二十六頁說：「隋以前的單位詞大體可分為下例幾類：

(1)度量衡及錢幣的單位詞，如「丈」，「尺」，「寸」，「分」，「石」，「斛」，「斗」，「升」，「鈞」，「鎰」，「斤」，「兩」，「頃」，「畝」等。

(2)一般性的單位詞，如「個」，「枚」等。

(3)取物件部分的名詞的單位詞，如「頭」，「根」，「口」，「株」，「領」，「要」等。大概牛、羊，豚稱「頭」，人稱「口」，草木稱「根」，「株」，「本」，衣皮稱「領」。

(4)由動詞轉來的單位詞，如「具」，「沓」，「束」，「貫」，「裁」，「襲」，「張」，「發」等皆可能表集體的物件。

(5)有表數之義，如「兩」，「雙」，「朋」，「駟」，「群」，「匹」，「隻」等，所表多為集體之物。

(6)略依形狀，長者曰「條」，曰「支（枝）」，曰「竿」，圓者曰「丸」，圓而薄者曰「餅」，厚實者曰「塊」，成行者曰「行」。

(7)盛物器，多借用普通名詞，如「車」，「篋」等。

(8)其他多以普遍名詞為之，樹木曰「樹」，動物之皮曰「皮」……

(9)表行為的次數，在漢以前較少見，多借用謂詞為之，一次曰一回等。

二

史記中所見到的量詞共有68種，大體可以分為如下十四類①：

(1)表示長度的有「寸」，「尺」，「分」，「丈」，「仞」，「里」，「步」，「咫」，「版」和「尋」等10種。

(2)表示面積的有「成」，「畝」和「頃」等3種。

(3)表示容量的有「斗」，「升」，「石」，「秉」，「庾」，「斛」和「鍾」等7種。

(4)表示重量的有「斤」，「石」，「兩」，「鈞」和「銖」等5種。

(5)表示貨幣的有「金」，「溢」，「錢」，「貫」和「鎰」等5種。

(6)表示時間的有「日」，「月」，「年」，「歲」和「載」等5種。

(7)表示取物件部分有關的有「口」,「領」和「頭」等3種。

(8)表示數之義的有「匹」,「駟」和「雙」等3種。

(9)表示盛物器類的有「卣」,「杯」,「巩」,「車」,「甌」等5種。

(10)表示布帛幅的廣度有關的「匹」和「純」等2種。

(11)由動詞轉來的有「具」,「乘」,「重」和「襲」等4種。

(12)表示書籍分篇有關的有「枚」,「卷」,「章」,「編」和「篇」等5種。

(13)表示等級有關的只有「級」1種。

(14)其他「匝」,「戶」,「介」,「皮」,「足」,「卮」,「封」,「樹」,「撮」和「闋」等10種。

三

三國史記中所見到的單位詞共有66種,大體可以分為如下十三類:

(1)表示長度的有「寸」,「尺」,「丈」,「升」,「尋」,「步」,「里」等7種。

(2)表示面積的有「頃」1種。

(3)表示重量的有「斤」,「石」,「兩」,「重」等4種。

(4)表示時間的有「日」,「月」,「年」,「歲」和「載」等5種。

(5)表示容量的有「斗」,「升」,「石」,「斛」等4種。

(6)表示取物件部分有關的有「口」,「領」,「頭」等3種。

(7)表示數之意的有「匹」,「雙」等2種。

(8)表示布帛幅的廣度有關的有「匹」,「段」,「升」等3種。

(9)表示盛物器類的有「幢」和「間」2種。

(10)由動詞轉來的有「具」,「乘」,「重」,「襲」等4種。

⑾表示書籍分篇有關的有「卷」，「軸」，「片」，「剖」，「張」，「枚」等6種。

⑿等級有關的有「等」，「級」，「品」，「世」等4種。

⒀其他有「箇」，「顆」，「事」，「道」，「副」，「首」，「揆」，「面」，「稱」，「條」，「員」，「所」，「區」，「隊」，「方」，「隻」，「艘」，「度」，「結」「戶」「曲」等21種。

四

三國史記中量詞的特例，代表性的例文如下：

1.「匹」有兩種用法，一用於馬，二用於布帛的廣度。
　　⑴獲馬五萬匹，牛五萬頭，明光鎧萬領（卷二十一　高句麗本紀第九）
　　⑵賵其家唐絹三十匹，二十升布三十匹，穀一百石（卷四十七　列傳七）

2.「石」一用於重量，二用於容量。
　　⑴贈賵彩帛一千匹租二千石，以供喪事（卷四十三　列傳三）
　　⑵得米十餘石。（卷四十八　列傳八）

3.「兩」一用於車輛，二用於重量。
　　⑴以車二千餘兩，載米四千石，租二萬二千餘石（卷六　新羅本紀第六）
　　⑵獻小馬五匹，狗一頭，金二千兩，頭髮八十兩，海豹皮十張（卷八　新羅本紀　八）

4.「頭」一用於牛，二用於狗。
　　⑴獲馬五萬匹，牛五萬頭，明光鎧萬領（卷二十一　高句麗本紀　第九）

(2)獻小馬五匹，狗一頭，金二千兩（卷八　新羅本紀　第八）

5.「級」一用於等級，二用於人數。

　(1)孝悌有異行者，賜職一級（卷三　新羅本紀　第三）

　　(2)逆擊百濟軍走之，斬首二千級（卷四十一　列傳　第一）

6.「口」一用於人數，二用於盒子。

　(1)今賜卿羅錦綾綵等三十匹，衣一副，銀榼一口（卷十　新羅本紀　第十）

7.「隻」和「艘」皆用於船舶。

　(1)王遣太子法敏，領兵船一百艘（卷五　新羅本紀　第五）

　(2)統十道強兵樓舡萬隻，大破百濟（卷四十六　列傳第六）

五

史記和三國史記量詞的比較

1.種類數：史記中所見到的量詞共有68種，三國史記則66種，種類上史記和三國史記差不多一樣，但也有如下各有不同的差異。

2.表示長度的史記共有分：寸，尺，丈、仞，里，步，呎，版，尋等10種，三國史記則7種，史記比三國史記多仞、呎、和版等3種，其他7種則共有而它們之間的用法完全相同。

3.表示面積的史記共有成、畝和頃等3種，三國史記則只有頃1種，「頃」的用法相同。

4.表示容量的史記共有斗、升、石、秉、庾、斛、和鍾等7種，三國史記則共有4種，史記多於三國史記秉、鍾、和庾等3種，其他4種的用法相同。

5.表示重量的史記共有斤、石、兩、鈞和銖等 5種，三國史記則共有4種，其中鈞和銖不見於三國史記，重則不見於史記，其他則共有且用法也相同。

6. 表示貨幣的史記共有金、鎰、錢、貫和溢等5種，三國史記則一個都不見。

7. 表示時間的史記共有日、月、年、歲和載等5種，和三國史記種類和用法完全相同。

8. 表示取物件部分有關的史記共有口、領和豆等3種，而其種類和用法和三國史記完全相同。

9. 表示數之意的史記共有匹、駟和雙等3種比三國史記多駟1種，它們之間的用法相同。

10. 表示盛物器類的史記共有卣、杯、甀、車、瓨等5種，史記則幢，間等2種，史記比三國史記多3種，而它們之間的種類各有不同。

11. 表示布帛幅的廣度有關的史記共有匹和純兩種，三國史記則匹、段、升等3種，史記比三國史記少1種，其中匹則彼此用法相同，其他4種則各有不同。

12. 表示書籍分篇有關的史記共有枚、卷、章、編和篇等5種，三國史記則卷、軸、片、部、張、枚等6種，史記少於三國史記1種，其中「枚」和「卷」字彼此共用，其他則各有不同用法。

13. 由動詞轉來的史記共有具、乘、重和襲等4種，和三國史記的種類及用法完全相同。

14. 表示等級有關的三國史記共有等、級、品和世等4種，史記則只有級一種和三國史記用法相同。

15. 其他則史記共有匝、戶、介、皮、足、扈、封、樹、關和撮等10種，三國史記則戶、箇、顆、事、道、副、首、揆、面、稱、條、員、所、區、隊、方、隻、艘、度、結、曲等21種，史記少於三國史記11種，其中「戶」則彼此共同出現，用法也相同，其他則各有不同。

【附　註】

① 拙著〈史記稱代詞與虛詞研究〉1974年，國立臺灣師範大學國文研究所，博士學位論文。

② 牛島德次〈漢語文法論〉（古代編）1967年，日本，大修館書店。

魏晉清談的思想理趣與語言風格

戴璉璋

一、清談的性質

　　清談與玄學，是魏晉以及南朝的文化特徵。凡是涉及這段歷史的人，沒有不注意這兩種現象的。有人認為清談與玄學是一回事，「清談是形式，玄學是清談的內容。」①也有人指出初期的清談與清議是一回事，兩者可以互稱②。其實清談與清議、清談與玄學雖或有部份類似，但是從清議與玄學不可能視為一事即可推知：清談、清議與玄學三者還是不宜混為一談的。它們之間的分際或關係究竟如何，這是我們探討清談的性質時首先值得注意的問題。

　　所謂清議，即清明的評議。主要是指對於人物的品評能明智而精當。在東漢，清議是政治上徵辟察舉人才的依據。名士們如李膺、符融、郭泰、許劭，或在太學，或在鄉閭，對於人物的鑒識往往出口即成定論，極具權威性。他們的評議有時的確能反映慧識，因此傳為佳話。例如許劭評曹操，說他是「清平之姦賊，亂世之英雄。」③郭泰評黃憲，說「叔度之器，汪汪若千頃之波，澄之不清，擾之不濁，不可量也。」④東漢社會上的人物評議，未必都是明智而精當的，阿黨比周，以白為黑的流弊也所在多有。曹操就曾指出：「直不疑無兄，世人謂之盜嫂，第五伯魚三娶孤女，謂之撾婦翁；王鳳擅權，谷永比之申伯；王商忠議，張匡謂之左道。」⑤在這樣的時風陪襯之下，上述那種明智而精當的「清議」就顯得難能而可貴了。

　　清議與清談的確有互稱的情形。如《晉書・山簡傳》說：「郭泰、許劭之倫，明清議於草野。」而《抱朴子・正郭》則說：「林宗周旋，清談闔閭。」⑥「林宗」爲郭泰字，兩書同指人倫鑒識之事，一用「清議」，一用「清談」，清談即清議。更早的例子如《三國志・魏志・武帝紀》注引張璠《漢紀》：「鄭泰說（董）卓云：『孔公緒（袖）能清談高論，噓枯吹生。』又《蜀志・許靖傳》：「靖雖年逾七十，愛樂人物，誘納後進，清談不倦。」⑦所謂清談，都指人物評議而言。

　　曹魏時代（西元220—264年）大概是清談趨向理論化的關鍵時期。這時人物評議逐漸抽象化、原則化，發展出才性名理。此外老莊玄理又成爲言論主題，於是清談的內容就有名理與玄理兩種類型。在魏初，傅嘏與荀粲分別爲這兩種類型的清談名家。「嘏善名理，而粲尚玄遠。」兩人「每至共語，有爭而不相喻。」需要裴徽居間來「通彼我之懷。」⑧當時名理方面著名的論題是「才性同異」，由傅嘏、李豐、鍾會、王廣等人提出，後來鍾會撰成〈四本論〉⑨，於是「才性四本」便一直成爲清談主題。玄理方面，則有涉及老莊、周易、佛教的種種議題，由荀粲、何晏、王弼開其端緒，後來郭象、殷浩、王導、支遁、許詢、劉惔、謝安、王濛諸人都是個中高手。

　　如上所說，清談內容既然包括人物評議及才性名理，我們就不能逕說清談與玄學是一回事。即使是清談玄理，也不能與玄學畫上等號。理由如下：

　　㈠假如清談玄理與玄學真是一回事，那麼玄談名家應當就是玄學家。部份人士如：何晏、王弼、郭象、支遁的確如此；但更多的人卻非是，如殷浩、王導、許詢、劉惔、謝安、王濛他們都能談玄，卻不能說是玄學家。而著名的玄學家中，也有人並未具有清談的名聲，如嵇康、張湛，在玄學方面都有重要成就，卻未見有清談的記錄。

　　㈡玄理談家固須具備一些基本的玄學知識，但他們主要是以析理

精敏，因應善巧見長，立場可以隨時改變⑩，不必執持一貫主張以成一家之言。而玄學家卻須以後者爲必要條件。

㈢清談可以只提結論，而不作論證，甚至以動作輔助意見的表達⑪；玄學家卻不可能如此。

當然這並非說玄談與玄學毫無關係，其實它們相互影響，關係密切。玄談的主題往往即是玄學論題，而玄學的論題也可能成爲玄談主題；玄談的論辯可以有助於玄學思考，而玄學的洞見當然也可以提升玄談層次，加強其品質。

一般而言，所謂清談是取兩人對談或多人談論的方式，無論是談名理抑或談玄理，都得兼重析理與修辭。析理須力求精當而透闢，修辭則講究清新而雋永。下列三例都取自《世說新語・文學篇》，都是記敍清談盛會的，都著重於理與辭兩方面的造詣。

> 殷中軍（浩）爲庾公（亮）長史，下都，王丞相（導）爲之集，桓公（溫）、王長史（濛）、王藍田（述）、謝鎮西（尚）並在。丞相自起解帳，帶麈尾，語殷曰：「身今日當與君共談析理。」既共清言，遂達三更。丞相與殷共相往反，其餘諸賢，略無所關。既彼我相盡，丞相乃歎曰：「向來語，乃竟未知理源所歸；至於辭喻不相負。正始之音，正當爾耳！」明旦，桓宣武語人曰：「昨夜聽殷、王清言，甚佳。仁祖（謝尚）亦不寂寞，我亦時復造心；顧看兩王掾，輒翣如生母狗聲。
>
> 支道林、許（詢）、謝（安）盛德，共集王（濛）家。謝顧謂諸人：「今日可謂彥會，時既不可留，」此集固亦難常；當共言詠，以寫其懷。」許便問主人有《莊子》不，正得〈漁父〉一篇。謝看題，便各使四坐通。支道林先通，作七百語許；敍致精麗，才藻奇拔，衆咸稱善。於是四坐各言懷畢。謝問曰：「卿等盡不？」皆曰：「今日之言，少不自竭。」謝後粗難，

因自叙其意，作萬餘語，才峯透逸；既自難干，加意氣擬託，蕭然自得，四坐莫不厭心。支謂謝曰：「君一往奔詣，故復自佳耳。」

殷中軍（浩）、孫安國（盛）、王（濛）、謝（尚）能言諸賢，悉在會稽王（昱）許。殷與孫共論〈易象妙於見形〉。孫語道合，意氣干雲。一坐咸不安孫理，而辭不能屈。會稽王慨然歎曰：「使眞長（劉惔）來，故應有以制彼。」即迎眞長，孫意已不如。眞長既至，先令孫自叙本理。孫粗說己語，亦覺絕不及向。劉便作二百許語，辭難簡切；孫理遂屈。一坐同時拊掌而笑，稱美良久。⑫

上引文第一條所謂「理源所歸」，對此要有明確的認知，可說是析理的高度造詣，似乎並不容易做到；至於「辭喻不相負」則當是清談的基本條件，不達這一水準，恐就難免「嬰如生母狗聲」之譏。

二、清談內容的類型

如上所說，清談的內容可區分爲名理與玄理兩種類型。才性方面的談論屬於名理，老莊、周易及佛學方面的談論屬於玄理。所謂名理，是通過對名言概念的辨察所引生的一些原則或原理。這包括「名」與其所指謂的「實」的關係，也包括這一組名實與其他相關的名實之間的關係。如才性名理是以才與性這兩個概念的意涵爲基礎，來討論它們所指謂的「實」彼此之間的同異離合問題。這就是魏晉之際有名的才性四本論所探討的內容。其中的關鍵詞是「性」。如把它理解爲性質或性能，則與「才」（才能、才幹）可說爲「同」，彼此可有體用關係。「性」如理解爲德性，則與「才」（才能、才幹）可說爲「異」，並可從「離」、「合」關係上來議論。

所謂玄理，主要是由現象而超現象的進路來探究本體與事物的關

係。依老莊思想，這本體作爲萬物所以然的超越根據可稱爲「道」。那麼形而上的道與形而下的器物之間的關係就是道（之）理。《老子》說：「玄之又玄，衆妙之門。」⑬所以「道」也可稱爲「玄」，道（之）理，也就是玄（之）理。王弼以來，魏晉玄學家多從無與自然這方面來體會「道」。於是生命契合於道的聖人究竟有情抑或無情？聖人孔子與道家宗師老子在「無」這方面的體證有沒有差別？儒、道思想的同異如何？名教與自然的關係何在？以及言能盡意或不能盡意等等，都是名士們的興趣所在，成爲玄談的主題。

　　值得注意的是名理與玄理在思辨方法上有很大的差異，在名理方面，主要是辨名析理的工作，著重於分析察辨；而玄理方面則不止於此，它還有一步辯證的解悟，有一步「玄同」。它要玄同有情、無情，進而說有情而無情，即有情而不滯於情；玄同有與無，進而說有而能無，無而能有⑭；玄同同與異，進而說「將無同」⑮；玄同名教與自然，進而說「名教中自有樂地」⑯；玄同盡意與不盡意，既說可藉言、象以盡意，又說須忘言、象以得意⑰。這裡由辯證的解悟形成一些辯證的詭辭，這裡我們可以看出玄談在理與辭兩方面與名理之談的確有不同的地方。

三、清談形式的特徵

　　所謂「理得於心，非言不暢。」清談名家析理有得，就須運用適當的言辭來加以表達。言辭須達意，造句宜優美，這是所有言論共同的修辭準則，清談當然不能例外。不過清談在其性質決定之下，言辭形式會呈現出一些與其他言論不同的現象，這可說是它的形式特徵，是很值得注意的。從現有資料觀察，清談的言辭形式有下列三種特徵：

　　㈠**主題的相對性**：由於清談是取兩人對談或多人談論的方式，主題有相對性，才能從不同的立場上來加以申論，藉以展現談者的見識

與辯才，辯才無礙的人如王弼、許詢，還可以主客易位變更立場來炫耀才學⑱。上文提到的一些清談主題，如才性同異離合、聖人有情無情、儒道同異、言可盡意或不盡意等等都屬此類；後來南朝人士最感興趣的話題：形盡神滅或不滅也是如此。它們共同之處在於你無論執持那一方面的論點，都可以自成一套說法，至於說得是否精彩那就要看你的才學如何了。換言之，任何一個論點都有讓你發揮才學的餘地。試想如果主題缺乏相對性，如為人子女是否應當盡孝之類，怎麼會引起談家的興致呢？

㈡**言辭的口語化**：清談與一般著述不同，它是即席對話，口語化是它自然的趨勢。如上引例子中阮瞻的「將無同」⑲、桓溫的「嬰如生母狗聲」⑳。此外又如：「田舍兒，強學人作爾馨語。」「君四番後當得見同。」「弟子都未解，阿彌那得已解？」㉑諸如此類，都是當時口語的實錄。這些辭句相當有效地傳達出當時言談的口氣與神情。在過去，講究「雅言」的知識份子，一向認為口語俚俗，他們的言談、著述總是要設法避免俚俗的。但是言辭口語化也有率真、生動的效果，崇尚自然的魏晉人物，「唯陳言之務去」之餘，酌用口語，使他的言談具有清新的風格，在漢語發展史上是功不可沒的。

㈢**語意的盡而不盡**：從荀粲、王弼而至歐陽建，言辭可以盡意抑或不可盡意一直是人們討論的主題。王弼繼承《周易》與《老》《莊》的思理，提出「盡意莫若象，盡象莫若言」以及「得意在忘象，得象在忘言」的說法，影響當時玄學與經學的治學方法極為深遠。王弼的論述屬於玄學，清談人士則把玄學在這方面的洞見運用在談論上。在人物評議方面，有韓伯的「無可無不可」㉒；在自然與名教方面，有樂廣的「名教中自有樂地」㉓；在儒道異同方面，則有上文所引阮瞻的「將無同」㉔。諸如此類，它們共同之處在於「言約而旨遠」。簡約的言辭，其意可盡，卻又引導出無窮而不可盡的餘蘊。生命的內涵、

形而上的玄理，本有言辭難盡之意。清談家在相關的論題上提出「無可無不可」這類說法，主要作用當是提醒論說者勿執著己見，自以爲窮盡一切；另一方面又在指引聽者應該用心揣摩那未盡及不可盡的意涵。這就造成意味無窮的雋永風格。

四、結　語

　　清談的內容，無論是在名理方面的辨名析理之見，抑或是在玄理方面的辯證解悟所得，都有深邃的理趣引人入勝。再加上主題的相對性，就使得清談更具吸引力，使得魏晉以及南朝的名士們樂此而不疲。清談言辭的口語化及其語意的盡而不盡，則形成清談語言清新而雋永的特殊風格，在漢語發展史上有其重要影響。

　　談風鼎盛時期，批評、反對清談的聲浪也同時提高。在兩晉，裴頠、干寶與王羲之諸人都曾對於清談有所非議。他們不滿談家「口談虛浮，不遵禮法」㉕，「以虛薄爲辯而賤名儉」㉖；認爲「虛談廢務，浮文妨要」㉗。經學家范寧甚至指責王弼、何晏「二人之罪深於桀紂」㉘，於是也就有人提出「清談誤國」的說法㉙。時至今日仍然有人認爲清談是當時「貴族、士大夫階級那種腐朽的、寄生的、墮落的生活實踐的反映」㉚。其實對於一個事件的評論，不宜執持片面之見而以偏概全。魏晉以及南朝的清談，流風所及，參與的人很多，其中的優劣得失不能一概而論。依個人觀察，清談人士至少應區分爲三類，即：學界人士、政界人士及貴游子弟。所謂學界人士，以何晏、王弼、郭象、支遁等人爲代表。他們以清談成就玄學，以玄學提升清談，著作俱在，對於魏晉南朝文化發展的影響不能輕易抹煞。其中如王弼、支遁都非所謂統治階層，也非出身豪門，說他們爲統治階級服務㉛，是誣罔之見。所謂政界人士，以王導、王衍、殷浩、謝安等人爲代表。他們以清談爲文化活動、社交活動，在這裡增進玄理的體會，提升政治的智

慧。這與他們的政治成就有一定的關係。如王導憑其所謂「憒憒」的
器局，使他得以「阿衡三世，經綸夷險，政務寬恕，事從簡易，故垂
遺愛之譽也。」㉜謝安憑其閑適恬淡的氣度，使他得以化解桓溫的殺
機，戰勝苻堅的入侵㉝。王、謝的成就，得益於玄談是很明顯的。當
然政界的清談名士也有失敗者，如王衍、殷浩之流。他們的失敗是否
由於清談，這實在還有討論的餘地。至於所謂貴游子弟，以王澄、謝
鯤、胡母輔之、王徽之等人為代表。他們以清談為社交活動、嬉戲方
式，不掌握分寸就難免狎謔輕狂，因而怠忽職守，還自以為放達。如
王徽之對於支遁鬚髮的議論，就失之輕狂；而他在桓沖騎兵參軍任內，「
不綜知其府事」，答非所問，態度傲慢㉞。王澄、謝鯤、胡母輔之等，則
「去巾幘，脫衣服，露醜惡，同禽獸。甚者名之為通，次者名之為達
也。」㉟這類清談的流弊，是無可諱言的，加以批判糾正當然也是必
要的。

　　王僧虔曾引東方朔的話說：「談何容易」。他告誡兒子，若要參
與清談而不流於自欺欺人，則必須對於三玄注釋、相關經學以及當時
所謂「言家口實」如才性四本、聲無哀樂等等，都要有足夠的知識㊱。這
樣看來，真正的清談的確不容易，一位談士需要有相當好的學養與才
具，才能在談座上有出色的表現。在歷史上清淡雖然有過一些流弊，
我們卻不能因此就一筆抹煞它所有的價值。事實上正視它的價值確是
我們對於魏晉南朝文化的研究上不可疏忽的工作。

【附　註】

① 何茲全：《魏晉南北朝史略》（上海：上海人民出版社，1958年），頁
　 64。

② 唐長孺：《魏晉南北朝史論叢》（北京：三聯書局，1955年），頁290。

③ 《後漢書·許劭傳》，王先謙：《後漢書集解》（臺北：藝文印書館，

1955年），卷68，頁7。按《世說新語‧識鑒》：「曹公少時見橋玄，玄謂曰：『……君實是亂世之英雄，治世之姦賊！』」劉孝標注以為「《世說》所言謬矣。」楊勇：《世說新語校箋》（臺北：樂天出版社，1973年），頁292。

④　《後漢書‧郭太傳》，《後漢書集解》，卷68，頁2。按《世說新語‧德行》：「林宗曰：『叔度汪汪，如萬頃之陂，澄之不清，擾之不濁，其器深廣，難測量也。』」《世說新語校箋》，頁3。

⑤　《三國志‧魏志‧武帝紀》，易培基：《三國志補注》（臺北：藝文印書館，1955年），卷1，頁24。

⑥　《晉書》（北京：中華書局，1974年），卷43，頁1229。《抱朴子》（臺北：世界書局，1955年），頁188。

⑦　《三國志補注》卷1，頁5；卷38，頁5。按：鄭泰說董卓事，也見於《後漢書‧鄭太傳》，《後漢書集解》卷70，頁2。

⑧　參見《三國志‧魏志‧荀彧傳》注引何劭〈荀粲傳〉，《三國志補注》卷10，頁13。《世說新語‧文學》，《世說新語校箋》，頁153。按：何劭〈荀粲傳〉以「名理」與「玄遠」對稱，此為「名理」不涵「玄理」意義之證。本文所謂「名理」皆取此一狹義用法。另有以「名理」兼攝「玄理」之義者，則為廣義用法。暫不討論。

⑨　《世說新語‧文學》：「鍾會撰四本論」條注引《魏志》：「會論才性同異傳於世。四本者言才性同、才性異、才性合、才性離也。尚書傅嘏論同，中書令李豐論異，侍郎鍾會論合，屯騎校尉王廣論離。」《世說新語校箋》，頁149。

⑩　《世說新語‧文學》：「何晏為吏部尚書，有位望。時談客盈坐，王弼未弱冠，往見之。晏聞弼來，乃倒屣迎之。因條向者勝理語弼曰：『此理僕以為理極，可得復難不？』弼便作難，一坐人便以為屈。於是弼自為客主數番，皆一坐所不及。」又：「許掾詢年少時，人以比王苟子（

脩），許大不平。時諸人士及林法師（支遁）並在會稽西寺講，王亦在焉。許意甚忿，便往西寺與王論理，共決優劣。苦相折挫，王遂大屈。許復執王理，王執許理，更相復疏，王復屈。許謂支法師曰：『弟子向語何似？』支從容曰：『君語佳則佳矣，何至相苦邪！豈是求理中之談哉！』」《世說新語校箋》頁151、175。

⑪　《晉書・阮瞻傳》：「（瞻）見司徒王戎，戎問曰：『聖人貴名教，老莊明自然，其旨同異？』瞻曰：『將無同。』戎咨嗟良久，即命辟之。時人謂之『三語掾』。」《晉書》卷49，頁1363。按《世說新語・文學》也載此事，不過以爲是阮宣子（脩）與王夷甫（衍）的對話。《晉書》所記較爲可信。參考《世說新語校箋》頁159、160。又《世說新語・文學》：「客問樂令（廣）『旨不至』者。樂亦不復剖析文句，直以麈尾柄确几曰：『至不？』客曰：『至。』樂因又舉麈尾曰：『若至者，那得去？』於是客乃悟服。樂辭約而旨達皆此類。」《世說新語校箋》頁156。

⑫　《世說新語校箋》頁163、184、186。

⑬　《老子》第一章，樓宇烈：《王弼集校釋》（北京：中華書局，1980年），頁2。

⑭　《三國志・魏志・鍾會傳》注引何劭〈王弼傳〉：「（裴徽）問弼曰：『夫無者，誠萬物之所資也。然聖人莫肯致言，而老子申之無已者何？』弼曰：『聖人體無，無又不可以訓，故不說也。老子是有者也，故恒言無——所不足。⋯⋯何晏以爲聖人無喜怒哀樂，其論甚精，鍾會等述之。弼與不同。以爲聖人茂於人者神明也，同於人者五情也。神明茂，故能體沖和以通無；五情同，故不能無哀樂以應物。然則聖人之情應物而無累於物者也。今以其無累，便謂不復應物，失之多矣。』」《三國志補注》卷28，頁39。

⑮　參⑪。

⑯　《世說新語‧德行》：「王平子（澄）、胡母彥國（輔之）諸人，皆以任放為達，或有裸體者。樂廣笑曰：『名教中自有樂地，何為乃爾也。』」《世說新語校箋》頁19。

⑰　王弼：《周易略例‧明象》：「夫象者出意者也，言者明象者也。盡意莫若象，盡象莫若言。……故言者所以明象，得象而忘言；象者所以存意，得意而忘象。猶蹄者所以在兔，得兔而忘蹄；筌者所以在魚，得魚而忘筌也。」《王弼集校釋》頁609。

⑱　參⑩。

⑲　「將無」是測度語氣詞。「將無同」意謂：「恐怕沒有什麼兩樣吧！」參見呂叔湘《漢語語法論集‧語法札記》（北京：科學出版社，1954年），頁193。

⑳　翣，通煞，甚也。

㉑　皆引自《世說新語‧文學》，《世說新語校箋》頁171、189、191。

㉒　《世說新語‧言語》：「王中郎（坦之）令伏玄度（滔）、習鑿齒論青、楚人物、臨成，以示韓康伯（伯）。康伯都無言。王曰：『何故不言？』韓曰：『無可，無不可。』」《世說新語校箋》頁101。

㉓　參⑯。

㉔　參⑪。

㉕　《晉書‧裴頠傳》，《晉書》卷35，頁1044。

㉖　干寶：《晉紀‧總論》，《文選》（臺北：藝文印書館，1955年），卷49，頁9。

㉗　《世說新語‧言語》：「王右軍（羲之）與謝太傅（安）共登冶城。謝悠然遠想，有高世之志。王謂謝曰：『夏禹勤王，手足胼胝；文王旰食，日不暇給。今四郊多壘，宜人人自效，而虛談廢務，浮文妨要，恐非當今所宜！』謝答曰：『秦任商鞅，二世而亡，豈清言致患邪？』」《世說新語校箋》頁100。

㉘　《晉書‧范寧傳》，《晉書》卷75，頁1984。

㉙　如王衍被石勒殺害前自責說：「吾曹雖不如古人，向若不祖尚浮虛，戮力以匡天下，猶可不至今日。」《晉書‧王衍傳》，《晉書》卷43，頁1238。後來陶弘景有詩說：「夷甫（王衍）任散誕，平叔（何晏）坐談空，不意昭陽殿，化作單于宮。」《梁書‧侯景傳》，《梁書》（北京：中華書局，1973年），卷56，頁863。到明末清初，顧炎武還指出：「劉、石亂華，本於清談之流禍。」《日知錄集釋》（長沙：岳麓書社，1994年），卷7，頁240。

㉚　《魏晉南北朝史略》頁119。

㉛　《魏晉南北朝史論叢》頁349。

㉜　《世說新語‧政事》：「丞相末年略不復省事」條注引徐廣《晉紀》。《世說新語校箋》頁138。

㉝　《世說新語‧雅量》：「桓公（溫）伏甲設饌，廣延朝士，因此欲誅謝安、王坦之。王甚遽，問謝曰：『當作何計？』謝神意不變，謂文度（坦之）曰：『晉阼存亡，在此一行。』相與俱前。王之恐狀，轉見於色；謝之寬容，愈表於貌，望階趨席，方作洛生詠，諷『浩浩洪流』。桓憚其曠遠，乃趣解兵。王、謝舊齊名，於此始判優劣。」又「謝公與人圍棋」條注引《續晉陽秋》：「初，苻堅南寇，京師大震。謝安無懼色，方命駕出墅，與兒子玄圍棋。夜還，乃處分，少日皆辦。破賊又無喜容。其高量如此。」《世說新語校箋》頁283、286。

㉞　《世說新語‧排調》：「王子猷（徽之）詣謝萬，林公（支遁）先在坐，瞻矚甚高。王曰：『若林公鬚髮並全，神情當復勝此不？』謝曰：『脣齒相須，不可以偏亡；鬚髮何關於神明？』林公意色甚惡，曰：『七尺之軀，今日委君二賢。』」又〈簡傲〉：「王子猷作桓車騎（沖）騎兵參軍。桓問曰：『卿何署？』答曰：『不知何署，時見馬來，似是馬曹。』桓又問：『官有幾馬？』答曰：『不問馬，何由知其數。』又問：『馬

比死多少？』答曰：『未知生，焉知死。』注引《中興書》：「桓沖引
徽之爲參軍，蓬首散帶，不綜知其府事。」《世說新語校箋》頁608、
582。

㉟　《世說新語‧德行》：「王平子‧胡母彥國諸人皆以任放爲達」條注引
王隱《晉書》。《世說新語校箋》頁19。

㊱　《南齊書‧王僧虔傳》：「僧虔宋世嘗有書誡子曰：『……曼倩有云：
「談何容易。」見諸玄，志爲之逸，膓爲之抽。專一書，轉誦數十家注，
自少至老，手不釋卷，尙未敢輕言。汝開《老子》卷頭五尺許，未知輔
嗣何所道，平叔何所說，馬、鄭何所異，《指例》何所明，而便盛於麈
尾，自呼談士，此最險事。設令袁令命汝言《易》，謝中書挑汝言《莊》，
張吳興叩汝〔言〕《老》，端可復言未嘗看邪？談故如射，前人得破，
後人應解，不解即輸賭矣。且論注百氏、荊州《八袠》、又《才性四本》、《
聲無哀樂》，皆言家口實，如客至之有設也。汝皆未經拂耳瞥目。豈有
庖廚不脩，而欲延大賓者哉？就如張衡思侔造化，郭象言類懸河，不自
勞苦，何由至此？汝曾未窺其題目，未辨其指歸。六十四卦，未知何名，
《莊子》眾篇，何者內外；《八袠》所載，凡有幾家；《四本》之稱，
以何爲長。而終日欺人，人亦不受汝欺也。』」《南齊書》（北京：中
華書局，1972年），卷33，頁598—599。

佛經中的『有所』與『無所』

竺家寧

一、前　言

　　『所』字在傳統訓詁學者的觀念裡，是一個不具實質意義的虛詞。但是不具詞彙意義並不表示他沒有語法意義。因此，當訓詁學引進了現代語法學的觀念和方法，應該如何精確的描述這個『所』字的功能，就受到了學者的注意。以『所』字爲專題的論文也就變得多起來。不過，一般的討論多半傾向於先秦古書中的語法現象，取材於中古語料的很少，探索佛經語言的更少。

　　佛經語言不同於一般的文言文，也不是今天的白話文。它是東漢到隋唐時代的口語。當時的出家人爲了有效的傳播佛法，在翻譯佛經的時候，大量使用了民間通行的詞彙和語法。因此，佛經在今天成爲語言學者了解中古漢語的重要憑藉。而更重要的，是佛經的數量龐大，提供了我們豐富的、取之不盡、用之不絕的研究材料。可惜的是學者們面對整部大藏經先想到的只是宗教的、哲學的層面，最多也不過再看到佛經的文學性，視爲一部翻譯文學作品。往往忽略了它也是一部古代語言的紀錄。在佛經裡，『所』字常常和『有、無』兩個字連用，形成『有所、無所』的結構。我們嘗試由語法上分析這個結構的功能和用法。首先，應該對『所』字的來源進行了解。

二、先秦文獻中的所字

楊樹達《詞詮》分析『所』字的功能。分爲下列五類：

㈠名詞，處也。「公朝于王所。」（《春秋》僖二十八年）子曰：
「爲政以德，譬如北辰，居其所而衆星拱之。」（《論語・爲
政》）

㈡被動助動詞，見也，被也。「世子申生爲驪姬所譖。」（《禮
記・檀弓》）。

㈢假設連詞，若也。「予所否者，天厭之！天厭之！」（《論語
・雍也》）「所不與舅氏同心者，有如白水。」（《左傳》僖
二十四年）「所難子者，上有天，下有先君。」（又哀十四年）
「范蠡請退。王曰：『所不掩子之惡揚子之美者，使其身無終
沒於越。』」（《越語》）

㈣語中助詞，無義。「能進不能退，君無所辱命。」（《左傳》
成二年）按無所猶今言不用不必。

㈤語尾，與「許」同。「高四尺所。」（《禮記・檀弓》）

楊樹達把『無所』定爲『語中助詞，無義』。可見他把「無所」
視爲一個詞彙單位。

何樂士分析《左傳》的『所』字，發現《左傳》的『所』共出現
463次。其功能可以分爲三類，其中結構助詞出現416次；假設連詞
12次；名詞34次。

他認爲「所」作爲結構助詞最常見的用法是與動詞或動詞結構組
成「所」字短語。「所」在其中的作用是改變動詞或動詞結構的性質
使它具有名詞的功能。其次是『所-介詞-動（賓）結構』「所」先和
介詞結合，再和動（賓）結合，組成名詞性短語。例如『所-動（賓）』
的結構：作主語的共96例：1.病而乞盟。所喪多矣。（僖9）　2.吾聞

之：所樂必卒焉。（昭15）有時『所—動（賓）』前有代詞或名詞作定語。如：3.理，吾所未見者有六焉，又何以規？（昭4）『所—動（賓）』作賓語的共103例。其中有的作動詞賓語。常見動詞有「有」、「無」：1.今君德無乃猶有所闕，而以伐人，若之何？（僖19）　2.鬼有所歸，乃不爲厲。（昭7）3.政在家門，民無所依。（昭3）4..晏平仲端委立於虎門之外，四族召之，無所往。（昭10）　『帶『所—動（賓）』作賓語的還有其它一些動詞，如：5.鄭人相驚以伯有，曰：「伯有至矣！則皆走，不知所往。」（昭7）　6.不如焚書以安衆，子得所欲，衆亦得安，不亦可乎？（襄10）7.二三子若能死亡，則如違之，以待所濟。若求安定，則如與之，以濟所欲。（昭13）有的作介詞賓語、作兼詞「諸」的賓語。共3例：1.王欲敖叔向以其所不知。而不能，亦厚其禮。（昭5）2.火作，子產⋯⋯出舊宮人，寘諸火所不及。（昭18）　『所-動（賓）』作名詞性謂語的共114例：1.臣聞君子能知其過，必有令圖。令圖，天所贊也。（昭1）　2.乃偏以璧見於群望曰：「當璧而拜者，神所立也。」（昭13）　有時前面有否定詞「非」，如：3.子有令聞，而美其室，非其所望也。（襄15）有時前面有副詞「唯」，如：4.吾私有討於午也，二三子唯所欲立。（定13）　『所—動（賓）』作定語的共10例：1.華亥與其妻必盟而食所質公子者而後食。（昭20）2.遂賦晉國一鼓鐵，以鑄刑鼎，著范宣子所爲刑書焉。（昭29）『所-動（賓）』藉助于一定的語言環境和副詞「唯」而單獨成句的共7例：1.禍福無門，唯人所召。（襄23）2.夫舉無他，唯善所在，親疏一也。（昭28）

　　何樂士分析《左傳》的所，對『所—動』中動詞結構做了分析。他認爲絕大多數情況是「所」加「動詞」，動詞前無附加成分，動詞後無賓語或補語。這樣的情況共264例。約佔結構助詞「所」的70%如：1.政在家門，民無所依。（昭3）　2.於是乎節宣其氣，勿使有所

甕閉楸底以露其體，茲心不爽，而昏亂有度。（昭1）另外一種情況是動詞前有副詞、助動詞等附加成分。這樣的情況共27例：1.季孫……伏而對曰：「事君，臣之所不得也，豈敢刑命？」（昭31）2.使伯氏司里，火所未至，徹小屋，涂大屋。（襄9）3.或以吾城叛，吾所甚惡也；人以城來，吾獨何好焉？（昭15）4.今越圍吳，嗣子不廢舊並而敵之，非晉之所能及也，吾是以爲降。（哀20）5.吾私有對於午也，二三子唯所欲立。（定13）還有一種情況是動詞後有賓語或補語。這樣的情況共21例：1.其北陵，文王之所辟風雨也。（僖32）2.公曰：「善哉！寡人今而后聞此禮之上也。」對曰：「先王所秉於天地以爲其民也，是以先王上之。」（昭26）　至於所字結構爲『所—動（賓）—者』共9例：1.晉其庶乎！吾臣之所爭者大。（襄26）2.然則吾所求者無不可乎？（昭4）

　　何樂士又分析了出現在『所—動（賓）』結構前的修飾成份。有四種情況。第一是『名詞—所—動（賓）』，即名詞作修飾成分，共19例：1.敬逆來者，天所福也。（昭3）2.末大必折，尾大不掉，君所之也。（昭11）第二是『名—之—所—動（賓）』共18例：1.今令尹之不信，諸侯之所聞也。（昭1）　2.民之所欲，天必從之。（昭1）第三是『代—所—動（賓）』共16例：1.此，余所能也。（定5）　2.令尹之不能，個所知也。（襄22）　3.子朝必不克，其所與者，天所廢也。（昭22）第四是在『（名）（之）所—動』前有「非」、「唯」、「皆」、「亦」、「雖」、「若」等副詞或連詞。共17例：如1.公曰：「非小人之所及也。」（昭25）2.未有代德，而有二王，亦叔父之所惡也。（僖25）

三、『所—動（賓）』中「所」字的性質

　　古代漢語中『所—動（賓）』中「所」字是否可以作爲結構助詞

看待？首先我們應對結構助詞的基本性質做一了解。結構助詞是指聯繫兩個語言板塊，表明他們之間結構關係的一種詞類。例如現代漢語的『的、地』表示其後面一個板塊是被修飾的對象、『得』字表示其後面一個板塊是動詞的補語。『無所、有所』的『所』字顯然功能頗不一樣。《辭海》結構助詞項下也沒把『所』字列入。在佛經中，『所』字和前面的『有、無』結合得十分緊密，應該看做是一個完整的詞。則『所』字應該被理解爲派生詞的後綴。『後綴』的主要特徵有三：第一，詞義虛化。第二，構詞能力很強，佛經中就有『何所、多所、我所、心所、方所』等結構。第三，出現位置固定。佛經的『所』字正具有這樣的特徵。因此我們認爲『無所、有所』的『所』字爲派生詞的後綴。和楊樹達定爲「語中助詞」、何樂士定爲「結構助詞」，看法不同。

四、「所」的上屬或下屬的問題

何樂士分析《左傳》「所」的問題，論及上屬或下屬的問題。他提到『無所辱命』，認爲「無所辱（君）命」是一種習慣說法，究竟是什麼意思？這裡牽涉到一個問題，就是「所」的上屬或下屬的問題。上屬，則爲無所／辱君命，「無所」表示「沒有（什麼）地方」。從「無所……」的全部例句看，「所」應下屬，「所辱命」爲「無」的賓語。如果「所」上屬，變成「無所／（賓）」，一些例句根本無法理解，如：1.禮無所逆。（襄2）2.得志於齊，猶獲石田也，無所用之。（哀11）再者，從結構上看，當「所」上屬，與「無」構成「無所」時，大都出現在句末。如：3.爲人子者，患不孝，不患無所。（襄23）「復歸無所」：無處可歸。因而動詞後的「無所」與動詞前的「無所」是不能等同的，動詞前的「無所」，「所」一般都應下屬，與動詞結合，作「無」的賓語。因此，「無所辱（君）命」中的「所」

也應視為下屬，表達的意思是「不用麻煩您的的命令」 或「沒有（什麼）要麻煩您命令的」。這種理解對這類例句均可講通。如：4.昭公曰：「君不忘無先君，延及喪人，錫之以大禮。」再拜稽首，以衽受。高子曰：「有夫不祥，君無所辱大禮。」（《公羊傳─昭公25年》）但是也有學者認為應該上屬。例如：

　　《詞詮》：『所，語中助詞，無義。「能進不能退，君無所辱命。」（《左傳》成二年）按無所猶今言不用、不必。』

　　佛經中的情況如何呢？我們以西晉竺法護譯品中的『無所』和『有所』做了窮盡式的分析，認為佛經時代『無所』和『有所』已經發展為一個結合緊密的詞。『所』字應當上屬。則『所』字是一個詞尾（後綴）。通常前面沒有其他成分，後面往往接一個複合動詞。上面何氏所舉的例子中，『禮無所逆』、『無所用之』，何氏認為『所』應當下屬，其實也可以依照我們的分析，把『所』當作詞尾，『禮／無所逆』就是一個主謂關係，『無所／逆』是一個否定限制詞，作動詞『逆』的狀語。『無所／用之』也可以解作否定限制詞，作動詞『用』的狀語。『無所』既然在佛經中如此普遍，在語言結構的常例看，不應解釋作兩種結構，說這幾句是『無＋所V.』，而另外幾句是『無所＋V.』。我們一律看成是『無所＋V.』。

　　若從上古來源看，「所」字下屬，和後面的動詞結為一體，這點沒有疑問。倨是語言是演變的，上古的結構不一定等於中古語言的結構。中古「無所」、¬有所┐的大量出現，使得「所」字的密切性，上屬更強於下屬。而且這不不孤例，佛經中大量出現的「所」後綴，說明了這是一個中古新生的後綴。佛經中『何所、多所、我所、心所、方所』等結構正是同一類型的產物。換句話說，上古前綴的「所」字，到了中古漢語裡，衍生出了新的後綴的功能。我們看待這個問題必須就中古的狀況看中古的結構，作共時的理解，不能受制於它的來源如

何，回到其來源看問題，那就陷入了共時與歷時分不清楚，以上古律
中古了。我們更不能換一個同意義的句型來理解或分析「有所」、「
無所」，這是語法分析的大忌，因爲同義句的語法結構未必相同。許
世瑛先生《常用虛字用法淺釋》指出：「意思雖然一樣，句法完全變
了」，來說明文言的句子可以用白話翻譯，但是語法功能不能類推。
他引用木蘭辭：「女亦無所思」說「無所思是否定的答語，肯定的答
語是有所思。」「無所思，用白話說是不想什麼，或沒想什麼。」「
這有所、無所後面自然隱有『之人』、『之物』，但大多數不用標明，『
有所、無所』在文言裡便成了習見的詞兒了」，可見許先生和楊樹達
一樣，把「有所、無所」視爲一體，而不是把「所」字和下面的動詞
相連看待。

五、佛經『無所』的功能

　　我們可以從實際的句子來印證上述的觀點。西晉竺法護譯品中的
『無所』句例可以分爲時種類型如下：（由於字數的限制，只取一部
分例子列於下）

　　1.○＋無所＋複詞 V

　　　諸所供養，未以爲上，吾所學習，則三品最，觀無適莫，<u>無所
　　　貪樂</u>，是謂菩…〈345慧上菩薩問大善權經卷上〉

　　　…諸馬畜，皆得受決，爲緣一切，如來不食，<u>無所志願</u>，威德
　　　能化。〈345慧上菩薩問大善權經卷下〉

　　　一切所作，<u>無所悕望</u>，則應大乘諸通慧矣。〈627文殊支利普
　　　超三昧經卷上〉

　　　不志二乘聲聞緣覺，常以寶心、諸通慧心，爲人講宣。於珍寶
　　　心，無所貪惜。〈627文殊支利普超三昧經卷上〉

　　　昧摩提菩薩所語說，<u>無所罣礙</u>，無所難也。無有盡賜時，無有

能升量者〈283菩薩十住行道品〉

肌肉支體妻子國邑。群從車乘無所愛吝。不計身命無所貪慕。
三界無怙惟道可恃〈481持人菩薩經卷第一〉

佛言。持人。不以是法遊於世間。<u>無所至湊</u>，<u>無所消除</u>。〈
481持人菩薩經卷第四〉

是人但坐，不能專一，志意猶豫，<u>無所專據</u>，不信佛法，故得
其罪殃。〈739佛說慢法經西晉沙門法炬譯〉

生諸惱之患，是為菩薩平等精進。行於布施，<u>無所想念</u>。修以
四恩，攝諸□貪。〈589佛說魔逆經〉

文殊師利復謂大光， 菩薩修業常以平等，其於智慧聖明之達，
<u>無所修行</u>，曉…〈589佛說魔逆經〉

汝等各說所知，皆快順法，<u>無所違錯</u>，復聽吾言，云何比丘…
〈154生經卷第二〉

以上各例『所』字皆上屬。『所字』是一個後綴。前面沒有其他
成分，後面接一個複合動詞。

2.○＋無所不＋Ｖ

下面的例子是『無所不』加上一個單音節動詞的結構。

以用道力分別諸法無所不達。又若菩薩逮定意門入音聲。便入
無限定意門辯。〈481持人菩薩經卷第四〉

弟子學戒具足；菩薩萬二千，一切聖通，<u>無所不達</u>。已得總持，
辯才無量。〈345慧上菩薩問大善權經卷上〉

譬如虛空，<u>無所不入</u>。道心如是，一切普至。菩薩喜樂如是慧
者。〈627文殊支利普超三昧經卷上〉

神通已達，聖智弘暢，辯才無礙，三昧已定，<u>無所不博</u>。時有
菩薩名離。〈315佛說普門品經〉

<u>無所不聞</u>，<u>無所不知</u>。而無言說，澹泊無為。稚往來周旋，以

情歸心。〈315佛說普門品經〉

都於諸國採擇，得是諸童男。將入彼城，皆悉巧□，<u>無所不能</u>。
〈170佛說德光太子經〉

則悉知之，是三力也。□定眾身諸力，心本本淨，<u>無所不了</u>，
明審如有。〈135佛說力士移山經〉

無有諸漏　　<u>無所不入</u>　　當究竟逮〈263正法華經卷第一〉

<u>無所不遍</u>。譬如明鏡，見其面像，菩薩如是，處於此定，於諸
一切慧，無不明徹也。〈288佛說等目菩薩經卷〉

佛語曇摩菩薩：已得陀鄰尼門，譬如持弓弩布矢，在欲所射，
<u>無所不到</u>。〈636無極寶三昧經卷上〉

所以者何。族姓子。解諸法界，<u>無所不達</u>，所解法界如來至真。
〈481持人菩薩經卷第一〉

有如彈指<u>無所不及</u>三昧。〈636無極寶三昧經卷上〉

為無稱限之行，為無斷行，為無轉行。普流之行，為<u>無所不周
至</u>，〈288等目菩薩所問三昧經卷上〉（『周至』是並列式複
合動詞）

　『無所不V.』結構在句子裡作謂語，其主語有時是單音節，例如
『空無所不入』，有時是複音節，例如『九名無所不樂』，有時是多
音節，例如『三昧已定，無所不博』。

　3.○＋無所不＋動賓

　有時候，『無所不』的後面不是單音節動詞，而是一個動賓詞組。
例如：

是故<u>無所不入</u>用。脫於本，故其輪不轉。〈636無極寶三昧經
卷上〉

大城<u>無所不容受</u>。如是十德之行，與如來同軀。〈315佛說普
門品經〉

曰：能調諸不調，能成諸未成。安住垂大慈，無所不開道。消伏患逆。〈118佛說鴦掘摩經〉

叡哲聰明諸根通達。無所不探古知今。又其佛土。佛號無量華王。〈481持人菩薩經卷第一〉

4.「無所從生」

此外，『無所』還可以組成『無所從生』和『無所從來』的固定結構。

又族姓子！是披陀劫，最後有佛，名曰樓由。當於彼世，乃能逮得無所從生…〈274佛說濟諸方等學經一卷〉

順從一切眾生之心十一。意不起忍，因便逮得無所從生法忍十二。〈589 佛說魔逆經〉

皆悉得無所從生法忍。七十江河沙等菩薩，普悉得立不退轉地。〈274佛說濟諸方等學經一卷〉

菩薩從是疾得無所從生法忍，教授十方，得如竹園。〈636無極寶三昧經卷上〉

本無是主。三彌菩薩，聞佛所說，諸天及人，八萬六千，皆得無所從生法忍…〈636無極寶三昧經卷上〉

先仁之前，三十億劫，仁乃發無上正等度意，適甫乃入無所從生法…〈334佛說須摩提菩薩經〉

逮得無所從生法忍。〈318 文殊師利佛土嚴淨經卷上〉

其二太子行菩薩業俱共和同見十億諸佛世尊。最後末世逮得無所從生法…〈481持人菩薩經卷第二〉

逮得無所從生法忍。世尊即讚文殊師利曰：善哉！善哉！〈589佛說魔逆經〉

又計空法，無所從生。無所從來，無所從去。又計佛法，不離塵勞貪恚。〈318文殊師利佛土嚴淨經卷上〉

無所從來。當觀生死，所謂平等，斯章句空，空無志求。〈318文殊師利佛土嚴淨經卷下〉

何謂識界。從所來者無所從來。無有因緣。所以者何。〈481持人菩薩經卷第二〉

從這些例子看，『從』原先是個介詞，省略了後面的賓語。也就是由『從某處生』變來。省略後成爲一個固定結構『從V.』，包含了『從生』、『從來』、『從去』。

5.○＋無所生＋賓（Ｎ）

『無所』的後面還可以加上動賓結構『生N.』。形成『無所生N.』的格式。例如：

散意根。寂靜根。起生根。無所生根。清淨根。瑕穢根。解明根。顯曜根。〈481持人菩薩經卷第三〉

何謂爲四，逮得總持，無所生慧。以得超越永盡聖慧。以消滅慧觀于三界。〈481持人菩薩經卷第一〉

以餘奉行於諸緣起而無所生。以作是觀。乃謂逮得無所生慧。以能逮得無所生慧…〈481持人菩薩經卷第二〉

佛言。持人。如來所云一切諸法皆無有相。以能得成。無所生相。無滅壞相。〈481持人菩薩經卷第四〉

『無所』之後接其他動賓詞組的又如：

答曰：法界不恐，本際不懼。聞佛說法，無所畏難。其恐懼者，則懷憂慼。〈318文殊師利佛土嚴淨經卷上〉

曰無名門。無言辭門。無所入門。無所著門。無訓誨門。無生門。〈481持人菩薩經卷第一〉

何故如來讚於仁者？文殊答曰：其有頌宣，無所立慧。〈589佛說魔逆經〉

無所遺愛　　所以布施　用成佛道〈263正法華經卷第一〉

慈悲喜捨、空入處、識入處、無所有入處、非想非非想處，具足住。〈502佛爲年少比丘説正事經西晉沙門法炬譯〉

6.「無所…故」

佛經還可以組成『無所…故』的關連詞組。

所以者何。無所成故也。假託有言而現斯義。爲眾生故救攝危厄。〈481持人菩薩經卷第二〉

知本無者，無所失故。三世等無有畏，三世無增減者不住色。〈636無極寶三昧經卷上〉

何緣而有勞，於諸法如幻，而無所入故，其無殆，菩薩如是，故有其身…〈288等目菩薩經卷下〉

則有苦患。其苦患者，則無有護，是故吾身不成正覺。所以者何？無所得故。若…〈318文殊師利佛土嚴淨經卷下〉

7.○＋無所＋（狀）Ｖ（助）

下面一種用法是『無所』的後面有一個單音節動詞，這個動詞的前後有另一個次要的修飾成分，或者在前面加一個狀語，或者在後面加一個助詞。例如：

無所遠離。五者菩薩見五道勤苦，意欲度之，沒命救濟，不以爲劇。〈636無極寶三昧經卷上〉

從遠來，飢寒見逼，忘所誦習。梵志心念，此人所誦，今已廢忘，無所能化。〈154生經卷第一〉

計空無實，其猶泡水。無所可遵，耳目鼻口身意…〈345慧上菩薩問大善權經卷上〉

無所著爾，乃名如來耳。若族姓子。不見諸法則如來。所以者何。如來至眞不存有法非法。〈481持人菩薩經卷第一〉

亦何所受，永離欲瑕，亦無得也。諦觀諸法，無所起者，愛敬菩薩即得不…〈345慧上菩薩問大善權經卷上〉

又問：須菩提！菩薩所行捨眾望想，<u>無所著乎</u>？唯然，世尊！
〈274佛說濟諸方等學經一卷〉

…眾人，<u>無所施者</u>，又見如來，空□來出，魔界天人，見不獲
□，世尊得無心懷悵。〈345慧上菩薩問大善權經卷下〉

8.ㄨ＋無所Ｖ

　　下面是『無所』後面只有一個單音節動詞的結構。這時，『無所』
的前面往往會再安插一個字。以構成佛經習慣的四字格。例如：

寂除凶欲，<u>入無所處</u>。何因為沙門，欲受具戒今所至？〈496
佛說大迦葉本經〉

所以者何？其菩薩者，諸所發意，因緣所造，<u>而無所生</u>。〈
627文殊支利普超三昧經卷上〉

如所發念，<u>念無所念</u>。僥脫貪婬，謂當度欲，<u>想無所求</u>。不懷
本際〈315佛說普門品經〉

以數千偈　　歎人中王　　<u>睹無所畏</u>〈263正法華經卷第一〉
<u>悉無所著</u>　　斯等智慧　　求尊佛道〈263正法華經卷第一〉

一切法空，<u>悉無所有</u>。所可宣講，但論空法。言無罪福，輕蔑
諸行。〈274佛說濟諸方等學經一卷〉

佛威神益，深入經處，悉示諸十方。虛空法<u>心無所著</u>，悉入無
所罣礙中〈283菩薩十住行道品〉

五者，諸所有皆<u>無所住</u>。六者，諸所有皆無利。七者，諸所有
皆<u>無所止</u>。〈283菩薩十住行道品〉

思惟十方，<u>了無所有</u>。六者，十方佛剎皆虛空。七者，宿命所
作，<u>了無所有</u>。〈283菩薩十住行道品〉

以無巢窟，陶現佛身，得大空寂微妙之句，乃弘無極。佛諸感
動，<u>等無所住</u>。〈288等目菩薩所問三昧經卷上〉

亦見世法，於其世法，<u>淨無所著</u>，此則菩薩，感動境界，由斯

大士。〈288等目菩薩所問三昧經卷上〉

<u>而無所行</u>，是乃謂菩薩，如其菩薩，得住極世，至於有積〈288等目菩薩經卷下〉

寶來又問：諸法無想，當作何住，<u>得無所住</u>。 佛言：諸法無住，住則爲想。〈636無極寶三昧經卷上〉

所可如化　<u>都無所受</u>　<u>法無所捨</u>〈636無極寶三昧經卷下〉

<u>母無所失</u>。或父清淨，母不清潔。或母潔淨，父不潔淨。或母爾時藏所究竟〈317佛說胞胎經〉

<u>而無所著</u>。假使阿難，父母因緣成胞胎者，地種則爲水種，火種不得依也〈317佛說胞胎經〉

<u>修無所著</u>如蓮華　　云何立行消殄欲〈318文殊師利佛土嚴淨經卷上〉

是故族姓子，吾宣斯辭。不一發心，吾當鬥佛。其無發心，無所生亦無所毀…〈318文殊師利佛土嚴淨經卷下〉

則如來界也。乃入道義。觀如是法。爾乃逮致如來境界。<u>樂無所樂</u>是如來界。〈481持人菩薩經卷第一〉

等遵所修，此之謂也。以等精進，則曰平等，無所應進。<u>已無所應</u>，則無放逸。〈589佛說魔逆經〉

　　上面這類用法，『無所』前面的字多半是虛詞『而、亦』等。偶而是名詞，例如『身無所成』，偶而是動詞，例如『觀無所生』。

　　9.ㄨㄨ＋無所 V

　　下面這些句子都不成四字格，其中多半是出自於偈語。結構上多半是三音節爲斷。『無所』的後面只接一個動詞。例如：

我今當作<u>無所惜</u>之行。於是，太子愁憂不樂。〈170佛說德光太子經〉

脫口中<u>無所有</u>。罪福如空胞，求勝眞高亦然，卑忈清淨亦然。

〈315佛説普門品經〉

心得歡悦知厭足　譬如飛鳥無所畏〈170佛説德光太子經〉

我求佛故無所惜　及施身命索經法〈170佛説德光太子經〉

第一止足常思道　心空清淨無所著〈199佛五百弟子自説本
起經〉

已得無所著　滅度清且涼〈199佛五百弟子自説本起經〉

察眾壞敗本　一切無所樂〈199佛五百弟子自説本起經〉

界非界分別曉了，靡所不達。是謂證明。無所有界。則如來界
也。唯族姓子。〈481持人菩薩經卷第一〉

九者，諸所有勤苦無所有。十者，泥洹虛空無。〈283菩薩十
住行道品〉

三者視諸生死清淨無邊。四者視五道悉清淨。五者於欲無所求，
悉清淨。〈636無極寶三昧經卷上〉

於一切身，解無體行，無所入，無所有法等吾我神足境界。〈
288等目菩薩所問三昧經卷上〉

有入無名三昧，有不盡喜意三昧，有總持無所忘三昧，有在冥
悉令明三昧。〈636無極寶三昧經卷上〉

非本無所諦　其慧已如是〈636無極寶三昧經卷上〉

所動無所動　是故無上尊〈636無極寶三昧經卷下〉

有未來起菩薩意者，亦當如是。我後不久，亦當如如來，無所
著等正覺。〈334佛説須摩提菩薩經〉

現人少有信樂。於斯如來所顯，如來十力，四無所畏。十八不
共諸佛之法空無之慧。〈481持人菩薩經卷第一〉

普惠無所逆　不貪吝重珍〈318文殊師利佛土嚴淨經卷上〉

不復思念有意無意應與不應。是住正意無意無邪。念于等行，
無念不念。無因無思無所惟…〈481持人菩薩經卷第三〉

東方去是過二恒沙有佛剎，佛號月英幢王如來無所著等正覺〈428佛說八陽神咒經〉

賢聖達之。然無所生，無所滅矣。無來無去。眼色諸入眼不斷眼。〈481持人菩薩經卷第二〉

平等無所生者。又問文殊：何謂菩薩建立志性？答曰：於一切法，無所得者，不…〈589佛說魔逆經〉

兩目復盲無所見，復人所輕易，今有乞我少所飲食，愈我飢者，譬如天雨〈537佛說越難經西晉聶承遠譯〉

六者法明曜力，七者法情之力，八者無所壞力，九者善行修力，十者修勤入力。〈288等目菩薩經卷下〉（這句『無所』之後只有一個單音節動詞『壞』字）

以上這些句子，『無所』的後面都只有一個單音節動詞，『無所』的前面往往是兩字詞，例如：『以其、於此、謂以、如來、八者…』等。

10.無所＝N

下面這個例子用法比較特別，『無所』作名詞用。與『無想』並列，作『顛倒』的賓語。

顛倒無所無想。是曰正見。所見平等為何謂也，捨世虛妄，以棄邪見。以如見除諸所。〈481持人菩薩經卷第三〉

六、佛經『有所』的功能

西晉竺法護譯品中的『有所』和『無所』的功能類似，『所』字是一個後綴。有下面幾種類型：

1.○＋所有＋複詞V

其基本形式是出現在四字格的前兩個字。後面兩個字是複合動詞。

有所勸化，是為菩薩善權方便。〈345慧上菩薩問大善權經卷

下〉

爾時世尊告大迦葉：是故賢者，從今以往，若族姓子，<u>有所至到</u>。〈496佛說大迦葉本經〉

歡喜習俗。<u>有所施與</u>，尋復悔者，等敬若茲。菩薩大士，所行如是。〈627文殊支利普超三昧經卷上〉

如本所行，各得其道。有一母人，妊身數月。見佛及僧，<u>有所至奏</u>。〈180佛說過去世佛分衛經〉

不但今世以畏形貌閑居之像，<u>有所竊欺</u>，前世亦然。和難比丘不刈續信之。〈154生經卷第一〉

界靈鷲山，<u>有所諮受</u>。時佛遙見即笑，口中光焰，乃有殊特。〈315佛說普門品經〉

緣覺法，一切諸法，皆爲佛法，不當恐怖。莫懷悕望，<u>有所猗著</u>。〈274佛說濟諸方等學經一卷〉

於諸劫，無有過去諸佛世尊，當來所說，或無所說，有所授決，<u>無所授決</u>。〈288佛說等目菩薩經卷〉

八者不當數聚會，<u>有所悕望</u>。九者當等心於十方。〈636無極寶三昧經卷上〉

在風過差，兒則不安。或多行來馬走，<u>有所度越</u>，或上樹木，兒則不安。〈317佛說胞胎經〉

心自念曰。其心未曾<u>有所奔逸</u>。無所至到。異緣所使，遺所湊相。〈481持人菩薩經卷第三〉

<u>有所造行</u>，滅一切爲。明智剖判一切諸行虛無欺詐。是諸法者悉無所有。〈481持人菩薩經卷第四〉

住於如來所說言教，則爲魔事。假使仁者，思想識念，<u>有所受取</u>。〈589佛說魔逆經〉

2.○＋有所 V ＋メ

　　下面的『有所』，後面只有一個單音節動詞。有時候爲了湊成四音節，『有所V.』的後面也會再加上一個其他字，例如『有所見者、有所在處』等。

　　　如來至眞不得諸法。<u>有所入處</u>也。而<u>有所見</u>也。<u>有所說</u>者也。亦無善惡細微妙言辭本末〈481持人菩薩經卷第一〉

　　　<u>有所在處</u>，法音無名處，若樂是樂處，所有如化是樂。〈636無極寶三昧經卷下〉

　　　流通無礙。<u>有所立處</u>，諸孔流出流入，逆順隨體，令不差錯。〈317佛說胞胎經〉

　　　視三界了無一人三昧，有住一佛國，到一佛國三昧，<u>有所在處</u>令法不斷絕三昧。〈636無極寶三昧經卷上〉

　　　奉如來，不當有貪心，<u>有所惜</u>也。應時皆同心勸助，放心布施。〈170佛說德光太子經〉

　3.Ｘ＋有所＋Ｖ

　　有時候，西晉佛經中這類『有所』的用法可以在『有所』的前面加上個兩字詞。例如『願欲、則謂、過去、豈能』等。或者是加上個單音詞『若、普、欲、乃』等。例如：

　　　名曰慧上，即從坐起，更整衣服，長跪叉手，前白佛言：願欲<u>有所問</u>，唯如來至。〈345慧上菩薩問大善權經卷上〉

　　　其正士者，若<u>有所欲</u>，損廢穢法。其正士者，若有瞋怒，意無結恨。〈627文殊支利普超三昧經卷上〉

　　　此可致矣。輒如道願，普<u>有所見</u>。所以者何？〈103佛說聖法印經〉

　　　　卿欲<u>有所滅</u>　　爲賊欲噉雞〈154生經卷第一〉

　　　又告溥首：何謂菩薩等遊細滑者，志<u>有所存</u>，緣起求之。〈315佛說普門品經〉

殿上有明月珠帳，垂八萬朋月珠。出其光明，普<u>有所照</u>。〈170佛說德光太子經〉

　　孚善見答報　　豈能<u>有所惠</u>〈199佛五百弟子自說本起經〉

　　身始<u>有所作</u>　　今所獲餘殃〈199佛五百弟子自說本起經〉

　　無極大光　　如斯所變　　當<u>有所感</u>〈263正法華經〉

無瞋恨法，設聞是言，不當恐怖。若<u>有所受</u>，若無所受，作與不作。〈274佛說濟諸方等學經〉

七者亦不妄嬈，人<u>有所擊</u>，是爲忍辱不可極。八者於大會不調戲於座中〈636無極寶三昧經卷上〉

或瞋不食時，或食窮乏時，或<u>有所作</u>不食時，醉放逸不食時。〈317佛說胞胎經〉

不舉不下，不高不卑。雖<u>有所說</u>，無有妄想，亦無愚求。〈318文殊師利佛土嚴淨經卷下〉

行到佛所，前以頭面稽首佛足。禮畢，卻住一面，叉手白佛言：願欲<u>有所問</u>。〈334佛說須摩提菩薩經〉

界無有界，悉無所著，皆無所生。諸明智者不<u>有所生</u>，亦無所得。無住無不住，不等不邪本淨。〈481持人菩薩經卷第二〉

而<u>有所作</u>，則爲魔事。若使志願有所受取，而<u>有所奪</u>，則爲魔事。〈589佛說魔逆經〉

4.有所＋動賓

　　下面的『有所』，後面接一個單音節動詞，再接一個賓語。形成動賓結構。

　　光白文殊師利：所可謂言，諸菩薩眾有魔事者，何謂魔事？文殊答曰：<u>有所興業</u>…〈589佛說魔逆經〉

　　因緣合會，母有傷善心，志於存樂神。來者至前，母<u>有所失</u>精。或父<u>有所失</u>…〈317佛說胞胎經〉

如佛說經聲三昧，<u>有所向門</u>，莫不開三昧，有所在處，師子為現三昧。〈636無極寶三昧經卷上〉

失經違節，非所奉戒，擾擾凶凶，則誹謗法。<u>有所宣義</u>理，其明不廣。〈274佛說濟諸方等學經一卷〉

而現所生，不以法本，<u>有所毀土</u>。〈288等目菩薩所問三昧經卷上〉

譬如日天子，與諸天而<u>有所照道</u>，日者行之，諸天亦無行止。〈288等目菩薩所問三昧經卷上〉

5.「有所」＝N

偶而『有所』也作為獨立的名詞使用，例如：

無化<u>有所</u>。起處無道，為有處無？寶來答曰：有九法知化無處。〈636無極寶三昧經卷下〉

七、結　論

以上我們對『無所、有所』的性質與功能作了全盤的描述。由本文的分析當中可以知道，在中古早期（西晉時代）的佛經語言裡，這是個十分活躍的詞彙。『所』字和前面的『有、無』結合得很緊密。他們是不能分割的一體。而其中的『所』字是一個詞義虛化的後綴。『無所』、『有所』的用法完全相同，但前者出現的頻率要高很多。他們後頭往往接一個動詞，所以他們的功能應屬狀語，修飾後面的動詞。依照本文歸納所得，『無所』的用法有下面幾項：

1. 『所』字是一個後綴，前面沒有其他成分，後面接一個複合動詞。

2. 『無所不』加上一個單音節動詞的結構。『無所不V.』結構在句子裡作謂語，其主語有時是單音節，例如『空無所不入』，有時是複音節，例如『九名無所不樂』，有時是多音節，例如

『三昧已定，無所不博』。

3. 有時候，『無所不』的後面不是單音節動詞，而是一個動賓詞組。

4. 『無所』還可以組成『無所從生』和『無所從來』的固定結構。『從』原先是個介詞，省略了後面的賓語。也就是由『從某處生』變來。省略後成爲一個固定結構『從　V.』，包含了『從生』、『從來』、『從去』。

5. 『無所』的後面還可以加上動賓結構『生N.』。形成『無所生N.』的格式。此外，佛經還可以組成『無所……故』的關連詞組。

6. 『無所』的後面有一個單音節動詞，這個動詞的前後有另一個次要的修飾成分，或者在前面加一個狀語，或者在後面加一個助詞。

7. 『無所』後面只有一個單音節動詞的結構。這時，『無所』的前面往往會再安插一個字。以構成佛經習慣的四字格。『無所』前面的字多半是虛詞『而、亦』等，偶而是名詞，例如『身無所成』，偶而是動詞，例如『觀無所生』。

8. 結構上多半是三音節爲斷。『無所』的後面只接一個動詞。『無所』的前面往往是兩字詞，例如：『以其、於此、謂以、如來、八者……』等。

9. 『無所』作名詞用。

至於『有所』的用法有下面幾項：

1. 基本形式是出現在四字格的前兩個字。後面兩個字是複合動詞。

2. 『有所』，後面只有一個單音節動詞。有時候爲了湊成四音節，『有所V.』的後面也會再加上一個其他字，例如『有所見者、有所在處』等。

3.有時候，西晉佛經中這類『有所』的用法可以在『有所』的前面加上個兩字詞。例如『願欲、則謂、過去、豈能』等。或者是加上個單音詞『若、普、欲、乃』等。

4.『有所』，後面接一個單音節動詞，再接一個賓語。形成動賓結構。

5.偶而『有所』也作為獨立的名詞使用。

　　由於篇幅的限制，本文只作了共時的描寫，至於歷時演變的問題，也許可以另外專文敘述。這樣的共時的描寫可以反映當時活語言的實際狀況，因為佛經翻譯完全是運用社會通行的詞語，才能達到傳播佛法的目標。這也就是今天佛典難讀的原因之一。『所』字的研究，是語法學裡頭一個重要的課題，我們希望透過這篇探索，對於『所』字在漢語史上的定性能提供一些幫助。

後記：本文承蒙師大蔡宗陽教授在研討會中擔任講評，並提供補充及修改意見，特藉此敬表謝忱。

論韓文之雄奇與歸文之疏淡

──以〈師說〉與〈項脊軒志〉二文句法結構為例

左松超

　　韓愈（公元768—824）的古文創作在我國文言文的發展史上，有著承先啓後的重要作用，千餘年來一直被視爲古文的典範，爲歷代文章家所推崇。對於他在古文方面的特點和成就，與他同時代的人已有許多評論。柳宗元（公元773—819）說他「文益奇」（〈先君石表陰先友記〉，《柳河東集》卷二），「怪於文」（〈讀韓愈所著《毛穎傳》後題〉，同上卷二十一）；白居易（公元772—846）說他「學術精博，文力雄偉，立詞借意，有班、馬之風」（〈韓愈比部郎中史館修撰制〉，《白氏長慶集》卷三十八）；元稹（公元779—831）說他「雄文奧學，秉筆者師之」（〈贈韓愈父仲卿尙書吏部侍郎〉，《元氏長慶集》卷五十）。（上述諸家之說，都轉引自大陸學者孫昌武《韓愈散文藝術論》，南開大學出版社，1986年）一書，該書對韓文有較詳細的論述。這些說法都著重指出韓文「雄奇」的特色，後代的評文家的觀點大致也不出這個範疇。

　　歸有光（公元1506—1571）是明代「唐宋派」中成就最高的作家。「唐宋派」對「前後七子」「文必秦漢」的擬古主張表示不滿；主張作文應該學習唐宋文章的法度，但須有自己的面目。歸有光肯定宋元以來散文家的成就，痛批力主擬古的後七子首領人物王世貞爲「庸妄巨子」。他認爲「文章至于宋元諸名家，其力足以追數千載之上，而

與之頡頏。而世直以蚍蜉撼之，可悲也。無乃一二妄庸人爲之以倡導之歟」！（〈項思堯文集序〉）歸有光喜讀韓愈、歐陽之文，但並不去模仿韓、歐面目，他認爲文章應該自然而然地緣情而發，反對「琢句爲工」。歸有光擅長描寫家庭骨肉間瑣事，即事抒情，親切感人；而「疏徐平淡」則是大家公認的歸有光文章的特點。

韓文「雄奇」，歸文「疏淡」。何謂「雄奇」？何謂「疏淡」？「雄奇」又表現在什麼地方？「疏淡」又表現在什麼地方？歷來文評家當然有許多闡釋和評論。本文打算用韓愈〈師說〉和歸有光〈項脊軒志〉二文，比較這兩篇文章在句法結構上的差異，看看能不能和「雄奇」和「疏淡」的說法有所印證？選擇這兩篇文章，並不是通觀韓、歸二家所有作品經過篩選的結果，而只是因爲這兩篇文章爲人所習見，例如【國立編譯館】出版的《高中國文》第一冊裏就有這兩課，而編者在介紹作者時，正指出韓愈散文特點在「氣魄雄渾」，而歸有光的文章好在「疏淡自然」。這兩篇文章雖不是經過篩選的取樣，但既多見於各種選本，而爲人所熟知，正可證明它們是這兩位作家作品中的代表作。用句法結構分析的方法，析論文章風格特點，這是個試驗，充其量也不過祇見「一木」，只能作爲旁證而已。是否可行？是否可信？有待方家指正。

下面先分析〈師說〉的句法結構：

古之學者必有師。　　　　　　　　　　　　1

師者，所以傳道、受業、解惑也。　　　　　2

人非生而知之者，①孰能無惑？②　　　　　3

惑而不從師，①其爲惑也終不解矣！②　　　4

　　以上第一段共4句。第1、2句都是單句；第3句是「因果複句」，
①是表原因的分句，②是表結果的分句；第4句是「條件複句」，①
是表條件的分句，它本是表轉折的緊縮複句，但是因為緊縮複句常以
單句形式出現，在語氣上也不需要停頓，所以通常就視為單句，②是
表結果的分句。兩個複句又構成「因果」關係。至於各分句或單句的
內部成分結構，限於篇幅，祇好從闕了。

　　生乎吾前，①其聞道也，②固先乎吾，③吾從而師之；④
　　生乎吾後，⑤其聞道也，⑥亦先乎吾，⑦吾從而師之。⑧　　　1
　　吾師道也，①夫庸知其年之先後生於吾乎？②　　　　　　　　2
　　是故無貴、無賤、無長、無少，①道之所存，師之所存也。②　3

　　以上是第二段。第1句是包括八個分句的複句，②③兩個分句是
「順承」關係，它們和①又成為「因果」關係，①②③又和④構成另
一層的「因果」關係；⑥⑦也是「順承」關係，它們和⑧是「條件」
關係，⑥⑦⑧和⑤則是「讓步」關係；①②③④又和⑤⑥⑦⑧構成了
「並列」關係；所以總的來說，第1句是由兩個分句構成的「並列複
句」，而這兩個分句又是由各種關係組成的複句。第2句是「因果」
複句，第3句是「條件」複句，①是表示原因或條件的偏句，②是表
示結果的正句。

　　　嗟呼！　　　　　　　　　　　　　　　　　　　　　　　　1
　　　師道之不傳也久矣！　　　　　　　　　　　　　　　　　　2
　　　欲人之無惑也難矣！　　　　　　　　　　　　　　　　　　3
　　　古之聖人，其出人也遠矣，①猶且從師而問焉；②
　　　今之眾人，其下聖人也亦遠矣，③而恥學於師。④　　　　　4

　　是故，聖益聖，①愚益愚，②聖人之所以爲聖，
　　愚人之所以爲愚，其皆出於此乎？③　　　　　　　　　　5

　　以上是第三段。本段由三句單和句兩句複句組成，第1句由歎詞
構成，比較特別。第4句是四個分句的複句，①②兩個分句組成「遞
進複句」，③④兩個分句組成「轉折複句」，兩者再構成「並列複句」。
第5句是三個分句的複句，①②是「並列複句」，再與③構成「順承
複句」。

　　愛其子，①擇師而教之，②於其身也則恥相師焉，③惑矣！④　1
　　彼童子之師，授之書而習其句讀者也，①非吾所謂
　　傳其道、解其惑者也。②　　　　　　　　　　　　　　　　2
　　句讀之不知，惑之不解，或師焉，或不焉，①②
　　小學而大遺，③吾未見其明也。④　　　　　　　　　　　　3

　　以上是第四段。第1句是四個分句的複句，①②兩個分句是「因
果」關係，它們和③又構成「轉折」關係，④的「惑矣」是給前三句
作論斷，所以和①②③是「順承」關係。第2句的①分句是肯定判斷
句，②分句是否定判斷句，主語承上省略，①和②也構成了「順承複
句」。第3句的①②本來應作「句讀之不知，或師焉；或之不解，或
不焉」，作者可能覺得原來的並列形式不免呆滯，便加以變化，使文
字變得精神有力多了。①②先和③構成「順承」關係，再和④構成另
一層的「順承」關係。

　　　巫、醫、樂師、百工之人，不恥相師；①士大夫之族，
　　　曰師、曰弟子云者，②則群聚而笑之，③問之，④

則曰：⑤「彼與彼年相若也，⑥道相似也；⑦
位卑則足羞，⑧官盛則近諛。⑨」　　　　　　　　1
嗚呼！　　　　　　　　　　　　　　　　　　　2
師道之不復可知矣！　　　　　　　　　　　　　3
巫、醫、藥師、百工之人，君子不齒，①今其智
乃反不能及，②其可怪也歟！③　　　　　　　　　4

　　以上第五段。第1句是由九個分句組成的複句，②③兩個分句屬
「條件」關係，①和它們構成「轉折」關係，然後①②③再和④構成
「順承」關係，⑥⑦和⑧⑨分別是「並列」關係，它們彼此則是「因
果」關係，⑥⑦⑧⑨是⑤的答語，當然構成了「順承」關係，最後是
①②③④和⑤⑥⑦⑧⑨再以「順承」關係組成了一個大的複句。第4
句包括三個分句，①②是「轉折」關係，再和③構成「順承」關係。

聖人無常師：①孔子師郯子、萇弘、師襄、老聃。②　　1
郯子之徒，其賢不及孔子。③　　　　　　　　　　2
孔子曰：①「三人行，②則必有我師。」③　　　　3
是故弟子不必不如師，①師不必賢於弟子。②　　　4
聞道有先後，①術業有專攻，②如是而已。③　　　5

　　以上第六段。第1句的兩個分句是「順承」關係。第3句中的②③
分句是「條件」關係，①和它們也是「順承」關係。第四句是個「並
列複句」。第五句的①②也是「並列」關係，③承接上文作出評論，
所以是「順承」關係。

李氏子蟠，年七十，①好古文，②六藝經傳，皆通習之。③　1

不拘於時，①請學於余，②余嘉其能行古道，③
作〈師說〉以貽之。④   2

以上第七段，也是最後一段，全段由兩個複句組成。第1句的②
③是「因果」關係，①和它們屬「順承」關係。第2句有四個分句，
①②和③④各由「因果」關係構成，它們彼此又構成另一個「因果」
關係。

下面再看看〈項脊軒志〉一文的句子組成的關係：

項脊軒，舊南閤子也。   1
室僅方丈，①可容一人居。②   2
百年老屋，塵泥滲漉，①雨澤下注，②每移案，①
顧視無可置者。   3
又北向，①不能得日；②日過午已昏。③   4
余稍爲修葺，①使不上漏。②   5
前闢四窗，①垣牆周庭，②以當南日；③
日影反照，④室始同然。⑤   6
又雜植蘭、桂、竹、木於庭，①舊時欄楯，亦遂增勝。②   7
借書滿架，①偃仰嘯歌，②冥然兀坐，③萬籟有聲。④   8
而庭階寂寂，①小鳥時來啄食，②人至不去。③   9
三五之夜，明月半牆，①桂影斑駁，②風移影動，③
珊珊可愛。④   10

以上第一段。除第1句爲單句外，餘均爲複句。第2句爲「順承複
句」。第 3句包括四個分句：①②爲「順承」關係，③④爲「轉折」

關係，①②和③④則是「因果」關係。第4句中①②爲「因果」關係，它們和③又構成另一層的「因果」關係。第5句只有兩個分句，是「順承複句」。第6句共有五個分句，②③是「順承」關係，①和它們也是「順承」關係，④⑤是「因果」關係，①②③和④⑤再構成整個複句大的「因果」關係。第7句也是只有兩個分句的「順承複句」。第8句中①②是「順承」，③④是「轉折」，①②和③④則又是「順承」。第9句共有三個分句，②③是「順承」，①和它們也是「順承」關係。第10句中①②是「並列」，和③是「順承」，再和④構成「因果」關係。

然余居此，①多可喜，②亦多可悲。③　　　　　　　　　　　1
先是，①庭中通南北爲一，②迨諸父異爨，③内外
多置小門牆，④往往而是。⑤　　　　　　　　　　　　　　2
東犬西吠，①客踰庖而宴②，雞棲於庭。③　　　　　　　　　3
庭中始爲籬，①已爲牆，②凡再變矣。③　　　　　　　　　　4
家中老嫗，①嘗居於此。②　　　　　　　　　　　　　　　　5
嫗，先大母婢也，①乳二世，②先妣撫之甚厚。③　　　　　　6
室西連於中閨，①先妣嘗一至。②　　　　　　　　　　　　　7
嫗每謂余曰：①「某所，而母立於茲。」②　　　　　　　　　8
嫗又曰：①「汝姊在吾懷，②呱呱而泣③；娘以指扣門扉曰：④
『兒寒乎？⑤欲食乎？⑥』吾從板外相應爲答。⑥」　　　　　9
語未畢，①余泣，②嫗亦泣。③　　　　　　　　　　　　　10
余自束髮讀書軒中，①一日，大母過余曰：②「吾兒，久不
見若影，③何竟日默默在此，④大類女郎也？⑤」　　　　　11
比去，①以手闔門，②自語曰：「吾家讀書久不效，③
兒之成，④則可待乎！⑤」　　　　　　　　　　　　　　　12

頃之，持一笏至，①曰：②「此吾祖太常公宣德間
執此以朝，③他日汝當用之。④」　　　　　　　　　　　13
瞻顧遺跡，①如在昨日，②令人長號不自禁。③　　　　　14

　　以上第二段。第1句有三個分句，①與②③為「順承」，②③則
為「並列」關係。第2句有五個分句，①②為「順承」，③④⑤也是
「順承」，然後①②和③④⑤又組成一個大的「順承」關係。第3句
三個分句是連續的「順承」關係。第4句則①②先相承，再和③構成
「順成」關係。第5句是兩個分句的「順承複句」。第6句中三個分句
連續相承。第7句是兩個分句的「因果複句」。第8句也是「順承複句」。
第 9句一共七個分句，其中②和③、④和⑤⑥都是「順承」關係，⑤
⑥句式一致，是「並列」關係，而②③和④⑤⑥則構成了「因果」關
係，又和⑦再組成「順承」關係，它們都是「嫗曰」的內容，當然和
①構成了一個大的「順承複句」。第10句是三個分句連續相承。第11
句六個分句都是「順承」關係，②和①相承，③④⑤⑥連續承接，是
大母的說話，當然和②相承。第12句，是四個分句的複句，其中③④
是「轉折」關係，它們是②的說話內容，當然是「順承」關係，①再
和②③④構成一個完整的「順承複句」。第13句，有四個分句，③和
④、②和③④、①和②③④皆是「順承」關係。第14句的①和②和③
也都是「順承」關係。

軒東故嘗為廚，①人往，②從軒過。③　　　　　1
余扃牖而居，①久之，能以足音辨人。②　　　　2
軒凡四遭火，①得不焚，②殆有神護者。③　　　　3

　　以上第三段。第1句的②③是「順承」，①和它們則是「因果」

關係。第2句是兩個分句的「順承複句」，第3句則是包括連續相承的三個分句的「順承複句」。

　　項脊生曰：①「蜀清守丹穴，②利甲天下，③其後秦皇帝築女懷清臺。④劉玄德與曹操爭天下，⑤諸葛孔明起隴中。⑥方二人之昧昧于一隅也，世何以知之？⑦余區區處敗屋中，⑧方揚眉瞬目，⑨謂有奇景。⑩人知之者，其謂與坎井之蛙何異？⑪」

　　以上第四段。整段是一個複句，①與引號內的十句是「順承」關係，是個包括了以四個順承複句為分句的大複句。②③是「順承」，與④構成「條件」關係，⑤⑥也是「條件」關係，②③④和⑤⑥則是「並列」，再和⑦構成「順承」關係，⑧⑨⑩三個分句連續相承，和⑪又構成另一層「順承」關係，然後②③④⑤⑥⑦和⑧⑨⑩⑪再構成更大的「順承」關係。

余既為此志，①後五年，吾妻來歸，②時至軒中，③從余問古事，④或憑几學書。⑤	1
吾妻歸寧，①述諸小妹語曰：②「聞姊家有閣子，③且何謂閣子也？④」	2
其後六年，吾妻死，①室壞不修。②	3
其後二年，余久臥病無聊，①乃使人修葺南閣子，②其制稍異於前。③	4
然自後余多在外，①不常居。②	5

　　以上第五段。第1句包括五個分句，其中④⑤是「選擇」關係，然後和①②③構成連續相承的「順承」句。第2句包括四個分句，③

④是「轉折」關係，它們先和②再和①均構成「順承」關係。第3句是兩個分句的「順承複句」。第4句中①②是「因果」關係，再和③構成「順承複句」。第5句的①②是「因果」關係。

　　庭有枇杷樹，①吾妻死之年所手植也；②今已亭亭如蓋矣。③

　　最後一段是三個分句組成的複句，①②是「因果」關係，再和③構成「順承」關係。

　　以上是韓愈〈師說〉和歸有光〈項脊軒志〉兩篇文章的複句組成結構，現在我們再就這兩者作一分析、統計和對比，看看它的結果能不能和他們的文章風格相印證？〈師說〉全文70句，包含了8個單句和18個複句；〈項脊軒志〉全文118句，包含了1個單句和34個複句。單句與單句以及和複句之間的關係暫不列計，祇比較它們的複句的組成結構的分配差異，也就是複句中的分句之間所表現的結構關係的不同。

結構關係	出　現　次　數		佔所有分句百分比	
	〈師說〉	〈項脊軒志〉	〈師說〉	〈項脊軒志〉
順承	17	62	27.41	52.99
因果	11	11	17.74	9.40
並列	8	4	12.90	3.41
條件	5	2	8.06	1.70
轉折	4	4	6.45	3.41
讓步	1	0	1.61	
遞進	1	0	1.61	
選擇	0	1		0.85

　　從以上的分析、對照，我們發現〈項脊軒志〉使用「順承」關係最多，是其他幾種關係的三倍。其次是「因果」關係，次數也不多，只有「順承」的五分之一多點。「順承」主要是一種表示事件發生的時間先後以及事理順序的先後關係，有時候關係不那麼明顯，不那麼緊湊；不像「因果」關係的嚴密、「並列」關係的整齊、「條件」關係的緊扣、和「轉折」關係的變化。它的特色正是「疏淡」。歸有光在〈項脊軒志〉中主要表現的是這種關係，因此這篇文章也就呈現出「疏淡」的風格了。〈師說〉雖然也是使用「順承」關係較多，但在比例上少得多了，「因果」、「並列」、「條件」、「轉折」四種關係加起來比「順承」多出十一次。文章整齊，事理嚴密，上下文轉折多變又緊相連扣，也就自會表現出「雄奇」的特色了。當然，韓文雄奇，歸文疏淡，可以從許多方面去談論，句法的表現是不是能夠真實印證，還有待進一步觀察。

王昌會論詩有三十四門

——《詩話類編》研究之一

張　健

　　王昌會，明末上海人，字嘉侯，參議王圻之孫。

　　《詩話類編》是一部卷帙繁多的詩話，《四庫全書總目提要》卷一九七云：

> 是編摭拾諸詩話，參以小說，裒合成書，議論則不著其姓名，事實則不著其時代，又並不著出自何書，稗販割裂，茫無體例，亦博而不精之學也。①

　　按昌會生於一五八〇年左右，此書編成於一六一六年（明萬曆四十四年），書中共分體格、名論上下、帝王上下、忠孝、詩賞上下、品評上中下、考訂上下、雜錄等三十二卷，其中大多數內容果如《四庫提要》所說者，既駁雜又乏系統，而且不著姓氏及書名，但少數篇章亦述明著者，如卷二名論上〈八病〉一篇，即歷指「魏文帝曰」、「楊升庵曰：沈休文所載八病……」②有一部分則雖未注明，內行人一看即知出處，如〈三格〉一篇，「詩有三格：一曰上格用意，二曰中格用氣，三曰下格用事。」③乃出自皎然詩式。另外有一部分，乃編者自出己見，惜亦未嘗明白說出。

　　全書計三千一百餘頁，五十七萬餘字，可謂現存詩話中數一數二的鉅構。

　　本文僅探討卷二名論上中的一篇：〈三十四門〉④

此篇開門見山曰：「詩有三十四門」。以下按次序排列出三十四門的名稱及案例，茲分節論述之：

一、皇道

詩如「明堂坐天子，月朔朝諸侯。」

按全篇所舉之詩例，均未注明作者及篇名，且殊少大家熟見的詩句，因此只能就兩句詩例本身來了解。此二句應屬古體詩或樂府詩，因平仄不合於近體規律。所謂「皇道」，當指與君主有關的題材內容。天子在月初端坐明堂之上，朝見諸侯，乃是最正規的「皇道」。此類詩著名者如賈至、岑參、王維、杜甫四人唱和的「早朝大明宮」。

二、始終

詩如「養雛成大鶴，種子作高松。」

按由上例可知：所謂「始終」，即是由始而終。先有雛鳥，久養而後成為大鶴；先播種子，久植然後成為高松———動物、一植物，幾乎可以代表世間萬物了。人間事情何嘗不是如此：按部就班，由因得果。

三、悲喜

詩如「兩行燈下淚，一紙嶺南書。」

按由詩例可知：「悲喜」是指悲中透喜，悲喜交迸。先流兩行之淚，再讀嶺南來的家書或友人之書，悲中有喜：悲是為遠別難見面，喜是為終獲音訊；亦可解作一面讀信，一面流淚，仍是悲喜並見。

四、隱顯

詩如「道晦金雞伏，時來木馬鳴。」

按此詩例可知：所謂「隱顯」，是指道之顯晦，時之得失。大道不行時，雖為金雞，亦被迫隱伏；時來運轉，則雖木馬亦能長鳴得意。

五、惆悵

詩如「此別又千里，少年能幾時？」

「惆悵」一義甚爲顯著，無非流露無可奈何的悵惘之情罷了。此例頗佳，義涵兩種惆悵：一爲與友人相別千里之遠，不知何日始能再見；一爲人生苦短，少年時期不可能持久，青春十分有限。二義合冶於一爐，情味更長。

六、道情

詩如「誰來看山寺？自是少松門。」

道情者，抒佛家之情也。山寺如何？細看才知：門戶寥落，連松柏亦不多見。以此隱喻佛門清淡，修行須耐得住寂寞，一般人恐不克爲此，故云：「誰來看山寺？」

七、得意：

詩如「此生還自喜，餘事不相侵。」

此「得意」並非「達則兼善天下」之「得志」，而是「靜觀萬物皆自得」之「自得」，不以物憂，不以物喜，超脫塵俗。王維「獨坐幽篁裏，彈琴復長嘯。」（竹里館）、「山居即事」、「歸嵩山作」、「歸輞川作」諸什，均屬於此類。

八、背時：

詩如「白髮無心鑷，青山得意多。」

「背時」其實就是隱於山林江湖，不奔波於仕途，不求顯貴於時。因此雖滿頭白髮亦不欲拔去，只享用青山之山色，大自然的美景，我之生命以「無心」貫穿之。

九、正風：

詩如「一春能幾日？無雨亦多風。」

所謂「正風」，猶即國風中的正宗作品。正面吟詠人生中的事物和感受。此詩例正面抒寫春天的景象：無雨、多風。而以春日時間有限烘托其彌足珍貴。（後句亦可解作：即使不下雨，也不免多風。）

十、返顧：

詩如「遠憶諸峯頂，曾棲此性靈。」

返顧即回憶。回憶自是古今詩中重要題材之一。當年曾棲身山頂，調養性靈，如今「遠憶」、「返顧」，別有一番滋味在心頭。又如李商隱詩：「何當共剪西窗燭，卻話巴山夜雨時。」（夜雨寄北⑤乃是預想他日回憶今夜。）

十一、亂說：

詩如「苦力漲秋濤，狂風翻野燒。」

亂說應指肆筆抒寫。此詩例中一雨一風，或苦或狂，而所漲者水，所翻者火，對仗既佳，意象亦切，實非一般意義的「亂道」，或因其動作、形象近於狂野而如此稱之。

十二、抱直：

詩如「須知三尺劍，只爲不平人。」

按以詩例觀察之，可知「抱直」的意思是抱持直道，主張正義。握三尺之劍，乃是爲天下不平之人事伸張正道，仗義而行。

十三、世情：

詩如「要路爭先進，閑門避應多。」

世情是指世俗情態。欲爭先進，必據要路；冷僻之居，避之唯恐不及。古詩「何不策高足，先據要路津。」同此，廣泛地說，如沈佺期〈雜詩〉中的「少婦今春意，良人昨夜情。」等亦是世情。

十四、匡救：

詩如「傍人皆默語，當路好防隄。」

按此詩例揣摩，當是一種防範性的舉措：對人不要隨意說話，正如河邊有隄，以防水決。古樂府〈君子行〉云：「瓜田不納履，李下不正冠。」亦爲此類實例。

十五、真孝：

詩如「君恩秋後薄，日夕向人踈。」

眞孝之旨意不必另作解釋，詩例卻令人猜疑：「君」所指者是國君、夫君還是雙親？不過大意可以推知：君恩雖薄，疎遠於人，但我心始終不變，盡人子之孝，或盡人臣之忠。（按古人大孝亦可以包羅忠君在內。）

十六、原缺

十七、忠正：

> 詩如「敢將心爲主，豈懼語從人？」

忠正的意思當是忠貞正直。我心爲一切之主，光明正大，此衷無不可對人言說者，因此不論何人，我都可以坦誠相對。

十八、相成：

> 詩如「怪得登科晚，須逢聖主知。」

「相成」者有所待也，即等待成功的機緣。按在科舉時代，登科太晚的人，即使才學過人，亦不能僥倖成功，姜太公八十見知於文王的故事，幾乎甚少可能重現。因此「須逢聖主知」五字，在期盼中實寓無限辛酸。

十九、嗟嘆：

> 詩如「淚流襟上血，髮白鏡中絲。」

按此二句對仗不夠工切，關鍵在一「流」一「向」不甚諧切。但二句所流露的嗟嘆之意則甚爲清晰：淚流成血，髮白成絲，都是人生最難堪的情事！

二十、俟時：

> 詩如「明主未巡狩，白頭猶釣魚。」

此詩例可謂一目了然：姜子牙白首垂釣，若非文王光臨識賢，必將窮困終老。因此待時而動、待時而興乃世間恆情。不過此門與「相成」過分近似，可謂重複。

二十一、清苦：

詩如「在處人投卷，移居雨著衣。」

清貧刻苦是「清苦」本旨。但詩例中「投卷」之意不明，若謂投卷乃投致詩文請益或贈答，則應爲「清高」之意了。後句寫淒苦之狀頗傳神。

二十二、騷怨：

詩如「已難消永夜，況復聽秋林。」

騷怨乃指牢騷幽怨。長夜漫漫，度日如年，何況秋天的樹林中西風吹過，一片蕭蕭瑟瑟之音，令人更爲不能忍受，眞是「情何以堪」！由幽怨而發牢騷，乃一步之距離。阮瑀「怨詩」是一例。又按：「騷怨」亦可解作「似離騷之怨恨」。

二十三、睠戀：

詩如「欲起遊方興，重來遶塔行。」

欲起身離去，而遊玩之趣致方興未艾，故重新繞塔漫步，尋味不已。這是一正宗的「睠戀」模式。古詩十九首之「客從遠方來，遺我一書札。上言長想思，下言久離別。置書懷袖中，三歲字不滅。一心抱區區，懼君不識察。」是另一種人間睠戀，而且是雙向式的。

二十四、想像：

詩如「溪霞流火色，松日照爐光。」

按照詩例，這其實是運用想像所作的比喻。溪水中的霞彩，有如火色；松梢的太陽，有如爐光。不過此二句度得二動詞「流」、「照」，使之成爲「借喻」罷了。廣義言之，象徵亦可屬之，如李白「浮雲遊子意，落日故人情。」〈送友人〉即一例。

二十五、志氣：

詩如「未拋無遠路，難作便歸人。」

志氣二字即其本意——有志向、有氣概。所謂「無遠路」或當解作「無遠弗屆」的路。大丈夫應該努力向前追求，不懼艱苦，而不輕

言放棄或回頭折返。

二十六、雙擬：

詩如「冥目冥心坐，花開花落時。」

雙擬應該主要是近體詩中一格：每句用一對近似的詞語，其中有一字雷同；然後雙雙對對。此例一用人事：「冥目冥心」，一運大自然現象：「花開花落」，而詞性參差，允稱佳例。此亦可視作廣義的「當句對」。

二十七、向時：

詩如「黑壞生紅朮，黃猿領白兒。」

按此「向時」應與「背時」相對。黑壞生紅朮是大自然生息一態，黃猿領白兒雖爲殊態，亦可說屬於正常的生命運作，一切欣欣向榮，謂之「向時」，誰曰不宜？

二十八、傷心：

詩如「六國空流血，孤祠掩落花。」

「空」是「徒然」；六國流血，徒使秦國勝利，自然令人傷心；孤祠落花，亦是慘悽景色，二者一人事一自然（其實既爲「祠」堂，當然也涉及人事，故後者並不是純大自然景象），相映成趣，烘出「傷心」之旨。

二十九、鑑戒：

詩如「因思後庭曲，懶上景陽樓。」

景陽樓爲陳宮殿，在今南京市北，玄武湖畔。思及後庭花之曲，遂懶上陳朝之故宮殿，乃因以前代覆亡之事爲殷鑑。此例命意頗爲彰顯。

三十、神仙：

詩如「一爲嵩岳客，幾喪洛陽人。」

嵩山、洛陽在此詩中已化爲兩個對立的象徵，一爲出世，一爲入

世。出世求仙之客，當然不再回頭做洛陽帝都中的紅塵人。「幾喪」二字，說得委婉。遊仙詩自以郭璞為正宗，李白古風之四十一（〈朝弄紫泥海〉）亦一佳例，李賀〈夢天〉是遊仙詩的另一格。

三十一、破除：

> 詩如「大都時到此，不是世無情。」

此詩例的大意是：有時人生際遇，只可歸諸天命和時運；時運不濟，奈之何哉！千萬不要把不好的遭遇歸咎於世人的無情。這是「破除」人的偏見和心結，使人退一步想，開擴胸襟。

三十二、蹇塞：

> 詩如「氣蒸垂柳重，寒勒牡丹遲。」

氣蒸、寒勒是大自然的兩種不同的樣態，但它們同樣對美好的植物構成壓力和威脅。垂柳本輕盈之物，因之而感沉重；牡丹本迎春之花，因此而延遲綻放，這正彷彿人生遭逢困境，偃蹇不順。

三十三、鬼怪：

> 詩如「山魅隔窗舞，鵩鳥入簾飛。」

「鬼怪」應與「神仙」並肩。山魅是鬼類，鵩鳥是怪類，故取此二句作實例，頗有代表性。李賀詩為嚴羽滄浪詩話喻作「鬼仙之詞」⑥，乃因其詩中時時流露一種神怪幽秘的氣氛，部分作品亦可歸之於此類，如「羅敷交與葛篇」、「蘇小小歌」等。

三十四、正氣：

> 詩如「日落無行客，天寒有去鴻。」

這「正氣」是說合乎大自然物理之正的情狀，可以兼及人事。詩例中二事，一為日落後不見行客，因為旅客多白晝趕路、夜晚休息；天寒之時鴻雁都南飛了，故曰「有去鴻」。這都是順乎人情物理的狀況。

縱觀以上三十三門，（第十六門原書告缺），大部分是關於內容

的，可分幾點來探討：

一除「想像」、「雙擬」二則一爲比喻、一爲對仗、疊出技巧外，
　其他均關乎內容及題材。

二關於內容題材的三十一門，又可大略分爲二類，一爲人事類，
　包括皇道、悲喜、惆悵等二十四門，一爲自然類，包括始終、
　正風、亂說、向時、蹇塞、正氣、鬼怪等七門，但後者大部分
　亦可兼攝人事。

三各門舉例大致妥貼合宜，偶有用意不夠明確者。但殊少選用名
　家名作，不知何故。

四仔細觀察，可知三十三門分配不均勻（如涉及技巧形式者只二
　門，顯然大大不足），亦有不可疏漏，尤其「相成」、「俟時」
　二門，實可合併爲一門。

五把詩的體裁、形式、內涵或作法分門別類，六朝時如劉勰、摯
　虞⑦已開其端緒，唐代如皎然、司空圖⑧等又繼踵之，至宋、
　元、明而其風日熾，〈詩話類編〉中的「詩三十四（按實爲三
　十三）門」，只是其中分類比較繁複的一個實例而已，舉一可
　以反三。

六此三十三門若加補充（如既有「悲苦」，亦宜有「興衰」；既
　有「正氣」，亦宜有「異氣」）刪削，或可成爲一較完整的文
　類理論。

【附註】

① 見四庫全書總目提要，頁4411。

② 見詩話類編，頁169，171。

③ 同上，頁173。

④ 同上，頁177—180。

⑤ 按此詩題目一作「夜雨寄內」。

⑥　見滄浪詩話詩評篇，頁14。

⑦　劉勰著文心雕龍，摯虞著文章流別集。

⑧　皎然著有詩式，司空圖著有司空詩品。

參考書目

王昌會編撰：詩話類編　廣文書局

何文煥編：歷代詩話　藝文印書館

丁福保編：續歷代詩話　藝文印書館

全唐詩　復興書局

紀昀等：四庫全書總目提要　商務印書館

戴君仁：詩選　華岡書局

李白：李太白全集　河洛圖書出版社

岑參：岑嘉州詩校注（阮廷瑜注）　中華叢書編委會

王維：王摩詰全集箋注　世界書局

嚴羽：滄浪詩話　世界書局

皎然：詩式校注（李壯鷹校注）　齊魯書社

胡光舟、周滿江主編：中國歷代名詩分類大典（四冊）　廣西人民出
　　　版社

司空圖：司空詩品　世界書局

郭茂倩編：樂府詩集　里仁書局

沈德潛編：古詩源　萬國圖書公司

李賀：李長吉歌詩校釋（陳弘治注）　嘉新水泥公司文化基金會

〈詞概〉創作技巧論

包根弟

壹、前　言

　　劉熙載《藝概》爲晚清評藝之作，其論藝之大要，言簡而意賅，①其中〈詞曲概·詞概〉所論之詞學理論，頗能調和清代浙、常兩派而自出新解，精要切當，其得宋人詞心處，遠超過周濟。②而在詞學創作技巧論方面尤有肯綮之見。

　　歷來關於詞法之論述，謝章鋌《賭棋山莊詞話》認爲宋·姜夔《白石道人詩說》即「有與長短句相通者。」③而專論詞法之作，主要有宋·張炎《詞源》、元·陸輔之《詞旨》、清·劉體仁《七頌堂詞繹》等，此外，清代陽羨、浙西、常州各派亦皆有詳論。劉熙載之詞學創作技巧論，則於融會前人之說外，更有一己獨到之見。按就詞體之結構而言，創作技巧可分章法、句法、字法三項，田同之《西圃詞說》引袁籜庵曰：「詞有三法，章法、句法、字法，有此三者，方可稱詞。」④〈詞概〉在論詞之章法、句法、字法等實際運用法則方面，提出「相摩相盪」「遙管遙應」「空中蕩漾」「襯跌、點染」「一動萬隨」等多項精闢見解，頗能啓迪後學。今分：「變化與融貫」兼具之章法、相足相形和遙管遙應之鍊句、鍊字以及神光所聚之詞眼各項論述之。

貳、變化與融貫兼具之章法

　　劉氏論詞學創作技巧，其主要思想乃爲「變化與融貫」一旨，因此在論及全詞整體脈絡安排之章法時，亦以此爲中心，〈詞概〉云：

> 小令難得變化，長調難得融貫。其實變化融貫，在在相須，不以長短別也。（六三則）

即言無論小令或長調皆需變化融貫，有變化始可呈現多種樣態，能融貫，始能形成和諧之美，此爲劉氏對章法結構之整體要求。爲達到此目的，劉氏提出了具體的技法，〈詞概〉云：

> 詞之章法，不外相摩相盪，如奇正、空實、抑揚、開合、工易、寬緊之類是己。（五四則）

以奇正、空實等六類手法摩空鼓盪以構成章法，以達變化融貫之效。按統一奇正、空實、抑揚、開合、工易、寬緊此六組對立範疇，使達中和之美，實爲劉氏《藝概》論藝之特色，劉氏以《易》道論詩文，《周易》分宇宙爲陰陽，又以爲「陰陽合德而剛柔有體，以體天地之撰，以通神明之德。」（《繫辭下傳》）陽剛陰柔既是對立的，卻又彼此交互參和、相反相成，以達天地造化自然生生不息之德。劉氏承此思想，認爲「表現在藝術作品中的這種對立統一、排斥滲透正是藝術美的第三種形態 ― 中和之美產生的內在根據。」⑤因此，劉氏提出上述奇正等對立範疇，彼此相摩相盪以構成詞之章法美。又〈詞概〉云：

> 詞中承接轉換，大抵不外紓徐斗健，交相爲用，所貴融會章法，按脈理節拍而出之。（五五則）

「紓徐斗健」即陰陽剛柔、弛張疏密，以此相反相成，交相爲用，亦即基於「變化融貫」之觀念所發。劉氏曾指出「紓徐斗健」交相爲用之成效曰：「文家用筆之法，不出紓陡相濟。紓而不懈者，有陡以振其紓也；陡而不突者，有紓以養其陡也。」（〈經義概〉）可知兩者之間互補的關係，由此才能融會成和諧之美。而「按脈理節拍而出之」一語，則認爲詞之起承轉合又須配合詞體合樂之特性，因「詞，聲學也」（

〈詞概〉一則）其樂抑揚頓挫，或疾或徐，故詞於承接轉換中之「紆徐斗健」亦當諧樂而隨之變化，但在變化之中又有一定的規律存在，即需融貫，因「融貫變化，兼之斯善。」（〈詩概〉）劉勰亦云：「貫一爲拯亂之藥。」（《文心雕龍・神思》）此外，在起承轉合上又需作到收放自如，〈詞概〉云：

> 詞要放得開，最忌步步相連，又要收得回，最忌行行愈遠，必
> 如天上人間，去來無跡，斯爲入妙。（六二則）

詞不可步步相連太著題，也不可愈行愈遠而離題，既要放得開，又要收得回。但在「放」與「收」的對應關係中，卻又要做到如一個在天上，一個在人間般，放得極開，收得極緊，使兩方面極度強化，然後再密切融貫，始能達詞之妙境。由此可見，劉氏認爲「從作品的藝術結構上看，在放與收的對立統一關係中，放的程度和收的程度，就決定著結構美的程度。」⑥至於在一章敘述方法的「變化」上，劉氏提出了「騷人三昧」「空中蕩漾」「襯跌、點染」等具體技巧，〈詞概〉云：

> 一轉一深，一深一妙，此騷人三昧，倚聲家得之，便自超出常
> 境。（六十則）

案騷體幽深，劉氏云：「言騷者取幽深。柳子厚謂『參之〈離騷〉以致其幽。』蘇老泉謂『騷人之清深』是也。」（〈賦概〉）而其寫作手法，則爲於轉折處層層深入，劉氏云：「屈子之辭，沉痛常在轉處。」（〈賦概〉）觀詞中情感、意境之轉折亦必須層層深入，始能營造不凡之境界，與騷體相同，故劉氏曰：「此騷人三昧」。沈祥龍《論詞隨筆》云：「詞貴愈轉愈深，稼軒云：『是他春帶愁來，春歸何處？卻不解帶將愁去。』玉田云：『東風且伴薔薇住，到薔薇春已堪憐。』下句即從上句轉出，而意更深遠。」⑦沈氏舉辛棄疾〈祝英台近・晚春〉及張炎〈高陽台・西湖春感〉中詞句爲例，以証「騷人三昧」之法，正爲劉熙載之理論提出了有力証據。又〈詞概〉云：

> 空中蕩漾,最是詞家妙訣。上意本可接入下意,卻偏不入,而
> 於其間傳神寫照,乃愈使下意栩栩欲動,《楚辭》所謂「君不
> 行兮夷猶,蹇誰留兮中洲。」也。(六一則)

所謂「空中蕩漾」之手法,即不直接敘述,於上下意必要處,婉轉曲
折的「傳神寫照」一番,使下意被烘托得更加生動,以達詞之空靈蘊
藉之境。此外,句與句間應用「襯跌」與「點染」,亦爲達到章法變
化之重要技巧,〈詞概〉云:

> 詞之妙全在襯跌。如文文山〈滿江紅・和王夫人〉云:「世態
> 便如翻覆雨,妾身元是分明月。」〈酹江月・和友人驛中言別〉
> 云:「鏡裏朱顏都變盡,只有丹心難滅。」每二句若非上句,
> 則下句之聲情不出矣。(六九則)

「襯跌」乃指以上句襯出下句之主旨。文天祥〈滿江紅〉詞以上句之
宋室亡國之際的風雲譎變,來襯托自己的堅貞不二。〈酹江月〉乃自
敘其囚徒生活及感慨,言己久在獄中,雖然朱顏盡變,但對君國忠誠
之心卻永不改變。以上二例,二句中皆是經過上句之反襯,使下句主
旨更顯突出。劉氏曰:「襯托不是閒言語,乃相形相勘緊要之文,非
幫助題旨,即反對題旨,所謂客筆主意也。」(〈經義概〉)劉氏所
舉上述文天祥之詞語,上句與下句之意一反一正,正屬於反對題旨者。又
〈詞概〉云:

> 詞有點有染。柳耆卿〈雨淋鈴〉云:「多情自古傷離別,更那
> 堪、冷落清秋節。今宵酒醒何處?楊柳岸、曉風殘月。」上二
> 句點出離別冷落,「今宵」二句乃就上二句意染之。點染之間,
> 不得有他語相隔,隔則警句亦成死灰矣。(八七則)

「點」者,乃指以上句點出主旨,「染」者,乃指下句就主旨而渲染
之。要注意者爲主旨與渲染間不可隔斷,應緊承而下始可。所謂「襯
跌、點染」之技法,其目的皆爲求詞章內涵之變化與層深。

關於詞之「過變」，劉氏認爲尤須注重，〈詞概〉云：

> 詞有過變，隱本於詩。《宋書‧謝靈運傳論》云：「前有浮聲，
> 則後須切響。」蓋言詩當前後變化也。而變調換頭之消息，即
> 此已寓。（五七則）

按詞之體裁，就分段情形而言，可分一段之「單調」，二段之「雙調」，
三段之「三疊」以及四段之「四疊」。「雙調」「三疊」「四疊」之
詞，其上下分段處稱爲「過變」。「過變」又稱「過片」，張炎《詞
源‧製曲》卷下云：「最是過片，不要斷了曲意，須要承上接下。」
⑧劉氏則以「前有浮聲，則後須切響。」詩之音韻洪纖高下之變化爲
喻，認爲詞之前後段換頭處，樂曲聲情有所變化，則歌詞片疊之文情
亦須相應而轉變。但「浮聲」與「切響」之間，又具對應相承關係，
就如張炎所謂「不要斷了曲意」。陸輔之《詞旨》上亦云：「制詞須
布置停勻，血脈貫穿。過片不可斷曲意，如常山之蛇，救首救尾。」
⑨。沈祥龍《論詞隨筆》云：「詞換頭處謂之過變，須辭意斷而仍續，合
而仍分。前虛則後實，前實則後虛，過變乃虛實轉捩處。」⑩可知「
換頭」章法除須配合樂曲之外，亦以「變化融貫」爲要旨。又關於一
章中情、景之安排，〈詞概〉云：

> 詞或前景後情，或前情後景，或情景齊到，相間相融，各有其
> 妙。（五九章）

將客觀之景與主觀之情，完全融合無間，始得其妙。正如劉氏云：「
在外者物色，在我者生意，二者相摩相蕩而賦出焉。」（〈賦概〉），但
是欲達此境界，自然必須先具備前述各類高超技巧始克奏功。

　　綜上可知，詞之章法如能把握「變化與融貫」之原則，善用摩盪、
騷人三昧、空中蕩漾、襯跌、點染等妙訣，又在起承轉合之間做到收
放自如，在詞樂上能使聲情與辭情完全諧和，則詞人於處理詞中情、
景之關係時，亦可相間相融，使二者達到完全和諧統一之境界。

叁、相足相形和遙管遙應之鍊句、鍊字

詞體之外在結構技巧除章法外，尚有字法、句法，沈祥龍《論詞隨筆》云：「章法貴渾成，又貴變化；句法貴精煉，又貴灑脫；字法貴新雋，又貴自然。」⑪劉氏則強調詞之字法、句法之鍛鍊與章法息息相關，不可脫離章法而獨鍊，〈詞概〉云：

> 詞以鍊章法爲隱，鍊字句爲秀，秀而不隱，是猶百琲明珠而無一線穿也。（六四則）

「隱、秀」二字本出自《文心雕龍・隱秀篇》，劉勰云：「文之英蕤，有秀有隱。隱也者，文外之重旨也；秀也者，篇中之獨拔者也。隱以複意爲工，秀以卓絕爲巧。斯乃舊章之懿績，才情之嘉會也。」（《文心雕龍》卷八）范文瀾注云：「重旨者，辭約而義富，含味無窮，陸士衡云：『文外曲致』此隱之謂也。獨拔者，即士衡所云：『一篇之警策也。』…即秀句也。」⑫可知「隱」指語意含蓄之要旨，「秀」指一篇中警句。熙載借《文心雕龍》之語，以喻詞家每不以鍊章法爲重，卻以鍊字句爲要。但是，如只重視鍛鍊字句，不鍊章法，必流於有句無篇，猶如散亂之明珠，無一線貫穿，終不能顯現其珍貴價值。由此可見劉氏對章法、句法、字法並重的態度，以及指出字句與全章結構之重要關係。故劉氏云：「欲定句法，其消息未有不從章法、篇法來者。」（《詩概》）

關於字句之實際鍛鍊技巧，劉氏提出「遙管遙應」及「相足相形」之說，〈詞概〉云：

> 鍊字，數字爲鍊，一字亦爲鍊。句則合句首、句中、句尾以見意。多者三、四層，少亦不下兩層。詞家或遂謂字易而句難，不知鍊句固取相足相形，鍊字亦須遙管遙應也。（六五則）

句中鍊字，有鍊一字者，亦有鍊二、三字者，而所鍊者乃爲字意，劉

氏云：「論詩者謂：『鍊字不如鍊意』，此未能鍊意者之言也。夫鍊字亦鍊字之意而已矣。豈舍意而別有所謂鍊字乎？」（《游藝約言》）可知鍊字者非求其麗藻，主要在於字意，張炎曾云：「詞中一個生硬字用不得。須是深加鍛鍊，字字敲打得響，歌誦妥溜，方爲本色語。」（《詞源》卷下）沈祥龍亦云：「鍊字貴堅凝，又貴妥溜。」（《論詞隨筆》）所謂堅凝、妥溜皆就「意」而言。而所鍊之字意尙須配合一章詞情，能前後呼應始可，故曰：「鍊字亦須遙管遙應也。」（六五則）。鍊句則須注意者有二：其一：句首、句中、句尾之意要作整體融貫配合，於起承轉合之間，要能聯繫無間，做到「相足相形」。其二則要求句意能有轉折層深之效，多者三、四層，少者亦不下兩層。由上可知，劉氏論鍛鍊字句之法，乃立足於整體章法而考量。其於〈經義概〉論之更詳明，其言曰：「文家皆知鍊句、鍊字，然單鍊字句則易，對篇章而鍊字句則難。字句能與篇章映照，始爲文中藏眼，不然，乃修養家所謂瞎鍊也。」（四七則）可知字句與篇章作整體照應連繫，始不爲瞎鍊。

其次，關於起句、收句和對句，劉氏認爲皆不可忽略，此亦基於上述「相足相形」之觀念而發，〈詞概〉云：

> 元・陸輔之《詞旨》云：「對句好，可得；起句好，難得。收拾全藉出場。」此蓋尤重起句也。余謂起、收、對，三者皆不可忽。大抵起句非漸引即頓入，其妙在筆未到而氣已吞。收句非饒回即宕開，其妙在言雖止而意無盡。對句非四字、六字即五字、七字，其妙在不類於賦與詩。（五六則）

元・陸輔之《詞旨》之言，清・胡元儀爲作疏證云：「鍊句易爲工，謀篇難湊巧，謀篇之妙，必起、結相成，意遠句雋，乃十全之品。前人集中，不能首首皆然，而製法必至此乃貴不易也。」⑬所謂「謀篇之妙，必起、結相成。」實與劉氏鍊句必須配合整體之融貫同一旨意。但

是陸氏只論及「起句」，劉氏則認爲起句、收句、對句皆須重視。起句可用漸引或頓入兩種手法敘述。劉氏此說與前人認爲必須「頓入」之說不同，沈義父《樂府指迷》云：「大抵起句便見所詠之意，不可汎入閑事，方入主意。」⑭即認爲不可以閑事漸引入題。但劉氏認爲只要具「筆未到而氣已吞」之妙，漸引亦能有渾厚氣勢。按塡詞重「氣」之貫串，最爲南宋詞家所重視，謝章鋌《賭棋山莊集·詞話十二》云：「詞家講琢句而不講養氣，養氣至南宋善矣。」⑮劉氏亦頗重視文學作品之氣，如〈詩概〉云：「傷氣者，蓋鍊辭不鍊氣耳。」於詞，如論五代小詞「兒女情多，風雲氣少。」（〈詞概〉一一三則）推崇東坡詞「雄姿逸氣，高軼古人。」（〈詞概〉二十三則）「逸懷浩氣，超乎塵埃之表。」（〈詞概〉八九則）皆可顯見。因此，詞之起句所重者不在筆法，而是在於氣勢的營造與醞釀。

關於詞之「收句」，劉氏認爲可用「繞回」題旨或「宕開」題旨二法，但必須作到「言雖止而意無盡」之妙始可。劉氏此說，實前有所承，張炎《詞源》云：「末句最當留意，有有餘不盡之意始佳。」⑯沈義父《樂府指迷》云：「結句須要放開，含有餘不盡之意，以景結情最好。」⑰至於達到「意無盡」之具體技法爲何？乃寄言也，〈詞概〉云「詞之妙，莫妙於以不言言之，非不言也，寄言也。」（九九則）此外，又可從劉氏論「絕句」之創作技巧中得知一、二，〈詩概〉云：「絕句取徑貴深曲，蓋意不可盡，以不盡盡之。正面不寫寫反面，本面不寫寫對面、旁面，須如睹影知竿乃妙。」又云：「絕句於六義多取風、興，故視他體尤以委曲、含蓄爲尚。」按詞與絕句雖所用辭句莊媚殊異，但在含蓄委曲風格及寄託比興手法上卻同趨一致，因此，在達到「意無盡」的技巧上，當亦可等觀。

詞之「對句」，劉氏認爲要對得「不類於賦與詩」，此說江順詒《詞學集成》亦有之，其言云：「《蓮子居詞話》云：『…詞有對句，四

字者易，七字者難，要流轉圓悏。」詒案……四字者不可似賦，七字者不可似詩。」（卷六）⑱按駢賦有四、六對句，律詩有五言、七言對句，然「以賦視詩，較若紛至沓來，氣猛勢惡。故才弱者往往能為詩，不能為賦。」（〈賦概〉）可知賦之氣勢遠猛於詩，而詩之氣勢又強於詞，「詩質要如銅牆鐵壁，氣要如天風海濤。」（〈詩概〉）詞則為浩氣、逸氣。三者氣勢風格迥異，詞之對句自然不可同於賦或詩。上述吳衡照《蓮子居詞話》認為詞之對句須「流轉圓悏」，沈義父《樂府指迷》則云：「遇兩句可作對，便須對，短句須翦截齊整，遇長句須放婉曲，不可生硬。」⑲沈祥龍云：「詞中對句貴整鍊工巧，流動脫化，而不類於詩賦。」（《論詞隨筆》）三人皆可說為劉氏之言作了最佳印證。

　　又詞中用典，劉氏主張貴無事障，〈詞概〉云：

　　詞中用事，貴無事障。晦也，膚也，多也，板也，此類皆障也。姜白石詞用事入妙，其要訣所在，可於其《詩說》見之，曰：「僻事實用，熟事虛用。」「學有餘而約以用之，善用事者也。」「乍敘事而閒以理言，得活法者也。」（八六則）

陸輔之《詞旨》云：「用事亦鍊意命辭之要。」⑳，可知「用事」在字句鍛鍊上亦佔重要地位。劉氏認為用事必須除去晦澀、膚淺、多雜、板滯等病，此等病，皆屬「事障」。而姜夔詞為「用事入妙」者，《白石道人詩說》中即提出用事之要訣，其一為「僻事實用，熟事虛用。」，謝章鋌《賭棋山莊詞話》敘白石語，於「僻事實用，熟事虛用。」條，注云：「『那人正睡裡，飛近蛾綠。』此即熟事虛用之法。」（卷十二）按白石〈疏影〉詠梅，以壽陽公主梅花點妝之熟典，形容梅花之姿態，故曰此為「熟事虛用」法。但僻事如虛用，則易陷於晦澀之事障，故不可。其二為「學有餘而約以用之，善用事者也。」此實免於多雜之失之不二法門，即《文心雕龍·事類篇》所云：「綜學在博，取事貴

約。」（卷八）之意。其三爲「乍敘事而閒以理言，得活法者也。」
詩中以敘事、議論相轉接，始能令篇章靈活多變化，劉氏云：「伏應
轉接，夾敘夾議，開闔盡變，古詩之法，近體亦俱有之。」（〈詩概〉）
可知欲「開闔盡變」必須「夾敘夾議」，此即所謂「得活法者也。」
否則如全篇敘事，或全篇說理，必有板滯之失。以上劉氏借白石之觀
點，以說明詞中用事之法，皆深中肯綮。

　　但無論鍊句、鍊字，皆不可承襲前人之陳言，故劉氏又主張「詞
要清新」，〈詞概〉云：

> 詞要清新，切忌拾古人牙慧。蓋在古人爲清新者，襲之即腐爛
> 也。拾得珠玉，化爲灰塵，豈不重可鄙笑。（九七則）

按「陳言務去」實已成爲一切文學作品之通則，詞自然亦當如是，楊
守齋《作詞五要》其中第五要即爲「立新意」，其言曰：「若用前人
詩詞意爲之，則蹈襲無足奇者，須自作不經人道語。」[21]可知，劉氏
此見乃承前人之共識而來。

肆、神光所聚之詞眼

　　「詞眼」本屬字法、句法中一概念，但劉氏基於「變化與融貫」
之旨，更由章法上論之，因此，「詞眼」也屬於章法中一環。〈詞概〉云：

> 「詞眼」二字，見陸輔之《詞旨》。其實輔之所謂眼者，仍不
> 過某字工，某句警耳。余謂「眼」乃神光所聚，故有通體之眼，
> 有數句之眼，前前後後無不待眼光照映。若舍章法而專求字句，
> 縱爭奇競巧，豈能開闔變化，一動萬隨耶？（七十則）

上述言論，劉氏主要提出陸輔之對「詞眼」之觀點及一己之觀點。劉
氏認爲「輔之所謂眼者，仍不過某字工，某句警耳。」按陸氏《詞旨》下
提出「詞眼」二十六則，如「綠肥紅瘦」（李清照〈如夢令〉）、「
寵柳嬌花」（李清照〈壺中天〉）、「籠燈燃月」（周邦彦〈意難忘

‧美人〉）、「柳昏花暝」（史梅溪〈雙雙燕〉）等警句，可知皆就修辭言之。劉氏則認爲「詞眼」並非如此單純，其觀點有三：其一，對「眼」之界定，「神光所聚」者，始可稱之，亦即最靈動精警處。其二，「眼」之所在處不拘一格，變化多端，有屬於整闋詞之「通體之眼」，有屬於字句中之「數句之眼」。此觀念，劉氏在論「詩眼」中，有更詳明之論述，其言云：「詩眼，有全集之眼，有一篇之眼，有數句之眼，有一句之眼；有以數句爲眼者，有以一句爲眼者，有以一、二字爲眼者。」（〈詩概〉）可知，不但「眼」之位置頗多，而且「眼」之字數、句數亦各有不同。其三，「眼」與全章之聯繫關係爲「一動萬隨」。謂「眼」乃一章之關鍵處，「眼」之變化，亦牽動全詞意境之變化。因此，能掌握詞中之「眼」，即能「往活處鍊」，亦使詞之境界自然靈動感人，劉氏云：「鍊篇、鍊章、鍊句、鍊字，總之所貴乎鍊者，是往活處鍊，非往死處鍊也。夫活，亦在乎認取詩眼而已。」（〈詩概〉）即說明「詞眼」在篇、章、句、字中之重要性，於〈經義概〉中亦言字句如不能與篇章融貫，則屬瞎鍊。此所以劉氏於〈詞概〉七十則中認爲「詞眼」不可專求字句之爭奇競巧，必須根據詞之整體構思及意境之營造而安排。按劉氏「開闔變化，一動萬隨。」之觀念，乃得之於姜夔，《白石道人詩說》云：「波瀾開闔，如在江湖中，一波未平，一波已作；如兵家之陣，方以爲正，又復是奇，方以爲奇，忽復是正，出入變化，不可紀極，而法度不可亂。」②姜氏言詩之變化猶如江水之波瀾，兵家之陣勢，變化無窮，但卻自有法度存在。劉氏承其說，認爲「詞眼」之安排雖變化無窮，但自與整體章法密切關聯。此外，圍棋中「眼」之觀念，對劉氏亦有影響，劉氏曾云：「國手置棋，觀者迷離，置者明白。」（〈文概〉）棋中之「眼」，置此關鍵一子，即能使全局變活，故無論文章詩詞，凡能妥置其「眼」，即可使篇章字句爲之靈動而活。由上可知，劉氏以姜白石之詩觀以及

圍棋中置眼之觀念，從整體結構上論「詞眼」，實遠較陸輔之深入精到。劉勰云：「夫人之立言，因字而生句，積句而成章，積章而成篇。篇之彪炳，章無疵也；章之明靡，句無玷也；句之清英，字不妄也。振本而末從，知一而萬畢矣。」（《文心雕龍・章句》）可知，鍛鍊字句，即爲求全篇之整體美，劉氏論詞之字句鍛鍊即具有此宏觀角度。

伍、結　語

　　晚清學人劉熙載其〈詞概〉中所論之詞學理論精要切當，而在詞學創作技巧方面尤多灼見。在論詞之章法、句法、字法等實際運用法則上，提出變化與融貫兼具之章法、相足相形和遙管遙應之鍛鍊字句法，以及神光所聚之詞眼等說，皆鞭僻入裏，頗能啓迪後學。

　　關於章法，劉氏在「變化與融貫」之宗旨下，提出「相摩相盪」「騷人三昧」「空中蕩漾」「襯跌、點染」等技巧。又認爲在詞之起承轉合上要做到收放自如，在詞樂上要能使聲情與辭情完全諧和，處理情景關係要相間相融，使二者達到和諧統一之境界。

　　關於句法、字法，劉氏認爲字句所鍊者爲其「意」，而此「意」又須照顧全章詞情，作整體之融貫配合，故云：「鍊句固取相足相形，鍊字亦須遙管遙應也。」（六五則）此外，在「用典」方面，主張貴無事障。又主張詞要清新。在「詞眼」方面，劉氏認爲「眼」爲神光所聚，又「眼」在全章中位置不拘一格，變化多端，而「眼」之變化乃牽動全詞意境之變化，所謂「一動萬隨」也。

　　以上劉熙載之詞學創作技巧論，雖有承前人之說者，但亦有一己特有之會心處，充分顯現劉氏之卓識。

【附註】

① 　《劉熙載集・藝概敘》云：「或謂藝之條緒綦繁，言藝者非至詳不足以

備道。雖然，欲極其詳，詳有極乎？若舉此以概乎彼，舉少概乎多，亦何必殫竭無餘，始足以明指要乎！是故，余平昔言藝，好言其概，今復於存者輯之，以名其名也。…蓋得其大意，則小缺爲無傷，且觸類引伸，安知顯缺者非即隱備者哉！」（華東師範大學出版社印行。）

② 沈曾植《菌閣瑣談》云：「止庵而后，論詞精當，莫若融齋（劉熙載號）。涉覽既多，會心特遠，非情深意超者，固不能契其淵旨。而得宋人詞心處，融齋較止庵（周濟號）眞際尤多。」《詞話叢編》冊十一，頁三六九八，廣文書局印行。

③ 謝章鋌《賭棋山莊詞話》卷十二「白石詩說」云：「白石道人爲詞中大宗，論定久矣。讀其說詩諸則，有與長短句相通者。」《詞話叢編》冊十，頁三五二一。

④ 見《詞話叢編》冊五，頁一四九四。

⑤ 見徐林祥〈論《周易》哲學對劉熙載美學思想的影響〉（《劉熙載美學思想研究論文集》頁三〇五，四川大學出版社印行。）

⑥ 見陶型傳〈藝術創造中的對立強化規律－劉熙載的審美方法論之二〉，（《劉熙載美學思想研究論文集》頁二八二）

⑦ 見《詞話叢編》冊十二，頁四〇七〇。

⑧ 見《詞話叢編》冊一，頁二〇五。

⑨ 見《詞話叢編》冊一，頁二五二。

⑩ 見《詞話叢編》冊十二，頁四〇六四。

⑪ 見《詞話叢編》冊十二，頁四〇六四。

⑫ 見《文心雕龍注》卷八，頁二〇，開明書店印行。

⑬ 見《詞話叢編》冊一，頁二四九。

⑭ 見《詞話叢編》冊一，頁二三〇。

⑮ 見《詞話叢編》冊十，頁三五一〇。

⑯ 見《詞話叢編》冊一，頁二一六。

⑰　見《詞話叢編》冊一，頁二三〇。

⑱　見《詞話叢編》冊九，頁三二四〇。

⑲　見《詞話叢編》冊一，頁二三二。

⑳　見《詞話叢編》冊一，頁二五二。

㉑　見張炎《詞源》末附楊守齋《作詞五要》（《詞話叢編》冊一，頁二二
　　〇。）

㉒　見《歷代詩話》第十四冊，頁四四〇，藝文印書館印行。

參考書目

方知範等著《中國詞學批評史》　中國社會科學出版社印行　一九九四
　　年七月

田同之著《西圃詞說》《詞話叢編》冊五，頁一四七七　廣文書局印
　　行民國五六年五月

江順詒著《詞學集成》《詞話叢編》冊九，頁三一五一　廣文書局印
　　行民國五六年五月

朱崇才著《詞話學》　文津出版社印行　民國八四年一月

沈義父著《樂府指迷》《詞話叢編》冊一，頁二二九　廣文書局印行
　　民國五十六年五月

沈曾植著《菌閣瑣談》《詞話叢編》冊十一，頁三六九五　廣文書局
　　印行民國五六年五月

沈祥龍著《論詞隨筆》《詞話叢編》冊十二，頁四〇六一　廣文書局
　　印行民國五六年五月

姜夔著《白石道人詩說》《歷代詩話》第十四冊，頁四三九　藝文印
　　書館印行民國六十年二月

周淑媚著《劉熙載《藝概》研究》　師大國文研究所碩士論文　民國七

九年五月

林玟儀著《晚清詞話研究》台大中研所博士論文　民國六八年五月

柯夢田著《劉熙載《藝概》詩歌理論研究》　高師大國文研究所碩士
　　論文民國七八年五月

徐林祥著〈論《同易》哲學對劉熙載美學思想的影響〉《劉熙載美學
　　思想研究論文集》頁三〇五　四川大學出版社印行　一九九三年
　　二月

張炎著《詞源》《詞話叢編》冊一，頁一七七　廣文書局印行　民國五
　　六年五月

陸輔之著《詞旨》《詞話叢編》冊一，頁二四五　廣文書局印行　民國
　　五六年五月

陶型傳著〈藝術創造中的對立強化規律一劉熙載的審美方法論之二〉
　　《劉熙載美學思想研究論文集》頁二八二　四川大學出版社印
　　行　一九九三年二月

楊守齋著《作詞五要》《詞話叢編》冊一，頁二二〇　廣文書局印行
　　民國五六年五月

劉勰著、范文瀾注《文心雕龍注》開明書店印行　民國五八年八月

劉熙載著《詞概》《詞話叢編》冊十一，頁三七六九　廣文書局印行
　　民國五六年五月

劉熙載著《劉熙載集》華東師範大學出版社印行　一九九三年三月

謝章鋌著《賭棋山莊詞話》《詞話叢編》冊十，頁三二七九　廣文書
　　局印行　民國五六年五月

從「現實反應」到「抒情表現」

──略論〈古詩十九首〉與中國詩歌的發展

柯慶明

　　雖然《文心雕龍・明詩篇》所謂：「古詩佳麗，或稱枚叔，其孤竹一篇，則傅毅之詞，比采而推，兩漢之作乎？觀其結體散文，直而不野，婉轉附物，怊悵切情，實五言之冠冕也」；或者鍾嶸《詩品》，所謂：「古詩：其體源出於《國風》。陸機所擬十四首，文溫以麗，意悲而遠，驚心動魄，可謂幾乎一字千金。」，所論未必恰爲十九首①，但是〈古詩十九首〉在中國詩史上的崇高地位，則是無庸置疑的。對於〈十九首〉，我們自然可以有各種的解讀的方式；但是沈德潛所謂：「古詩十九首，不必一人之辭，一時之作」②的認識，其實是最基本的。因此它們或者經《文選》將其編入「雜詩」之類，而具有類似的題材風格，誠如沈德潛所謂：「大率逐臣棄妻，朋友闊絕，遊子他鄉，死生新故之感。或寓言，或顯言，或反覆言，初無奇闢之思，驚險之句。而西京古詩皆在其下，是爲國風之遺。」③但是整體的時代風格的類似之中，仍然涵具著諸多的各別差異，由於它們正出現在五言詩開始步向成熟的時期，因此其中的某些差異，就喻示了中國詩歌發展的某些契機，我以爲最值得重視與玩味的就是從「現實反應」到「抒情表現」的差異與發展。④

　　這種差異與發展，王國維似乎有所知覺，雖然他申論的重點很快就轉移了，因此未作較大的發揮。他在《人間詞話》中兩度以〈十九

首〉爲例：

> 「昔爲倡家女，今爲蕩子婦。蕩子行不歸，空床難獨守。」；
> 「何不策高足，先據要路津。無爲久貧賤，轗軻長苦辛」：可
> 謂淫鄙之尤。然無視爲淫詞鄙詞者，以其眞也。五代北宋之大
> 詞人亦然，然非無淫詞，讀之者但覺其親切動人；非無鄙詞，
> 但覺其精力彌滿，可知淫詞與鄙詞之病，非淫與鄙之病，而遊
> 詞之病也。「豈不爾思？室是遠而！」而子曰：「未之思也，
> 夫何遠之有？」：惡其遊也。
>
> 「生年不滿百，常懷千歲憂。晝短苦夜長，何不秉燭遊？」；
> 「服食求神仙，多爲藥所誤。不如飲美酒，被服紈與素。」：
> 寫情如此，方爲不隔。「采菊東籬下，悠然見南山。山氣日夕
> 佳，飛鳥相與還。」「天似穹廬，籠蓋四野。天蒼蒼，野茫茫，
> 風吹草低見牛羊。」：寫景如此，方爲不隔。

當王國維論「昔爲倡家女，…」與「何不策高足，…」兩例時，他先
是直斷其內容爲：「可謂淫鄙之尤」，以爲前者「淫」後者「鄙」，
甚至到達「可謂」「之尤」的地步。這從倫理判斷而言，其實是非常
嚴重之指控。但卻筆鋒一轉，就憑一句「以其眞也」，以爲就可以「
然無視爲淫詞鄙詞」，這種說法顯然是太過簡略，轉折過速；否則就
無異強調：「眞心謀殺；就不算謀殺」一樣的無法取信於人。雖然他
接著泛言：「五代北宋之大詞人亦然」，以爲：「非無淫詞，讀之者
但覺其親切動人；非無鄙詞，但覺其精力彌滿」。但什麼是「但覺其
親切動人」的「淫詞」；以及「但覺其精力彌滿」的「鄙詞」，他並
未實際舉例。那麼我們是不是可以在「昔爲倡家女，…」的例中，「
讀之」，「但覺其親切動人」，在「何不策高足，…」的例中，「但
覺其精力彌滿」？答案並不明顯。雖然我們或許也可以視「親切動人」與
「精力彌滿」爲「以其眞也」的一種說明或註解。

對於王國維的這種明顯矛盾的說法，也許我們可以多少自他論「生年不滿百，…」與「服食求神仙，…」兩例中，得到若干線索。假如我們再仔細閱讀「人間詞話」所引〈十九首〉四例，其實皆是面對人生處境的抉擇反應：「生年不滿百」，(人生短暫)；卻「常懷千歲憂」，(不免憂思長抱)，因而既已苦多樂少，況且百年中晝夜參半，遂而更覺「晝短苦夜長」，如此「何不秉燭(夜遊)」？「爲樂當及時」！面對「人生忽如寄，壽無金石固」的現實，「服食求神仙」似是消解超越的一法，但卻「多爲藥所誤」，但見其失未見其得；因此「不如飲美酒，被服紈與素」，享受生命與生活中的種種美好，方爲眞實有效的對策。但王國維並未從人生抉擇的立場來解讀，反而他的著眼點是：「寫情如此，方爲不隔」；也就是他並不視它們爲對「現實」的「反應」，反而視它們爲一種「情感」的「抒寫」與「表現」。

相同的情形，似乎也發生在構成問題的兩例：「昔爲倡家女」，出身的情境，本非貞靜自守，不解男歡女愛的環境；「今爲蕩子婦」，所嫁託終身的對象，亦非重視家庭，專一於愛情之輩。「蕩子行不歸」，當這樣的夫婿，長年在外拈花惹草，流連不歸，使得自己的「婚姻」生活，名存實亡，那麼這位出身倡家少婦的最自然的反應，是不是該爲芳心寂寞，「空床難獨守」？一個人生活在「久貧賤」⑤的境況，「轗軻長苦辛」之餘，是不是自然想要擺脫這種艱困的處境？那麼想到「何不策高足，先據要路津」，藉謀取富貴利達，先佔先贏，來紓解困境，是不是也是自然的反應？這樣的人生抉擇，當然談不上什麼高貴與品格，正如「飲美酒，被服紈與素」，甚至「秉燭夜遊，及時行樂」也一樣，並不是什麼特別值得禮敬的德行，只是後者或者尚不致招受太嚴重的批評，而前者已瀕臨敗德邊緣，因而以倫理素質而言，難免「淫鄙之尤」的譏諷。王國維在這裡也就先視其爲「現實反應」而作了倫理判斷；但卻又很快的從其「寫情」，作爲「抒情表現」而

論其「親切動人」,「精力彌滿」的表現效果;強調它們的符合於人之常情,也就是反應了一種「常人之境界」⑥的「眞」。假如說:「生年不滿百,…」與「服食求神仙,…」兩例可以作爲「寫情如此,方爲不隔」的範例,那麼,「昔爲倡家女,…」與「何不策高足,…」兩例,又何嘗不然?因此亦不妨以「寫情」「不隔」的角度,強調它們的「眞」,甚至「精力彌滿」,「親切動人」。

　　但是本文的目的,並不是在解釋王國維的評述,而是藉此指出〈古詩十九首〉中的一種已在上述的討論中約略提及的特質,亦即其中的許多作品,往往不只具有「抒情表現」,同時往往更涵具「現實反應」的內涵。也許前面已然論及的〈青青河畔草〉,假如配合上了另一首〈迢迢牽牛星〉比對而觀,我們或者更能看出這種特質:

> 青青河畔草,鬱鬱園中柳。盈盈樓上女,皎皎當窗牖。娥娥紅粉妝,纖纖出素手。昔爲倡家女,今爲蕩子婦。蕩子行不歸,空床難獨守。

> 迢迢牽牛星,皎皎河漢女。纖纖擢素手,札札弄機杼。終日不成章,泣涕零如雨。河漢清且淺,相去復幾許?盈盈一水間,脈脈不得語。

這兩首詩的情調初看似極不同,其實充滿了類似之點:首先,兩詩皆各用了六個疊字,不但造成了類似的吟誦語調,因而或多或少產生了一種近於虛構的「傳奇」而非認眞「寫實」的印象;並且,其中「皎皎」皆用以形容詩中女主角的明豔照人,「纖纖」皆用以描寫女主角的素手,因而間接的展示了她具體的美麗善感。同時,雖然意指不同,兩詩亦皆使用了「盈盈」,因而使得六個疊字,有一半是重複的,在同爲十句的長度中,這樣的數量在語言的風格上,就更有近似的意味與效果。但是眞正重要的是,兩詩皆寫夫妻離別,而且皆以妻方爲表現的重點;因而潛在的情境,正都是:「傷彼蕙蘭花,含英揚光輝;過

時而不采，將隨秋草萎」⑦的必然壓力；並且皆強調了夫方的「不歸」。因而戲劇情境所要呈現的焦點，皆在這位孤棲的妻子要如何回應這種處境。

　　絕對不會遭受到「淫鄙之尤」批評的〈迢迢牽牛星〉，它所採取的修辭策略是儘量減少這一處境的「現實」性質，因此不但可以避免必須作「現實反應」的需要，而且可以將寫作的重點，集中在「抒情」的「表現」上，因而只引人同情感動，不但不去思索問題的解決，更不會對人物的「反應」加以批判。它的頭一個，也是最重要的策略，是先將這一對離別的夫妻神話化。逕自以「牽牛星」與「河漢女」來稱呼，並且取代了他們的真實身份與存在，雖然它還是要我們具體感受到別婦的痛苦：「終日不成章，泣涕零如雨」。當使用了牛郎，織女等神話之際，它首先就豁免了夫妻離別的當事人，尤其是作丈夫的，導致此一分別的責任。於是此一離別就具有一種「宿命」或「天命」的意涵，除了接納與忍受，就再無其他思想反應的可能。在妻子仍為具體的「女」，並且有著「皎皎」之光豔，「纖纖」「素手」之可觀可感之際，卻將丈夫「虛位」化為「星」，只強調他距離遙遠的「迢迢」，而全詩的戲劇性對比，正在詩首的「牽牛星」之「迢迢」；到了詩末卻顯現為「河漢清且淺，相去復幾許？」，其實只是「一水間」的「盈盈」：以狀似天真的詢問，暗示了「遊子不顧反」⑧的事實；並且在「脈脈不得語」的感歎中，喻示了連「客從遠方來，遺我一書札：上言長相思，下言久別離」⑨之類的音訊與問慰全無。

　　「河漢女」的「皎皎」光彩奪目與「纖纖」「素手」之美麗感人的「婦容」，雖然不致於「一顧傾人城；再顧傾人國」⑩；但像羅敷的吸引「使君從南來，五馬立踟躕」，以致引起「使君謝羅敷，寧可共載不」之類的追求，則是並非全無可能。因而張庚〈古詩十九首解〉引申吳淇之說曰：

> 吳氏曰：此與〈青青〉章俱有「纖纖素手」字，彼用一「出」字，的是賣弄春蔥，爲倡女之態；此用一「擢」字，的是擲梭情景，爲貞女之事。⑪

雖曰「貞」，「倡」有別，這種語言表現，所涵具的對其女性魅力與美麗之強調，則仍是一致無差。但是〈迢迢〉一詩，卻是很巧妙的藉著「札札弄機杼」的「婦功」，將其一如「纖纖出素手」一樣，要讀者（或聽眾）去仔細「觀賞」或「想像」那隻（或那雙）美麗的白皙的手腕；正如達文西的名畫〈莫娜‧麗莎〉的表現重點，除了那神祕的微笑，就是那雙柔荑。雖然它已經由「札札弄機杼」將之轉化爲「好色而不淫」的「無邪」的展露。其實「擢」，張銑曰：「舉也」⑫，從姿態與視覺效果上，都一樣是「特寫鏡頭」，而「擢」字實在要比「出」字更具動態的美感，甚至挑逗性。但是作者又很巧妙的在緊接著的「終日不成章，泣涕零如雨」，藉全心投入的思念與痛苦的情狀，反映了她的貞潔專一的「婦德」。因而吳淇〈古詩十九首定論〉要強調：

> 「纖纖」二句，手不離機杼，所守之貞也。「終日」二句，無限苦懷，所守者苦節之貞。⑬

並且在結尾：「河漢清且淺，相去復幾許？盈盈一水間，脈脈不得語」，雖被孫鑛評爲：「末四句直截痛快，振起全首精神」⑭，其實是溫柔敦厚，委曲婉轉的「婦言」中，達到了一位兼備「四德」，貞潔完美女性的塑造，以及完全不會引起讀者或聽眾困擾之離情別緒的抒發。

　　消解文學作品中所呈現情境的惱人的「現實」性；使讀者或聽眾不必去面對其中所蘊涵的「現實」的困境，不必去思索其中種種問題的必須解決，如何解決；不必去面臨種種的抉擇，以及抉擇的種種後果，因而我們只需去玩味品賞其中各式各樣「情感」反映的種種內外姿態，掌握其「文垂條而結繁，信情貌之不差」的文情並茂的表現；

因而只是玩味「其爲物也多姿，其爲體爲屢遷」⑮的種種文學風貌與趣味，正是「抒情」文類寫作與鑑賞的潛在的「美典」⑯。這樣的消解「現實」性的方法，容許有各樣的修辭策略：一種是完全接納當時社會文化的「價值規範」或「意識型態」，在一個主張「餓死事小，失節事大」的社會文化裡，人們「知人論事」的種種關切，自可「只見」是否「失節」；而可以完全「不見」該不該要求別人或讓自己「餓死」，以及「餓死」的眞正的過程，其中的種種痛苦與不人道的重重問題。因而幾乎可以借用梅堯臣「范饒州座中客語食河豚魚」詩中所云：「皆言美無度！誰謂死如麻？」，來加以形容。但這是我們跳脫了該一社會文化，並且在有意揭露了該一意識型態的壓迫或壓抑型態之後的「後見」之明。然而對於身處其間的作者與讀者，甚至身歷其境的詩內詩外人物，卻都可以因爲「習慣成自然」，在「習焉不察」中自然將「問題」與其「現實」性，在閱讀與欣賞裏自動跳過或略去。

　　因此，〈迢迢牽牛星〉一詩，正如吳淇，張庚的再三稱道其「貞」「節」，事實上是採取了上述的這種修辭策略，而將其寫作的重點，指向了「抒情表現」。雖然詩中也有像「終日不成章，泣涕零如雨」，這樣的語句，確乎是在表現這位「河漢女」的痛苦，但是「泣涕零如雨」的誇張比喻，反而掩蔽了別離的漫長持續，不是經由一場哭泣就可以抒洩消除的日以繼夜，經年累月的折磨與苦痛之事實。尤其結束在語調和緩，狀似輕鬆，一副含情脈脈的四句詢問：「河漢清且淺，相去復幾許？盈盈一水間，脈脈不得語」裡，眞的是將一切的「現實」處境與問題，轉化得太清淺，太盈盈，太溫柔，太脈脈，以致但見其柔情，不見其苦楚了。

　　當然，「現實」情境的「抒情」化的另一種「表現」方式，就是以省略了所有的「現實」問題，而集中在利用富涵美感的場景物象，甚至人物自身的動作與感官性的知覺，來作「興象」或「情景交融」

的表現，例如底下的兩首〈玉階怨〉：

玉階怨　　　　　　　　　　　　　謝　眺

夕殿下珠簾，流螢飛復息。長夜縫羅衣，思君此何極！

玉階怨　　　　　　　　　　　　　李　白

玉階生白露，夜久侵羅襪。卻下水晶簾，玲瓏望秋月。

這兩首詩，假如不是詩題上還有一個「怨」字，所有的痛苦與現實皆已消失，已近於底下的這首：

秋夕　　　　　　　　　　　　　　杜　牧

銀燭秋光冷畫屏，輕羅小扇撲流螢。天階夜色涼如水，臥看牽牛織女星。

對於「時序」與「物色」的感觸與表現，幾乎取代了其中的「分離」處境與「孤獨」情懷。在謝眺的詩中，還有「思君此何極」的語句；在李白的詩中，幾乎完全取消了一切表現情感的辭語。這種寫作的重點，正是集中注意於人物的感官知覺與情感姿態，而無暇或無意去理會其中的真實的「處境」與「問題」。底下這首：

怨情　　　　　　　　　　　　　　李　白

美人捲珠簾，深坐顰蛾眉。但見淚痕濕，不知心恨誰。

似乎最能說明這種「保持距離」（distance）的「無利害」（disin-terestedness），「無關心」（detachment）的美感態度（aesthetic attitude）。這正是中國古典詩歌，由「言志」往「神韻」，由「現實反應」往「抒情表現」的純粹化發展的極致。⑰

　　但是〈古詩十九首〉的豐富性與趣味性，卻在於「現實反應」與「抒情表現」仍在相互頡頏拉拒的狀態，因而充滿了各種的表現的可能。這一點，我們只要再比較一下，〈十九首〉中的〈明月何皎皎〉與由此脫胎而出，陸機的擬作；和情境類似，李白的〈靜夜思〉，就可以更清楚的看到：

明月何皎皎，照我羅床幃。憂愁不能寐，攬衣起徘徊。客行雖云樂，不如早旋歸。出戶獨彷徨，愁思當告誰？引領還入房，淚下沾裳衣。

擬明月何皎皎　　　　　　　　　陸　機

安寢北堂上，明月入我牖。照之有餘輝，攬之不盈手。涼風繞曲房，寒蟬鳴高柳。踟躕感節物，我行永已久。游宦會無成，離思常難守。

靜夜思　　　　　　　　　　　　李　白

床前明月光，疑是地上霜。舉頭望明月，低頭思故鄉。

這三首詩，我們可以藉吳淇〈選詩定論〉，評〈明月何皎皎〉所謂：

無限徘徊，雖主憂愁，實是明月逼來；若無明月，只是捱床搗枕而已，那得出戶入房許多態？[18]

的說法，視為都是「明月逼來」的「鄉思」。但是只要細看陸機的擬作，我們馬上可以感覺：同樣是「抒情表現」，他就有意避免了「明月何皎皎，照我羅床幃」，月光直逼人來的「物」「我」交感，尤其是「何皎皎」的直陳而近乎驚歎或呼喊的表白；反而是將整個情境，化直接感受為近乎旁觀報導的間接敘述：「安寢北堂上，明月入我牖」。因而將注意轉為對「月光」的「物色」性的玩賞與描寫：「照之有餘輝，攬之不盈手」；以及「涼風繞曲房，寒蟬鳴高柳」的對於「時序」之景象的感覺性刻劃，結果當然就不會有因明月照床的「憂愁不能寐」，以致「攬衣起徘徊」，「出戶獨彷徨」，因而「引領還入房，淚下沾裳衣」的「出戶入房許多態」了。因此陸機擬作自然就將注意轉往「踟躕感節物」上，然後以《詩經‧小雅、六月》的「我行永久」轉化為「我行永已久」，而得出幾乎是客觀敘述的「游宦會無成，離思難常守」近乎無動於中（detachment）的「抒情」表現。同樣的，壓抑情感之直接以像「憂愁不能寐」，「愁思當告誰」這樣的告白；或像

「攬衣起徘徊」,「出戶獨彷徨」,「淚下沾裳衣」等等行動來表現,也是〈靜夜思〉的修辭策略,雖然它藉與「舉頭望明月」形成對比,而提出了「低頭」的情感姿態與「思故鄉」的主題。但在「抒情表現」上,仍然是傾向對於「情感」採取「不著一字,盡得風流」的間接手法;它的壓抑了的情緒,完全是以「疑是地上霜」的寒冷,暗淡的感覺來表現的。因而,在這三首詩中,雖然皆有「鄉思」的情懷,但是只有〈明月何皎皎〉將其情感表現得最真切,最熱烈,而令吳淇要讚歎其:

> 無甚意思,無甚異藻,只是平常口頭,卻字字句句,用得合拍,便爾音節響亮,意味深遠,令人千讀不厭。⑲

並且也是唯一面對了,所以產生「鄉思」的原因——「離鄉」,原也是有所追求的「現實」,因而坦承了這種「情境」與「情感」的矛盾:「客行雖云樂,不如早旋歸」,所以,面對「情境」的複雜性,並且產生了抉擇性的內心衝突與矛盾「感情」,正是〈古詩十九首〉往往具有的「現實反應」的特質。

當我們再從這種「現實反應」的特質,再回到〈青青河畔草〉上來考察時,我們就會發現它的最為正視別婦之真實處境,以及敢於面臨抉擇的特質。這一點我們還可以透過與王昌齡的這首〈閨怨〉的比較,來加以討論:

> 閨中少婦不知愁,春日凝妝上翠樓。忽見陌頭楊柳色,悔教夫婿覓封侯。

詩中開頭的「青青河畔草,鬱鬱園中柳」,其實就是「忽見陌頭楊柳色」,而著以「青青」「鬱鬱」的形容,不但顏色格外鮮明,而且幾乎產生一種迫人的壓力,尤其此一「春色」,由「河畔」之外界而及於「園中」之內庭,由水平之「草」而立體之「柳」,真是彌天蓋地,咄咄逼人。以「盈盈」充滿青春活力之「女」,於「樓上」見此內外一

片的春色，會引發多少的春心春愁，自不待言。尤其「皎皎當窗牖」，「娥娥紅粉妝」，（固是與「春日凝妝上翠樓」同一機杼），更是顯示了她的「天生麗質難自棄」⑳；這層意思，自然一直貫注到底下的「纖纖出素手」。這一句，定要強調其「的是賣弄春蔥，爲倡女之態」恐怕還是受到下文影響之後的解讀。其實「纖纖素手」自是寫其美麗善感，而用一「出」字，恐怕談不上「賣弄」，反而應是一種情不自禁的「探觸」，「嚮往」，「追尋」，或者「感懷」的一種姿態，是一種近於「攀條折其榮」㉑；或「涉江采芙蓉」㉒的面對「青青岸草；鬱鬱園柳」的自然反應。

　　至於底下被王國維視爲「淫(蕩)之尤」的四句，其實是包涵了一個很嚴肅的「現實」處境與「倫理」問題。夫妻的離別，不同於友朋，兄弟，甚至親子，原正在於必然會導致「空床獨守」或者「不守」的困境與抉擇。當這種「空床獨守」的處境，即使是雙方都努力在忍受之際，尚且會有「過時而不采，將隨秋草萎」的「青春虛度」或「同心而離居，憂傷以終老」㉓的「折磨痛苦」。何況，假如這種「空床獨守」只是單方面的；在「蕩子行不歸」的情形下，「空床難獨守」，豈不是最自然不過的心聲？而導致這種處境與感受的難道不正是「行不歸」的「蕩子」的責任？爲何只是苛求其妻而未有隻字片語責怪此夫？這正是作詩者，（其實他是以第三人稱的口吻來敘事的），的溫厚同情之所在；反倒是這些評詩者未免持著「禮教吃人」的偏袒心態來發言立論，雖然不免受囿於時代文化，但總是顯示了他們在「眞實」人類處境與「道德」關懷的鈍感，連「雖得其情，哀矜而勿喜」的善意，皆有所欠缺。

　　相形之下，王昌齡雖題其詩曰：「閨怨」，卻一口咬定「夫婿覓封侯」之舉，全爲此一「閨中少婦」「教」唆指使的結果，好像那位「夫婿」眞的毫無個人野心或夢想，因此，一股腦將「分別」的責任

全推給女方。並且強派這一位理應情竇初開的「閨中少婦」,為對「離別」之情境,竟是全然麻木不仁的「不知愁」人物,依然日日「凝妝上翠樓」,要待「忽見陌頭楊柳」的「春」「色」才知道後「悔」。固然這一切,我們都可以諒解王昌齡是為了強調「悔」之主題,所作的虛構,因此只是一種修辭策略的應用。但是正如王國維引以為「惡其遊也」,孔子的評論:

> 「唐棣之華,偏其反而。豈不爾思?室是遠而!」子曰:「未之思也,夫何遠之有?」㉔

一樣,我們一定可以說假如這位「閨中少婦」對於夫妻離別而竟可以全然無感,保持「不知愁」的狀態,我們也實在看不出一時「忽見」的,遙遠的「陌頭」之上的「楊柳色」,會有什麼神祕力量可以令她感覺「悔」恨?因此,仔細玩味,這首以「閨怨」為名目的詩作,反而是相當有趣的,反映了時時以功名為念的新進士階層,對於他們拋棄在家裏的「閨中少婦」的真實處境與情懷的無法或有意不去體會。也許這首詩中反映得更多的,反而是「覓封侯」的「夫婿」們,對於他們家裡「閨中少婦」萬一不是如他們所「希望」或「自欺」的那樣是「不知愁」,所「忽見」於「陌頭楊柳色」之外,可能興起的任何情懷,所暗暗滋生的焦慮與懊「悔」。因而在面對「現實」的「真」,「親切動人」;「精力彌滿」上,就遠遠不如〈青青河畔草〉,「抒情表現」的成分就要遠遠大於「現實反應」了。

〈古詩十九首〉在夫妻男女離別的主題上,其實反映了高度的倫理知覺,具體的情境感受與極具現實抉擇的反應表現。倫理知覺方面,除了〈青青河畔草〉是出以第三人稱敘述;第一人稱敘述的最好的例子,或許是〈冉冉孤生竹〉:

> 冉冉孤生竹,結根泰山阿。與君為新婚,兔絲附女蘿。兔絲生有時,夫婦會有宜。千里遠結婚,悠悠隔山陂。思君令人老,

軒車來何遲？傷彼蕙蘭花，含英揚光輝；過時而不采，將隨秋
草萎。君亮執高節，賤妾亦何爲？

這首詩的「抒情表現」主要見於一再翻轉的「植物」的比喻：君是「
冉冉孤生竹」；妾是「兔絲附女蘿」，君「結根泰山阿」，所以兩人
「悠悠隔山陂」；在「思君令人老；軒車來何遲」的情況下，彼此的
青春生命是「將隨秋草萎」的「蕙蘭花」㉕；即使曾是或仍是「含英
揚光輝」。但是這一切，由「兔絲生有時」與「過時而不采」所象徵
的「夫婦會有宜」的時間壓力與離別情境，卻因爲，君爲「冉冉孤生
竹」所象徵的「君亮執高節」的倫理抉擇與表現，「賤妾亦何爲！」，妾
亦只有作相同的倫理抉擇，默默的忍受一切的芳華徒謝與孤獨而空虛
的生活。

　　但是，把這種離別而懷想的生活情境，表現得最爲眞切而具體的
或許是〈凜凜歲云暮〉：

凜凜歲云暮，螻蛄夕鳴悲。涼風率已屬，遊子寒無衣。錦衾遺
洛浦，同袍與我違。獨宿累長夜，夢想見容輝。良人惟古懽，
枉駕惠前妥。願得常巧笑，攜手同車歸。既來不須臾，又不處
重闈。亮無晨風翼，焉能凌風飛？眄睞以適意，引領遙相睎。
徙倚懷感傷，垂涕沾雙扉。

這首詩以「螻蛄夕鳴悲」的意象，藉「凜凜歲云暮」，「涼風率已屬」的
氣候變化起興，既象徵一己之孤寂淒涼，日久悲傷；又引起對於身爲
「遊子」的「良人」，在歲暮季節的是否「寒無衣」的牽掛。以「衣」與
「袍」以至「錦衾」等意象來象徵夫妻的同眠共枕的親密關係，以及
在男耕女織的分工下，妻的職份與對夫的情意原就在於「授衣」㉖所
表現的關懷，都是既切合日常生活的現實，但又飽涵深情密意的「抒
情表現」。而對於夫妻別離的「錦衾」遺失；「同袍」相違，所面對
的生活眞相，以最直接的「獨宿累長夜」表出，一點沒有閃躲或遮掩；而

分別日久,「良人惟古懽」,彼此只成爲往日的記憶,以及如眞似幻的「夢想見容輝」,在「願得常巧笑,攜手同車歸」的企盼,終究只成爲美夢成空之餘,只有倚門彷徨盼望:「眄睞以適意,引領遙相晞」,感傷淚下:「徙倚懷感傷,垂涕沾雙扉」,對身處其境的痛苦悲哀,也沒有逃避與妝飾。所以是深具「現實反應」的「抒情表現」。

　　〈古詩十九首〉,關於夫妻別離主題詩作,最具現實抉擇反應的,或許是〈行行重行行〉。爲了更爲清晰的凸顯這種抉擇的「現實反應」的性質,我們將透過與曹植〈七哀詩〉的比較來討論:

> 行行重行行,與君生別離。相去萬餘里,各在天一涯。道路阻且長,會面安可知。胡馬依北風,越鳥巢南枝。相去日已遠,衣帶日已緩。浮雲蔽白日,遊子不顧反。思君令人老,歲月忽已晚。棄捐勿復道,努力加餐飯。

> 明月照高樓,流光正徘徊。上有愁思婦,悲歎有餘哀。借問歎者誰?言是客子妻。君行踰十年,孤妾常獨棲。君若清路塵,妾若濁水泥;浮沉各異勢,會合何時諧?願爲西南風,長逝入君懷;君懷良不開,賤妾當何依?

這兩首詩都是以夫妻闊別爲主題,而且以妻子的孤棲情境爲描寫焦點的作品。但是曹植的〈七哀詩〉,已經充分的「抒情表現」化了,它首先經營了一個優美動人的「清景」:「明月照高樓,流光正徘徊」。這樣的寫作方式,不但符合鍾嶸〈詩品序〉所例舉:

> 至乎吟詠情性,亦何貴于用事?「思君如流水」,既是即目;「高臺多悲風」, 亦惟所見;「清晨登隴首」,羌無故實;「明月照積雪」,詎出經史?觀古今勝語,多非補假,皆由直尋。

所謂的「古今勝語」的表現,亦即以一明確具體,甚至是固定的空間物象:「高臺」,「隴首」,「明月」,而連接以廣泛,流動,或至

少是不確定而綿延的另一甚具感覺性的形象或情境：「多悲風」，「積雪」，「清晨」，因而產生一種搖曳生姿的動蕩感受，因而正能隱喻一種「思君如流水」的起伏澎湃，無盡無休之類的心理激蕩與悠遠情懷。「明月照高樓，流光正徘徊」正是很自然的綜合了「明月照積雪」，與「思君如流水」的表現效果為單一景象。並且不但增強了景象的明晰與造形；尤其是強調了「徘徊」不止的彷徨心緒。這兩句的寫法，再側重一點寫景意味，就可以得出類似「明月出天山，蒼茫雲海間」㉗，或者往對句發展，就可以成為「明月松間照，清泉石上流」㉘；或者「野曠沙岸淨，天高秋月明」㉙與「白雲抱幽石，綠篠媚清漣」㉚等發展自謝靈運而在盛唐詩人手中發揚光大的寫景佳句了。

　　然後，利用月夜高樓的場景(setting)，將它轉化為「上有愁思婦，悲歎有餘哀」的「戲劇情境」。並且借用了「借問歎者誰？言是客子妻」的對話，一方面解釋了「悲歎有餘哀」的「愁思婦」之「愁思」所在與其處境；一方面則藉此將原來的外景與「戲劇情境」的第三人稱敘述，轉向主角人物之妻子的，以第一人稱向另一主角之丈夫，（亦即第二人稱），所作的內心獨白式的傾訴。整個「戲劇」型態的寫作策略，假如不是造成了一種「虛擬」或「虛構」的美感距離，（因而我們不必很「現實」或「認真」的來對待），至少是令我們像觀賞「戲劇」一樣，對主角保持了一種「認同」或「仿同」的距離，因為主角是在對另一主角說話，而不純然是「內在獨白」。

　　自然〈行行重行行〉的「內在獨白」的性質亦不純粹，而亦有可以視為也有對第二人稱「君」傾訴的部分與意味，所以，一再的出現：「與君生別離」，「會面安可知」，「思君令人老」等等的語句。但基本上，它的著重「處境」轉移的抒寫方式，仍然接近足以引發直接「認同」或「仿同」的「內在獨白」，並且隨著詩句的發展，我們幾乎可以得到這似乎是一個漫長經驗的回溯當下，重新演出的追憶歷程：

詩雖然是從「行行重行行」的分別的時刻開始的，但事實上則是彼此「相去日已遠」，早已經歷了漫長的年月，而眞正的情境，則是「遊子不顧反」；「歲月忽已晚」。於是「行行重行行」的描寫，就幾乎近於電影中停格或慢動作的「特寫」，它不但是眞實發生的情景，而且正是將那刻骨銘心「與君生別離」的分離的刹那，反覆咀嚼，給人一種念茲在茲，不敢亦不能或忘印象的呈現，就在這種「分別」的經驗中，君漸行漸遠，毫無停息，直到成爲「相去萬餘里，各在天一涯」的長久存在的「現實」。

「行行重行行」自是深具內心印象之剖白與呈露的「抒情表現」，但「與君生別離」，則是對於此一分離情境的極具「現實」意涵的掌握。「生別離」自然可以因爲《楚辭・九歌・少司命》中所謂的：「悲莫悲兮生別離；樂莫樂兮新相知」而令我們作「悲莫悲兮」的情緒意涵的聯想。但由下文的「思君令人老」，我們固然也可以解讀出「與君」一詞中，「君」的絕對的重要性。但「生別離」事實上也提供「思君」與盼望「遊子」「顧反」的可能性。所謂「會面」云云，正是有賴於彼此的同「生」，如此我們才能毫不突兀的瞭解詩末「努力加餐飯」的抉擇。

接下的敘寫則大抵著重，或者至少兼顧彼此「處境」之「現實」狀態的提示。不但「相去萬餘里，各在天一涯」的重複說明，是「抒情表現」的強調，其實也是「現實」處境的勾勒。因而開展下去就是「道路阻且長；會面安可知？」的客觀性衡量；這種「衡量」顯然不樂觀；但述說者又以看似主觀的期望，卻也有其物理上的依據，來推翻上述的「衡量」：「胡馬依北風；越鳥巢南枝」。李善《文選注》謂：

《韓詩外傳》曰：「詩曰：『代馬依北風；飛鳥棲故巢』，皆不忘本之謂也。

雖然「道路阻且長」，但是若有「思鄉」之心，則既可前往，理當亦
可歸反。因此在「情境」上，就展現爲雙向的可能性：既是「會面安
可知」；但亦可以是「遊子」「顧反」，而終有重聚的一日。結果是
在這種雙重性的懸疑與等待中，「相去日已遠，衣帶日已緩」，隨著
分離日久的折磨，述說者也日漸消瘦。不能不漸漸得出「遊子不顧反」的
結論。但述說者，似乎不願就此絕望，她以「浮雲蔽白日」的比喻，
來詮釋這種「不顧反」只是一時的蒙「蔽」，並非永久的本心。於是，在
漸次加重的痛苦與悲觀中，又保持了希望。雖然，仍然抱持著希望，
但另一個「現實」的情勢，「思君令人老」，(這正是「衣帶日已緩」
的自然結果)，人是不堪朝朝暮暮之懷想的磨損的。而「歲月忽已晚」，
歲月不待人，青春與生命隨時間日漸消失…這樣的「情勢」，直要將
述說者逼入絕境，但詩中人卻話鋒一轉：「棄捐勿復道；努力加餐飯！」，她
選擇了「希望」與「等待」，並且透過「棄捐勿復道」的屏絕憂慮，
以「努力加餐飯」的攝「生」以待「會面」，來和「思君令人老」「
衣帶日以緩」的情勢對抗。

　　這首詩所具有的「現實反應」的強調與特質，我們只要和〈七哀
詩〉中妻對夫的那段傾訴略加比較，就很清楚。關注一個「情境」，
正視其具體的「現實」內涵，視爲必須不斷的重作抉擇，採取行動之
際，…亦即在「情境」的「現實」中，作倫理或利害的判斷，「選擇」可
能的反應，並且針對「情境」之需要，以及爲了改善或改變「情境」
而採取「行動」…我們做出的正是「現實反應」。但是，規避「選擇」與
「行動」，而將注意集中在以一「諸意象之綜合」(a complex of
images)，來「表現」其引生此一意象綜合之特殊「情感」(a feeling
that animates them)的「直覺」，因而呈現爲對此一「情感」的「
觀照」(contemplation of feeling)，亦即是「純粹直觀」(pure intui-
tion)的「抒情直觀」(lyrical intuition)，結果產生的就是詩歌或文學

的「抒情表現」㉛。在〈七哀詩〉中,「君行踰十年,孤妾常獨棲」,當
然是「現實」的體認。但詩中筆鋒一轉,詩中主角並不去思想如何對
應此一困境,作「抉擇」採「行動」,反而將上述的「君行/妾獨棲」
的情境,轉化爲「君若清路塵;妾若濁水泥」的意象組合,而感歎起:「
浮沈各異勢,會合何時諧?」來。「君」是否爲「塵」;「妾」是否
爲「泥」,完全是自行比喻的結果,其爲「浮」,爲「沉」,並沒有
本質上的必然,反映的反而只是在「君行踰十年」之餘,對於「孤妾
常獨棲」的等待的失望,甚至是絕望的情緒。因爲她並未因此「判斷」,
而作出任何「抉擇」或「行動」。所接續的「願爲西南風,長逝入君
懷」只是一種「姿態」而非「行動」的「選擇」。所以,它眞正的意
義,只是與「君懷良不開,賤妾當何依?」的詩句,組合成一種呈現
「雖深愛而竟被棄」之「無奈」情懷的「綜合意象」,終究只是一種
「抒情表現」;與〈行行重行行〉,步步扣緊「情境」的「現實」發
展,判斷各種可能,因而作出「抉擇」採取「行動」,大異其趣。因
此,〈七哀詩〉就顯得空靈蘊藉,滿涵神韻,足以令人迴腸蕩氣,但
反映的卻是無關「現實」的「抒情直觀」;而〈行行重行行〉,則顯
得質實凝重,「現實」「倫理」直逼人來。「君若清路塵」,甚至「
君懷良不開」,就都沒有「遊子不顧反」在「倫理」判斷上,要來得
清楚明白直接了當!

　　這種在「倫理」與「現實」上的高度關切,就使得〈十九首〉,
在貧賤富貴的對比上,發出類似:「何不策高足?先據要路津!無爲
守窮賤,轗軻長苦辛」㉜;「斗酒相娛樂,聊厚不爲薄」,「極宴娛
心意,戚戚何所迫?」㉝的反省;在親交知己的追尋上,亦有「不惜
歌者苦,但傷知音稀」㉞,「蕩滌放情志!何爲自結束?」㉟,甚至
「良無盤石固,虛名復何益?」㊱等種種的思考;並且在人生短暫的
知覺下,亦各自發展爲:或者「盛衰各有時,立身苦不早」,「奄忽

隨物化，榮名以爲寶」㊲；或者「萬歲更相送，聖賢莫能度。服食求
神仙，多爲藥所誤。不如飲美酒，被服紈與素」㊳；或者「去者日以
疏；來者日以親」㊴；以至「爲樂當及時，何能待來茲？愚者愛惜費，但
爲後世嗤」㊵等等的思慮抉擇。因而提供我們再作省察，自行抉擇與
判斷的參考。在「抒情表現」中，或者往「抒情表現」的發展中，仍
然保持相當程度的「現實反應」，或許就是〈古詩十九首〉，漸爲後
世難及而難學的特質。

　　因爲以「抒情直觀」作「意象經營」，並且加以「聲律考究」，
一如《文心雕龍・神思篇》所謂：「使玄解之宰，尋聲律而定墨；獨
照之匠，闚意象而運斤」的「抒情表現」，似乎成爲後來中國詩歌，
以至文學的主流㊶。而這一主流的寫作精神，《文心雕龍・神思篇》
的贊文，或許是最好的摘要：

　　神用象通，情變所孕。物以貌求，心以理應。刻鏤聲律，萌芽
　　比興，結慮司契，垂帷制勝。

因此以「妙悟」來瞭解這「抒情直觀」，藉「興趣」來描敘這種意象
化的「抒情表現」的嚴羽，面對〈古詩十九首〉這類的作品，雖然承
認：「漢魏晉與盛唐之詩，則第一義也」，但當他「推原漢魏以來，
而截然謂當以盛唐爲法」之際，他顯然是知覺它們與後世發展的其實
有明顯的差異存在，因而只好說：

　　漢魏尚矣，不假悟也。謝靈運至盛唐諸公，透徹之悟也。㊷

　　對於〈古詩十九首〉的這種同時涵具「現實反應」與「抒情表現」
的特點，元代陳繹曾〈詩譜〉顯然略有知覺，因而他不免要強調其：
「情眞，景眞，事眞，意眞：澄至清，發至情。」「情」「景」之「
眞」或許是「抒情表現」之所在；但「事」「意」之「眞」，則是「
現實反應」之重點。而明代顧元慶的〈夷白齋詩話〉的解說，或許更
近於本文的理解：

> 十九首近於賦而遠於風，故其情可陳，其事可舉也。虛者實之，
> 紆者直之，則感寤之意微，而陳肆之用廣矣。夫微而能通，婉
> 而可諷者，風之為道美也。

顧元慶所謂的「賦」，正有接近本文所強調的：「現實反應」的某些
素質；而他所謂的「風」，亦和本文所指出的「抒情表現」有若干近
似，中國詩歌走向以「抒情表現」為主的道路，使中國文學進一步往
優美的「抒情傳統」發展，確實可謂：「風之為道美也」；但正視種
種人類的生存處境，如何去理解判斷，如何去抉擇行動的「陳肆之用」也
就漸漸消失了。其為得為失，自是見仁見智。但是正如顧元慶用的仍
是「近於賦而遠於風」而非「但用賦不用風」，〈古詩十九首〉的所
以為千古絕唱，原也在於同時具有「現實反應」與「抒情表現」的特
質；自然其中也有像下列這首已然深具「神韻」，幾乎是純粹以「抒
情表現」為主，並且被譽為「言情不盡，其情乃長，此風雅溫柔敦厚
之遺」㊸的作品：

> 庭中有奇樹，綠葉發華滋。攀條折其榮，將以遺所思。馨香盈
> 懷袖，路遠莫致之。此物何足貢，但感別經時。

但是人物的姿態與心理轉折，仍然比純粹精美遐夐的物象重要，而成
為詩中「抒情表現」的主體，「時序」或許發揮了「起情」的作用；
但「物色」仍然未成為「情采」的中心。或許我們也可以說〈古詩十
九首〉，仍是：「人性的，太人性的」，以人為中心的詩歌！

【附註】

① 因此，《詩品》接著說：「其外，〈去者日以疏〉四十五首，雖多哀怨，
  頗為總雜。」
② 見《說詩晬語》卷上。
③ 見全上註。

④ 此處所謂：從「現實反應」到「抒情表現」，在十九首自身只能講有此「差異」，但在由漢魏到盛唐的演變中，則可言有此「發展」。

⑤ 按〈十九首〉中原作「守窮賤」，王國維省略了上下文，改爲「久貧賤」，固是誤記，但卻因此獲得了上下文之外的「自足」涵意。因此此處的討論仍依王氏誤記的版本。

⑥ 參見王國維〈清眞先生遺事尙論三〉：「境界有二：有詩人之境界；有常人之境界。詩人之境界，惟詩人能感之而能寫之，故讀其詩者亦高舉遠慕，有遺世之意，而亦有得有不得，且得之者亦各有深淺焉。若夫悲歡離合羈旅行役之感，常人皆能感之，而唯詩人能寫之，故其入於人者至深，而行於世也尤廣。

⑦ 見〈古詩十九首・冉冉孤生竹〉。

⑧ 見〈古詩十九首・行行重行行〉。

⑨ 見〈古詩十九首・孟冬寒氣至〉。

⑩ 見李延年歌〈北方有佳人〉。

⑪ 見世界書局版《古詩集釋等四種》，《古詩十九首集釋》，頁三十二，民國五十一年十一月初版。

⑫ 見全上註，頁一五。

⑬ 見全上註，頁一七。

⑭ 見全上註，頁一六。

⑮ 以上引句，俱見陸機〈文賦〉。

⑯ 「美典」一詞是高友工先生所提出的術語，藉以指出各種藝文現象所隱含的美感規範或典律。

⑰ 西方美學自十八世紀末期至二十世紀中葉，皆以三 D：disinterestedness, detachment, and distance 爲美感經驗與態度之特質，參見《Contemporary Philosophy of Art》P.367，全㉛，而中國古典詩歌，由「言志」往「神韻」的發展，詳見拙作〈中國古典詩的美學性格〉一文，收

入《中國美學論集》，臺北，南天書局，民國七十八年二版。

⑱　見全註⑪，頁二四。

⑲　見全上註。

⑳　見白居易〈長恨歌〉。

㉑　見〈古詩十九首・庭中有奇樹〉。

㉒　見〈古詩十九首・涉江采芙蓉〉。

㉓　見全上註。

㉔　見《論語・子罕篇》。

㉕　當然也可以解讀為專指妾的青春生命。

㉖　參見《詩經・七月》：「七月流火，九月授衣。……無衣無褐，何以卒歲？」

㉗　見李白詩〈關山月〉。

㉘　見王維詩〈山居秋暝〉。

㉙　見謝靈運詩〈初去郡〉。

㉚　見謝靈運詩〈過始寧墅〉，此一對句雖不寫月，但「白雲抱幽石」在構詞造句法上其實與「明月照高樓」，同一機杼。

㉛　以上觀念與詞句的英語部分，參見克羅齊(Benedetto Croce)：〈 Intuition and Expression 〉，見《 Contemporary Philosophy of Art 》，Edited by John W. Bender & H. Gene Blocker, P.128-129, Pentice Hall，Englewood Cliffs，New Jersey，1993. 該文下註明： 'From "Aesthetic" in Encyclopaedia Britannica， 14th edition ，1929.'

㉜　見〈今日良宴會〉。

㉝　見〈青青陵上柏〉。

㉞　見〈西北有高樓〉。

㉟　見〈東城高且長〉。

㊱　見〈明月皎夜光〉。

㊲　見〈迴車駕言邁〉。

㊳　見〈驅車上東門〉。

㊴　見〈去者日以疏〉。

㊵　見〈生年不滿百〉。

㊶　這主要是由六朝到盛唐的發展，但是除了元和，元祐，有了另外的美典以外，大抵凡以盛唐爲宗的年代，總又回歸此一主流。

㊷　以上有關嚴羽理念與引句俱見《滄浪詩話・詩辨》。

㊸　見〈古詩十九首集釋〉引陳祚明語，見全註十，頁一四。

古漢語曉匣二母與送氣
聲母的送氣成分

——從語文現象論全濁塞音及塞擦音為送氣讀法

龍宇純

　　上古漢語全濁塞音並定群三母及塞擦音從母，究竟送氣不送氣，兩種主張都有，至今似不能定案。高本漢及先師董同龢先生等擬為送氣音，此雖與其系統中別有不送氣的b-、d-等有關，其先不考慮予並、定、群、從為不送氣音的理念，仍是值得提及的；陸志韋、李榮等則主不送氣。李氏《切韻音系》①曾特別就高氏列舉的五點理由，一一加以破解，並提出梵文字母對音、龍州僮語漢語借字及廣西傜歌，證成其不送氣說。時下學者多從語言類型的角度，以為漢語既只有一套全濁塞音及塞擦音，便當為不送氣讀法，理不應擬為送氣音。最先陸氏《古音說略》②說：「有了不送氣的，就沒有送氣的。為上古音選擇符號，就不得不採取不送氣的，斷不能採取送氣的。」大抵即持同一語言理論背景。

　　也有一種理論，說「天下事沒有絕對的」。引這話的意思，並非只是要向不可知之的例外求寄託，所知今漢語吳方言便是一個異數。趙元任先生所記的吳方言，全濁塞音及塞擦音便是送氣音，見《現代吳語的研究》③。學者也有記為不送氣的，疑其態度同王力，而非所聽吳語本是不送氣音。王氏於其《漢語語音史》④云：

> 濁母字送氣不送氣，歷來有爭論。我認為這種爭論是多餘的。
> 古濁母字，今北京話平聲讀成送氣，仄聲讀成不送氣。廣州話
> 也是平聲送氣，仄聲不送氣，長沙話平仄聲一概不送氣，客家
> 話平仄聲一概送氣。在上海話裏，濁母字讀送氣不送氣均可。
> b和b'是互換音位，d和d'是互換音位，等等。從音位觀點看，
> 濁音送氣不送氣，在漢語裏是互換音位，所以我對濁母一概不
> 加送氣符號。

照這樣的說法，王氏固不以現代吳語全濁塞音及塞擦音只是不送氣音，講中古音，講上古音，如果說得出為送氣音的理由，王氏當不至為堅持某種學理而予以排拒。

李榮持以反對高說，及建立其不送氣說的各項理由，所涉漢語的部分，其背景或只是適巧都遇上了後世全濁塞音及塞擦音讀不送氣的方言，不能用以證明中古漢語之一體如此，自更不能用以證明上古漢語的原始形態。現代吳語當然同屬後世漢語方言。但值得注意的是，其全濁音送氣的讀法，即使非自古相傳，只須能認知不送氣的全濁音可以轉化為送氣音，因為今之所謂上古音，原不過為周以後文獻所顯示的周代音，理論上便不能排除其由不送音轉化為送氣音的可能。然則，現知的上古音，究竟其全濁塞音及塞擦音為送氣音，抑為不送氣音，還是要讓材料自己去講話，任何語言理論都可能無法含概古今中外的一切語言。

這裏，謹提供一些訊息，作為討論問題的參考。據個人的觀察，在同源詞、聯緜詞、諧聲字，以及同字異音等古漢語語文現象中，往往發音部位不同（案：端、精兩系，本是發音方式的差別，為省文字的繁重，姑據古人舌音、齒音的不同稱謂，含括於中。下同）的兩音，而其一為曉母，其一為他部位的次清聲母，或兩者都為不同部位的次清音，顯然其中次清聲母的送氣成分，便是這些現象所由構成的要素。

因為送氣成分彼此固無不同，與曉母亦同為一音。是故以曉母為h，則脣、舌、牙、齒各部位的次清音，便分別為ph、th、kh、tsh。不過通常觀念，ph、th等是個單一音，有時只寫作P'、t'，以與P、t等不送氣音相區別，並不曾注意到，在古漢語語文中，送氣成分可以顯示其獨立存在，與以曉母或其他部位次清聲母起首的另一音，產生某種特殊關係。這種現象，少數也可以見之於曉母與全濁塞音及塞擦音之間，或塞音及塞擦音之次清音及全濁音之間。由於今天流傳的字音，有的清濁或有誤差，據此而言全濁塞音及塞擦音原為送氣讀法，當然無法令人首肯。但同樣情形，可以習見於匣母與全濁塞音及塞擦音之間，或者兩個不同部位的全濁塞音及塞擦音之間，則以彼例此，說這是由於全濁塞音及塞擦音為送氣讀法，雖與語言類型說法相牴，似不能指為於理不合。全濁音的送氣成分自與次清相同，但受濁母的影響，h濁化為ɦ，ɦ便是與曉母相對的匣母讀音，所以與其產生語文關係的正是匣母，這樣的分配，當然不是沒有意義的。其中雖然也偶見涉及的為曉母或其他次清聲母，可能為後世的誤讀，也可能因為清濁送氣音本是同一音位。

　　個人有這樣的發現，可以追溯到二十年前，在慶祝屈翼鵬（萬里）先生七十壽誕的小作〈上古清脣鼻音聲母說檢討〉⑤中，論及《禮記・坊記》引《詩・燕燕》「先君之思，以勗寡人」勗字作畜的異文，有如下說明：

> 畜字許六、許救二音外，又讀丑六切，上古屬透母。透母為送氣聲母，送氣成分本與曉母相同，故此字兼具兩個發音部位全不相干的讀音。諧聲字中有透母與曉母的交往，如絺从希聲，音丑飢切，詫从它聲，音香支切，其理同此。㹙从普丁切之甹為聲讀呼刑切，烹亨本同字，而一讀滂母，一讀曉母，也因為滂母為送氣音之故。

因為時間久了，個人記性又差，這個意思後來竟至完全淡忘。直到八十五學年末，我在東海大學中文研究所講授「漢語音韻專題」，討論到上古音中的清鼻音聲母，以該文作為教材，才赫然發現自己早就說過這樣的話。前乎此，還一直以為是近年來方有的覺察。

事情是這樣的，數年前閱讀《莊子》，至〈讓王〉的「道之眞以治其身，其緒餘以爲國家，其土苴以治天下」。因為用的是郭慶藩的《集釋》，錄了陸德明的《經典釋文》，不經意間接觸到土字的四個音切，大出意料之外。其原文是：

> 土，敕雅反，又片賈、行賈二反，又如字。苴，側雅反，又知
> 雅反。司馬云：土苴，如糞草也；李云：土苴，糟魄也；皆不
> 眞物也。一云：土苴，無心之貌。

中所謂「又如字」，是說土字除前列三反語外，還可以讀習見之音，即相當於《廣韻》姥韻的他魯切，也便是今日所知的土字唯一讀法，《釋文》於土苴字則是置於第四位次。苴字以七余切或子魚切為常讀，屬魚韻，《釋文》則不列此二音，而別音側雅、知雅二反，顯然是為了取其與下字協韻的緣故；下字隸屬馬韻，所以苴字用馬韻音。此文每句以上三下四為韻：眞字身字眞部平，餘字家字魚部平，苴字下字魚部上⑥。苴字由子魚切轉爲二等馬韻音，精母變照二，故爲側雅反；又隨土字讀舌音，而轉爲知雅反。土字本音爲他魯切，屬一等音，爲了與苴字疊韻，透母轉爲徹母，故爲敕雅反。凡此，都離不開當日的協韻說背景，原是可以理解的。至於土字的片賈、行賈二音，聲母上的差異，一時直如丈二和尚摸不到腦袋。經查《廣韻》，馬韻根本無滂母音，其胡雅切下無土字，不禁對《釋文》反切產生了懷疑。更檢《集韻》，則不僅丑下切土字注云「土苴，不眞物」，又別出土字音片賈切，注云「土苴，不眞物，一曰糟魄」，只不過亥雅切無土字，而別見於許下切，云「土苴，糟魄也」，分明與《釋文》行賈反相當。雖

然其來源明顯便是《釋文》，至少表示今日所見的《釋文》，除行賈
反一音與《集韻》有清濁之異，略不相符，其爲宋人所見之本，則是
無可致疑的。於是漸次聯想到畜字的徹母曉母二音，以及絺、㤪等字
的諧聲現象，更加眼面前糟魄字出現在落魄的詞彙裏讀與拓同，終於
體悟出《釋文》土字片賈反的讀音如何由丑下反轉化；以及行賈反的
行字必是草書許字的誤鈔，可以憑《集韻》訂正；兩者分明都是由於
土字本音的送氣成分所孕育。於是在古漢語語文環節上，自信有了重
大發現。從此以後，這想法一直盤據於心中，適巧近年頻在東海講授
《說文》，一字字讀來，陸陸續續見到不少相同詞例和字例。現將之
彙在一起，分爲同字異音、同源詞、聯緜詞及諧聲字四項，依次一一
說明，以供對相關問題有興趣的學者參考，當然更希望獲得方家的指
教。但在此之前，擬先談另一語言現象，以見送氣聲母的送氣成分，
並非僅止附著於塞音或塞擦音用以區別語音，在表達語意的功能上，
與曉匣二母同有其獨立特行的積極存在意義。無疑亦可由以推測出全
濁音的原始面目。只是這種看似「語言者，不馮虛起」的論調，本身
便爲可議，所以分開處理。名實之間的關係，初不過出於約定，莊子
的「物謂之而然」，公孫龍子的「物莫非指」，我們的先人早有明訓。但
主張正名的荀子，一方面受莊子學說的影響，不得不承認「名無固宜」的
說法；一方面却也提出「名有固善」的理論，以相頡頏，楬櫫了語音
並非全然無義可言的大纛，亦不謂非言之成理⑦。基於這些認知，本
文以爲：如其具有共同語意的語詞具有共同語音，以爲必不得承認其
存在的意義，而指爲僅是巧合，或者反爲固執。所以我仍將在《說文》中
發現的幾組原先羅列一起的資料，敍述於下。許書的體例，同部中義
同義近字往往相連比次，這是凡讀過《說文》的人所熟知的。其順序
先列清音，漸次而及於全濁音。

　　其一，口部訓息及義相關者：

嘽，喘息也。他干切

咦，南陽謂大呼曰咦。以之切

案：《集韻》咦字見之韻虛其切，云「呼也」，又見脂韻馨夷切，
云「博雅笑也，一曰呼也，一曰南陽謂失笑爲咦」。《廣韻》
喜夷切云「笑貌」。夷聲之字例不入之韻，當以馨夷喜夷爲
正音；《廣雅・釋詁一》云笑，《廣韻》云笑貌，疑同《詩
・氓》「咥其笑矣」的咥，《釋文》正云「咥音熙」。然此
別是一義。《說文》以咦與嘽呬等字類列，注云「南陽謂大
呼」，義無可疑。《集韻》馨夷切云「南陽謂失笑爲咦」，
失笑當爲大笑之誤，蓋誤合《說文、廣雅》之義爲一；虛其
切云「呼也」，脂韻延知（案知當作脂）切云「說文南陽謂
大呼曰咦」，是其明證。

呬，東夷謂息爲呬。虛器切

案：段注云：「《方言》：呬，息也，東齊曰呬。〈釋詁〉郭注
亦云今東齊謂息爲呬。疑許襲《方言》，東夷當作東齊。」
依段注以爲古漢語例。

喘，疾息也。昌沇切

呼，外息也。荒烏切

吸，內息也。許及切

噓，吹也。朽居切

吹，噓也。昌垂切

喟，大息也。丘貴切

自嘽至喟，除嘽下唾字因義不近未錄外，凡九字，不屬次清送氣音，
即讀曉母。呼噓二字讀曉母、陰聲、平調，其音象氣流自喉間經口腔
而出，並略呈曳長之勢。（案學者多主上古陰聲具塞音尾，於此二字
知其說不然。）吸字亦讀曉母，而爲收-P的入聲，其音象引氣入喉，

隨即緊閉雙脣，而戛然氣止。兩者摹擬人類呼吸的聲情，可以驗之脣吻，應不得爲偶合。只是呼與吸氣有出入的不同，而同以曉母爲聲首，不能盡似。這是因爲漢語不用吸入音，凡吸氣之音只取其相近，而以曉母描寫。知者，齅字義爲「以鼻就臭」，音許救切，對轉入中部爲香仲切；歙，「翕氣也」，虛業切；歆，「縮鼻也」，許及切；並讀曉母。又魗字巨鳩切，鼾字侯幹切，亦或爲全濁送氣音，或爲匣母，說詳於下，都可作爲證明。其餘，與呼字吸字意義相關的嘑字咦字呬字喘字，或讀曉母，或讀次清送氣音；與噓字同義的吹字，也正讀送氣音。不僅如此，喟下云「大息」，音丘貴切；同部嘆下云「一曰大息也」，他案切；嘅下云「嘆也」，苦蓋切。嘑下原有唾字，云「口液也」，湯臥切，此雖義與息相遠，用兼名動，唾口液之時，必有強烈氣流自舌尖而出，其音適爲舌尖送氣；無獨有偶，同義的吐字湯故切，義近的噴字普悶切，或聲母相同，或同送氣。凡此，恐並不得視作巧遘。又《廣雅・釋詁二》有訓息一條，各字及曹憲音如下：

　　　　喘、㗛嵍、咭奐、忥戁、欨奰、欦濢、欥蓿、奄、歔姞，息也。

除奄歔二字別讀影母見母外，不讀曉母，即爲次清音。《疏證》云：「喘、㗛、咭、欨、欦、欥爲喘息之息，忥、奄、歔爲休息之息。」原來此合二義爲一，奄歔二字並忥字義言休息，與喘息意不同，所以音亦別異；其餘六者，除喘字已見前，亦莫不與前列《說文》訓息諸字音的特質相合。這種情況，如其仍然堅持語言約定論，而無視其與語義的關係，不知是否即能釋然於心？

只是《說文》既以息字說解諸字，而息下且以喘字作訓，其字則音相即切，不屬次清聲母範圍，似乎成了反證。語言自應以約定爲常態，不能要求同語義者必有共同的語音。何況《說文》息下段注云：「口部曰喘，疾息也。喘爲息之疾者，析言之；此云息者，喘也，渾言之。人之氣，急曰喘，舒曰息。」所謂舒曰息，就是靜態的氣息之

息，也就是通常說「一息尚存」的息，這種息自然不能是送氣讀法，
只能憑鼻及心去感覺，所以其字从自心會意。

　　其二，欠部欠及吹以下相連諸字：

　　欠，張口气悟也。去劍切

　　案：張口气悟，謂張口氣自喉間洩出，故讀送氣音。

　　吹，出气也。昌垂切

　　案：此與口部重出，參上。

　　欥，吹也。況于切

　　歔，溫吹也。虎烏切

　　欨，吹气也。於六切

　　案：段注云：「古音在一部，《玉篇》火麥切，是也。」

　　歟，安气也。以諸切

　　案：段注安气云：「如趣為安行，䮜為馬行疾而徐，音同義相近
　　　　也。今用為語末之辭，亦取安舒之意。」徐鍇及清儒多人直
　　　　以安气謂語助。義與其他諸字不同類，所以出音亦異。

　　歙，翕气也。虛業切

　　案：翕義為合斂，桂馥、王筠並主當作歠字。歠下云：「縮鼻也」，
　　　　許及切，翕歠義實相通，歠吸音同義近。參前條說吸字。

　　歕，吹气也。普魂切

欠、吹之間，原有「欽，欠皃」，去音切：「欗，欠皃」，洛官切；
「欯，喜也」，許吉切；共三字。前二者謂欠時之皃，非謂欠時之聲，欯
字訓喜，義亦不類，故未錄。

　　其三，口部自咥以下諸訓笑之字：

　　咥，大笑也。許既切又直結切

　　啞，笑也。《易》曰笑言啞啞。於革切

　　噱，大笑也。其虐切

　　唏，笑也。虛豈切

四字之中，除啞字以喉塞音狀笑聲外，其餘三字四個讀音，兩個曉母，兩個全濁塞音，啞之一字二者兼具，可見全濁塞音指向送氣讀法。《廣雅・釋訓》有訓笑一條，其字及曹音如下：

　　唏唏虎囊、吹吹咢、啁啁岑、訕訕口、啞啞嗜，笑也。

除去啞字，不讀曉母，即爲次清塞音，尤可見全濁塞音原讀送氣。《說文》唏下原有听字，與笑義相關，但謂「笑兒」，非因其音宜引切而隱匿不錄。《繫傳》引〈上林賦〉「無是公听然而笑」，听當與齗同，謂其笑而齗露。《集韻》听齗同魚斤切，同紐齘下云「齒出兒」，而諄韻魚巾切齖下云「笑露齒」，然則听字宜引切之音亦不爲無義。唯笑字不讀曉母或送氣音，自不能執以疑此。

　　其四，口部義言獸類啼號諸字（其中言禽鳥聲者不錄）：

　　嗁，號也。杜兮切

　　吠，犬鳴也。符廢切

　　咆，嗥也。薄交切

　　嗥，咆也。乎刀切

　　哮，豕驚聲也。許交切亦許角切

　　唬，虎聲也。呼訝切

　　　　案：《集韻》唬與虓猇同，云「虎聲」。《說文》：「虓，虎鳴也。」許交切。《廣韻》音同。大抵虓唬本各爲字，其後混同，但都爲狀聲詞，聲母不異。

以上諸字，不讀曉母匣母，即爲其他次清或全濁音，無一屬全清或次濁，可見全濁塞音應爲送氣讀法。嗁下云號，號字《廣韻》胡刀切，亦屬匣母。

　　其五，穴部穴及窒以下相連有空義諸字：

　　穴，土室也。胡決切

　　窊，空也。烏瓜切

案：段注云：「《廣韻》圭攜二音。」分見齊韻古攜、戶圭二切，
　　並云「甌下孔」。

　　突，深也。式針切

案：突即通行深淺之深，許君以深爲水名，此以深字通行義釋本
　　字。

　　穿，通也。昌緣切

　　竂，穿也。洛蕭切

　　突，穿也。於決切

　　窢，深抉也。於決切

　　竇，空也。徒奏切

案：竇洞一語之轉；洞，徒弄切。又《說文》阜部：「隤，通溝
　　也。讀若洞。」徒谷切，即此字入聲。

　　竅，空也。牽吊切

　　空，竅也。苦紅切

　　窒，空也。去徑切

　　穵，空也。烏黠切

案：段注云：「鉉本作空大也，非是，今依小徐及《玉篇》，今
　　俗謂盜賊穴牆曰穵，是也。」

　　窢，空皃。呼決切

　　窠，空也。一曰鳥巢也。苦禾切

　　窗，通孔也。楚江切

自窊至窗相連十四字，突相對於淺而言，與空義究竟有隔，故發音不
類；突窢應同一字，與穵主謂掘，發音亦異。窊字依《廣韻》讀匣母，古
攜切一音或從圭字誤讀。其餘八字，窢讀曉母，穿竅空窒窠窗同屬次
清送氣音；穿下云通，窗下云通孔，通字孔字亦爲次清送氣音。穴字

胡決切屬匣母，竇字徒奏切，轉音之洞字徒弄切、隤字徒谷切，同爲
全濁塞音，是全濁塞音宜爲送氣音。窻即今之窗字，同義之戶字向字
一匣母一曉母，不一而足。又同部後有窬窨窡三字：

　　窬，穿木戶也。一曰空中也。羊朱切

　　窨，坎中更有坎也。徒感切

　　窡，穿地也。充芮切

窡爲次清送氣音。窬字讀喻四，據拙作〈上古音芻議〉⑧ 喻四原讀
zɦ複母，含匣母ɦ成分。段注云：「孟康《漢書‧注》曰：東南謂鑿
木中空如曹曰廠。廠者，窬之或體。《玉篇》云：廠，木槽。是也。
廠古音投音豆。」投字度侯切，豆字徒候切，與窨同屬定母。《說文》：
「牖，穿壁以木爲交窗也。」與久切，義與窬同而聲同喻四。窨下注
中坎字苦感切，爲送氣音。此外，散見於金部的鏊字義爲「斧斤穿」，曲
恭切；土部壙字義爲「塹穴」，苦謗切；《廣雅‧釋器》云：「銃謂
之鏊」，《廣韻》銃字充仲切；並爲次清送氣音。可見定母原應亦爲
送氣音。

　　其六，皿部缶部訓中空及同義諸字：

　　盡，器中空也。慈忍切

　　盅，器中虛也。直弓切

　　罄，器中空也。苦定切

　　罊，器中盡也。苦計切

兩全濁，兩次清，次清送氣，全濁應同。盡下盅下云器中空或器中虛，空
虛二字一溪一曉，適可助說明；同時還可參見前條及下條。

　　其七、匚部與匵相連三字：

　　匭，匣也。求位切

　　匵，匭也。徒谷切

　　匣，匵也。胡甲切

三者義同，爲受器物之稱，受器物必中空，一匣母，兩全濁塞音，後者爲送氣讀法便與前者相副。匣下原有一匯字，云「器也」，胡罪切，因不詳何器未引。前此有匞字，云「械藏也」，或體作篋，苦叶切，明爲送氣音。械下云「篋也」，二字互訓。大徐古咸切，當是取封緘義，可參考封、關、閉諸字，其本音如段注引《漢書·天文志》「間可械劍」蘇林之音函，變名詞爲動詞故義爲函容，《集韻》覃韻胡南切正收械爲函或體。其他意義相類者，「䎀，受錢器也」，大口、胡講二音；「弢，弓衣也」，土刀切；「韜，劍衣也」，土刀切；「韣，弓衣也」，徒谷切（案別有之欲切一音，觀前後各字讀音，疑是誤讀）；「韔，弓衣也」，丑亮切；「韇，弓矢韇也」，徒谷切；「箙，弩矢箙也」，房六切；都指向全濁塞音爲送氣讀法。

其八，刀部訓判之字：

副，判也。芳逼切

剖，判也。浦后切

辨，判也。蒲莧切

判，分也。普半切

劇，判也。徒洛切

刳，判也。苦孤切

相連六字，所知爲送氣音，副剖判刳四字，餘二字並全濁塞音。此外，劈下云破，劈字普擊切，破字普過切；墏下云坼，墏字評訝切，坼字丑格切；垪下云坼，許其切；罅下云裂，呼迓切（案此當與墏同字）；捇下云裂，呼麥切；缺下云器破，傾雪切；屠下云剆，同都切（此疑與劇爲一語）；釁之義爲隙（案《說文》釋釁之義爲血祭，二義相成），許覲切；隙之義壁際，綺戟切；縫之義隙縫，扶用切；紕之義衣縫解，丈莧切（案《說文》縫下云「以鍼紩衣」，與衣縫義相成，故紕又爲補縫，即綻字）；垗之義爲畔，治小切；畔之義田界，薄半切：凡此，

不讀曉母或次清塞音，即爲全濁塞音，合計前者十二字（案墫罇二字以一字計），後者七字；如果前者不得以爲巧合，則後者應指向爲送氣讀法。當然這裏也涉及注文中的分字府文切，裂字良薛切，際字子例切，解字佳買切，以及可以聯想到的離字呂支切，別字彼列切，四個全清，兩個來母，都不具送氣成分。但《說文》云：「際，壁會也。」段氏云：「際自分而合言之，隙自合而分言之，又引申爲凡閒空皆曰隙。」是故際字讀全清，而閒空二字一爲匣母一爲次清塞音，都與隙爲曉母有關，許君隙下壁際之訓，所言顯然爲壁之隙縫。解字佳買切以外，別有胡賣切一音。《廣韻》於佳買切云「講也說也脫也散也」，胡賣切云「曉也」；《集韻》舉解切引《說文》「判也」，「散也」一訓則見於下買切「曉也」之下，散、判二義明顯相關，究竟其字本讀見母或匣母，無從決定。別字亦除彼列切，尚有皮列切一讀，段玉裁云：「今人分別則彼列切，離別則憑列切，古無是也。」實際都是六朝以後的強爲之分，與解字敗字等同一行徑，其始究讀全清全濁，均無可考實。裂字離字爲邊音，與全清塞音性質不同，從來、透二母往往諧聲看來⑨，或者竟與曉、匣及送氣聲母具同一表義功能；前文寮之義爲穿而音洛蕭切，原因亦或在此。至於畔下云田界，而《說文》界下云「境也」，義雖可以相通，前者與垧自地域之分言，後者與境、疆自地域之竟言，各有取義，故畔與垧、界與境疆清濁相同。如上來所說，這組意義相關諸字，發音方式與曉母無關者，恐僅一分字而已。

　　其九，鼻以出納氣，《說文》云「所以引氣自畀也」，音父二切，爲全濁塞音。古或謂鼻爲自，疾二切，則全濁塞擦音，不謂不巧。更看鼻部中諸字：

　　齅，以鼻就臭也。讀若畜牲之畜。許救切

　　案：此即今之嗅字。

　　鼾，臥息也。讀若汗。侯幹切

　　鼽，病寒鼻窒也。巨鳩切

　　齂，臥息也。讀若虺。許介切

連部首共五字，兩曉母，一匣母，兩全濁塞音。齂與吸同引氣向內，其字音同曉母，可以互參，說之在前。鼾聲多濁音，其字讀全濁喉擦音，狀聲直可謂傳神。齂字段注云：「此與尸部𡰪音義並同，《篇、韻》皆祇云鼻息（《廣韻》𡰪下云臥息，段氏據齂下云鼻息言之），〈釋詁〉云齂，息也。」齂字讀曉母，與前引《說文》訓息諸字或讀曉母或讀次清送氣音相同。至於鼽字，病寒鼻窒，不禁時時引氣求通，甚者乃至舌根翹起，氣流受阻而呈濁音。其字音巨鳩切，除引氣送氣不合係因漢語不用吸入音緣故，有吸字、齂字可證外，無一不可實驗。然則，古漢語全濁塞音為送氣讀法，雖謂憑《說文》一鼻部甚至一鼽字可證，不為過分。

　　有關這方面的資料，及此而止。現將古漢語中，由次清及全濁聲母（案分別含曉母匣母，及除心母邪母）所構成的不同發音部位之同字異音、同源詞、聯緜詞及諧聲字的資料，依次分述於下。

壹、同字異音

　　同字異音，原是漢字司空慣見現象。同形異字若月夕、帚婦⑩之類除外，通常詞性、意義的變化，或者文字的假借為用，甚至有因諧聲偏旁引起的誤讀⑪，都在聲、韻相近的範圍之內，不致成為無可理喻；早期因為字少，出現的聲或韻相遠的假借，如以蠆為萬、以母為毋⑫，亦極為罕覯，可以視作例外，不予理會。至於同為一字，意義略無不同，韻母相同或不同而明為音轉，其聲母則發音部位絕無關係，此種情況，不應全無道理。適巧此時或一者為送氣音，一者為曉母或匣母，或兩者同為送氣音，並大抵清濁相副，然則其送氣音的送氣成分，必是兩音所由形成的主軸，應不待煩言。除篇首述及的畜、魄、土三字

而外，所見者尚有：

1.茜

《說文》：「茜，以艸補缺。从艸，西聲。讀若俠。」直例切。案：西字他紺、他念二音，許君云讀若俠（大徐俠作陸，無解不取），蓋本又讀定母收-P入聲，與俠音爲二，其後入轉爲去，而爲直例切。

2.詑

《說文》：「詑，沇州謂欺曰詑。从言，它聲。」託何切。案：《廣韻》戈韻音土禾切，又見支韻，云「詑，自多皃，香支切」。《孟子‧告子下》「則人將曰訑訑」，孫奭《音義》云：「張吐禾切，蓋言辭不正欺罔於人自誇大之貌。」訑與詑同，兩音義似不異。

3.訮

《說文》：「訮，諍語訮訮也。从言，开聲。」大徐呼堅切，小徐遏箋反。案：《廣韻》先韻呼煙、他前二切並有訮字，一云「訶也，怒也」，一云「訮訶皃」，孰爲本音，孰爲變讀，無從確定。开字有苦堅、古賢二音，前者固可以無論，後者亦可與曉母及送氣音因部位相近而互諧（參文末）。

4.殻

《說文》：「殻，擊空聲也。从殳，宮聲。」徒冬切，又火宮切。段注云：「亦作殻，枯公切。」

5.音

《說文》：「音，相與語唾而不受。从丨从否，否亦聲。歆，音或从豆欠。」他候切。案：許說字形不當，此字即由否字分化，加丨以爲區別。否音古韻不同部，不得爲聲。《廣韻》候韻匹候切：「歆，語而不受。」歆即《說文》音字或體之歆易豆聲爲音，他候、匹候一音之轉，與魄字土字的二讀相同。

6.穀

《說文》：「𣌭，未燒瓦器也。从缶，㱿聲。讀若筩莩同。」苦候切。案：《集韻》此字有四音：候韻丘候切，屋韻空谷切，尤韻披尤切，虞韻芳無切，義並同；兩溪母，兩滂母，彼此聲不相及，而並為次清送氣音。雖係以溪母㱿字為聲，而不必溪母音即為其本讀。但《廣韻》收三音，溪母二讀同《集韻》，尤韻音甫鳩切，與《集韻》音異，從知甫鳩切必是誤音。《集韻》披尤切，與《全王、王一、王二》正合。

7.㙶

《說文》：「㙶，受錢器也。从缶，后聲。」大口切，又胡講切。段注云：「胡講，音之轉也。大當作火。」案：《廣韻》厚韻未收此字，講韻胡講切記又音，《古逸叢書》本作「又夫口切」，《十韻彙編·校記》云：「夫，澤存、棟亭兩本同作火，巾箱、符山堂兩本同作大。」《玉篇》音大口切，《集韻》見徒口切下。曉與匣清濁不同，胡講之音不應轉為火口，大字是。㙶蓋如今之撲滿，錢自小孔投入，其名即受音於投；投字度侯切，故㙶字有大口之音。

8.极

《說文》：「极，驢上負也。从木，及聲。」其輒切。案：极即今之笈字，《廣韻》笈字有其立、其劫、巨業及楚洽四音，三群母，一穿母，義並同。

9.欼

《說文》：「欼，欼欼戲笑皃。从欠，之聲。」許其切。段注云：「此今之嗤笑字也。《廣韻》畫欼嗤為二字，殊誤。〈文賦〉曰：雖濬發於巧心，或受欼於拙目。李善曰：欼，笑也，與嗤同。」又於許其切下云：「按當赤之切。」案：段以欼嗤同字，清儒多為此說，衡之皎然可信。其字既以之為聲，其本音當如段氏所言為赤之切；但許其切亦非誤讀，實由其送氣成分所分化，例同前舉畜字土字，並參下

文抙。

10.猷

《說文》：「猷，小犬吠。从犬，敢聲。」荒檻切。案：《廣韻》又見闞韻下瞰切及陷韻楚鑒切，並云小犬聲。

11.奊

《說文》：「奊，瞋大聲也。从大，此聲。」火戒切。案：《廣韻》字作炡，怪韻許介切引《說文》，又與此字同見於紙韻雌氏切，注云「直大也，《說文》火介切，瞋大聲也。」

12.慐

《說文》：「慐，精戇也。从心，毳聲。」千短切。案：段注云：「《篇、韻》呼骨切。」

13.㵤

《說文》：「㵤，夏有水冬無水曰㵤。从水，學省聲。」大徐胡角切，小徐士角反。案：《爾雅·釋水·釋文》云：「《字林》火篤反，郭同，又徂學反。」《廣韻》見士角，胡覺二切，《集韻》又收呼酷切。

14.灘

《說文》：「灘，水濡而乾也。从水，鸛聲。《詩》曰：灘其乾矣。灘，俗灘从隹。」呼旰切，又他干切。段注云：「《詩·釋文》引《說文》他安反，大徐益以呼旰切，非也。」案：小徐音騫罕反，騫當是騫之誤，騫罕同呼旰。《全本王韻》翰韻呼半反灘下云水濡乾，《廣韻》呼旰切同；《詩·中谷有蓷》今字灘作暵，毛云菸皃，即水濡而乾義之引申，《釋文》音呼但反，是灘音呼旰切不誤之說。唯呼旰之音，不得以鸛為聲，本音當是他旰切，與態、袽、㾑、聘分从能、奴、匿、冉為聲一例，因次清送氣音變演而為呼旰切。《爾雅·釋天》：「太歲在申曰涒灘。」《釋文》「灘，本或作攤，郭勑丹、勑旦二反。」

是其字平聲透母讀音之外，尚有去聲透母讀音之證。

　　15.鯜

　　　　《說文》：「鯜，魚子已生者也。从魚，憿省聲。」徒果切。案：
段注云：「《集韻、類篇》又翾規切。」

　　16.挲

　　　　《說文》：「挲，積也。从手，此聲。」前智切。案：《廣韻》
寘韻疾智切挲下云「《說文》積也」，又奇智切亦收挲字，云「積也，又
前智切」。

　　17.捇

　　　　《說文》：「捇，裂也。从手，赤聲。」呼麥切。段注云：「《
釋文》采昔反。」案：見《周禮・捇拔氏》。《說文》：「圻，裂也。从
土，斥聲。」丑格切。圻捇實同一字，《集韻》捇又見陌韻音郝格切。

　　18.墮

　　　　《說文》：「陸，敗城阜曰陸。从阜，坴（段云：許書坴字蓋或
古有此文，或𡚒左爲聲，皆未可知）聲。墮，篆文。」許規切。案：
《說文》：「陊，落也。从阜，多聲。」徒果切。《集韻》果韻杜果
切收陊陸墮同字，是也，音參鯜字。《集韻》吐火切墮下云墜，墮即
墮字。《廣韻》墮亦音他果切，注云「倭墮髻也」，義與墜相因。

　　19.酨

　　　　《說文》：「酨，酢漿也。从酉，戈聲。」徒奈切。案：《廣韻》
又見昨代切，義同。端、精兩系聲不相通，此以全濁送氣音爲其轉變
樞紐。

貳、同源詞

　　同源詞的認定，除去意義必須相同，還須具有語音關係。後者通
常認爲可以包括三種情況：一聲韻俱近，二雙聲，三疊韻。聲韻俱近

如走趨、創傷（以上同陰陽）、葆苗（一陰一入）、耐能（一陰一陽）、迎逆（一陽一入）之類，其爲同出一源無可疑。僅具雙聲的，如薑、蒠，謨、謀，稈、稾，蠅、羊，爾、汝、若、而、戎，毿毸、婆娑，徘徊、彷徨。因爲聲母發音部位及各種發音方式彼此間顯著不同，不易產生淆混，而舌的前後高低位置略有不同，便可以形成元音的差異，致使韻母產生變化，像這樣的例子，聲同韻異，顯然也應視作語同一源；至於如鳥與佳、彫與敦幽部與微文部之間的大量平行對應語彙⑬，其爲同源之詞，自然更沒有置疑的空間。如其僅具疊韻關係的詞彙，既與前一類情況相反，所謂「疊韻相迻」⑭的主張，理論上是不能成立的。但有兩點不在此限。其一，本由複聲母發展而來，如命與令，來與麥，或如蘇與禦⑮、纇與額，其先分別爲m1-、sŋ-複母，從一音節演化而爲單一聲母之二音節。其二，其一者爲送氣聲母，一者爲曉或匣母；或二者並爲送氣讀音。後者正是本文此下所欲列述者。

1.芳與香

《說文》：「芳，香艸也。从艸，方聲。」敷方切。又：「香，芳也。从黍从甘。」許良切。案：段注改芳下香艸爲艸香，與香訓芳相合。香即芳之送氣成分獨立爲音。兩者韻母雖有開合之別，據李方桂先生〈上古音研究〉⑯所說，合口實出於開口，芳字原亦讀開口音。

2.芬與薰

《說文》：「芬，艸初生其香四布也。从艸，分聲。」撫文切。又：「薰，香艸也。从艸，熏聲。」許云切。芬與薰和芳與香的結構相當，香的音出於芳，從知薰的音出於芬。《左傳·僖公四年》「一薰一蕕」，杜注：「薰，香艸；蕕，臭艸。」古人謂香爲薰，香艸所以有薰之名，正如古人謂臭爲蕕，而蕕又爲臭艸。《說文》：「䈽，久屋朽木。从广，酉聲。《周禮》曰『牛夜鳴則䈽』，臭如朽木。」與久切。《廣韻》䈽又與蕕字同以周切，是古人謂臭爲蕕之證。

3.葩與荂、花

《說文》：「葩，華也。從艸，皅聲。」普巴切。又：「荂，艸木華也。從𤇾，于聲。荂，荂或從艸從夸。」況于切。或體荂下段注云：「〈釋草〉有此字，郭曰今江東呼華爲荂，音敷。按今俗皆言花，呼瓜切。《方言》曰：華、荂，晠也。齊楚之間謂之華，或謂之荂。〈吳都賦〉曰：異荂蓲蘛。李善曰：荂，枯瓜切。」又《說文》：「𦾔（今華字），榮也。」戶瓜切，又呼瓜切。段注云：「俗作花，其字起於北朝。」案：荂華原同字，本音況于切或呼瓜切，爲葩語送氣成分的獨立音節，後因分別名動，由呼瓜轉爲戶瓜。郭璞音荂爲敷，敷近葩字之音，是荂音出於葩之證。李善音荂枯瓜反，《方言》郭注亦音誇，則又由呼瓜之音所轉出，仍爲送氣音。

4.嚭、噽與喜

《說文》：「嚭，大也。從喜，否聲。《春秋傳》吳人有大宰嚭。」匹鄙切。段注謂「訓大，當從丕」，引《集韻》字一作噽爲證。朱駿聲云：「按《史記・伍子胥傳》伯嚭《論衡》作帛喜，《文選》（案見〈廣絕交論〉）作帛否；又按〈檀弓〉有陳（字純案：《禮記》誤，陳當作吳）太宰嚭，《漢書・古今人表》作太宰喜。從丕，喜聲，與大義方合。」案：二家說字從丕是，噽即丕字，人名之丕，其送氣成分別爲音，於是加喜聲而爲噽；其字又作嚭者，或涉喜字從口而誤，或後人據如《文選》注作否而改之。許君隸丕字於一部，故以噽字隸屬於喜部，而云「從喜丕」會意，今本當出後人臆改；如本云「從喜，否聲」，不得訓其義爲大。

5.恐與兇

《說文》：「恐，懼也。從心，㧐聲。」丘隴切。又：「兇，擾恐也。從儿在凶下。《春秋傳》曰曹人兇懼。」許拱切。案：兇恐二字韻同東部，聲調亦同，兇之音即從恐出，《春秋傳》兇懼即恐懼。

6.臭與齅

《說文》：「臭，禽走臭而知其迹者犬也。从犬自。」尺救切。又：「齅，以鼻就臭也。从鼻臭。」許救切。案：齅本是臭的轉注字，故《集韻》許救切收臭字，而云「逐氣也」。

7.赤與赫

《說文》：「赤，南方色也。从大火。」昌石切。又：「赫，火赤皃。从二赤。」呼格切。案：赤皃、赤色二義相因，赫即赤語之分化，書作二赤只爲分別字形。《詩・簡兮》云「赫如渥赭」，義與言赤如渥赭無異；郝从赤聲音呼格切，捇从赤聲音呼麥切，又捇一音采昔反，采昔與昌石其先僅有介音之不同⑰，充分證明赤赫原是一語。

8.烌與烘

《集韻》東韻他東切：「烌，以火煖物。」案：今謂以火煖物爲烘，相當於《廣韻》呼東切訓「火皃」的烘字之音，即此烌字送氣成分之別爲音節。

以上各組字例，並發生於次清塞音或塞擦音與曉母之間。

9.咆與嘷

《說文》：「咆，嘷也。从口，包聲。」薄交切。又：「嘷，咆也。从口，皋聲。」乎刀切。案：兩字古韻並屬宵部，僅有甲類或乙類韻⑱的差異，即其聲調亦同，嘷當是咆的分音。《集韻》豪韻蒲褒切「嚗，鳴也」，肴韻蒲交切嚗爲咆或體，然則咆嘷有同爲一等的讀法。

10.方與斻

《說文》：「方，併船也。象兩舟省總頭形。」府良切。又：「斻，方舟也。从方，亢聲。禮天子造舟，諸侯維舟，大夫方舟，士特舟。」胡郎切。案：方字府良切，疑是方正字讀音，方舟字原讀並母甲類韻（參注⑱）。知者，閩南語開航的航音爲phaŋ，航與斻同字，

即斻字用作動詞，與〈河廣〉詩言「一葦杭之」相同，phaŋ便是方舟字的古讀，只是濁聲已經清化，聲調則爲陽聲，可爲憑證。許君云「方，併船也」，此是自字形言之；若由語源而言，則方之言並。是故《爾雅・釋水》「大夫方舟」，李注「並兩船曰方」，《莊子・山木》「方舟而濟于河」，司馬注亦云「方，並也」。此外，〈抑〉之詩云「天方艱難」，〈白華〉之詩云「天步艱難」，天方即天步，陰陽對轉，故〈桑柔〉之詩亦云「國步斯頻」；又彷徨字古本作方皇，「維鳩方之」方之即旁之，都說明方字古有並母甲類韻讀法，而有此等假借爲用。

　　11.佗、抲、馱與何、荷、賀

　　《說文》：「佗，負何也。从人，它聲。」徒何切。案：《集韻》哿韻待可切抲下云「擔也」，《廣韻》箇韻：「馱，負馱（正注文並作馱，从犬無義，當是从大聲，同紐收大字，是其明證），唐佐切。」即佗之上、去聲，是故《集韻》馱又見戈韻唐何切，與佗同音。又《說文》：「何，儋也。从人，可聲。」胡歌切；《廣韻》哿韻荷下云「負荷也，胡可切」，下出何字云「上同」；箇韻賀下云「擔也，胡箇切」；分別與佗、抲、馱三字音義相當，當出一源；故《集韻》抲字又與荷何同字，見哿韻下可切。抲即何字易人爲手，在通行用何爲姓氏及語詞之後。自徐鉉指出佗即《史記》橐佗字，學者都知道駝爲佗俗書，而不知佗何本同一語。馱字不見於先秦古籍及《說文》，但大聲古韻屬祭部，祭與歌其始雖同一部，周代已歧分爲二，大字用爲太甚義，音義書或韻書相傳有箇韻讀法，《釋文》不云「徐讀」、「劉讀」，即云「舊音」，以此言之，馱以大爲聲，而音在果攝，非後人所能造得，當是相傳古字，許君偶一失收而已。

　　12.遝與迨

　　《說文》：「遝，合也。从辵，眔聲。」徒合切。又：「迨，遝

也。从允，合聲。」侯閤切。案：二字古韻同緝部。

13.團與丸、圓

《說文》：「團，圓也。从囗，專聲。」度官切。又：「丸，圓也。从反仄。」胡官切；「圓，天體也。从囗，睘聲。」王權切。案：團丸圓三字古韻同屬元部，團丸二字且同爲甲類韻，圓屬丙類韻（參注⑱）略有不同，當爲一語之轉音；又變易而爲文部之圓，中古與圓同王權切。《說文》摶下云「以手圓之也」，篿下云「圓竹器也」，並以圓字爲聲訓，與團下云圓同，或許君早已體會出定匣二母間的聲音關係；摶篿並音度官切。

14.啿與𠃌、含

《說文》：「啿，含深也。从口，覃聲。」徒含切。又：「𠃌，啿也。艸木之𦯖未發函然，象形。讀若含。」胡男切。案：啿古韻屬侵部，𠃌屬談部，兩部音近；許君云𠃌讀若含，疑二字其時已讀同一音。《說文》含下云「嗛也」，嗛下云「口有所銜也」，蓋以含苞之含爲𠃌字假借，則𠃌讀若含與墨讀若默同一例，銜含之含與𠃌實亦一語；又𠃌下所云「函然」之函，亦與𠃌含同語族。

15.道、覃與函

《荀子・禮論》：「道及士大夫。」楊倞云：「道，通也。言社自諸侯通及士大夫也。或曰道，行神也。《史記》道作蹈，亦作啗。司馬貞曰：啗音含，苞也。倞謂當是道誤爲蹈，傳寫又誤以蹈爲啗耳。」盧文弨云：「《史記集解》本道及作函及。」王念孫云：「楊注皆出於小司馬，其說道啗二字皆非也。道及者，覃及也。」又《史記・禮書》王氏《雜志》云：「錢氏曉徵《史記考異》曰：予謂函及者，覃及也。《說文》𠃌，啿也。讀若含。函從𠃌得聲，亦與啿同義。〈士喪禮〉中月而禫，古文禫作導。《說文》：梒，讀若三年導服之導。亦謂禫服也。導與禫通，則亦與覃啿通。而啗又與啿同音，是文異而

實不異。念孫案：錢謂導與覃通，導及士大夫即覃及士大夫，是也。〈大雅・蕩〉曰：覃及鬼方。《爾雅》覃，延也。言社自諸侯延及士大夫也。函當為臽。啗字從臽得聲，是臽與啗古同聲。故鄒誕生本作啗，即臽之異文也。啗與覃古亦同聲，故鄒本之啗及即《詩》之覃及也。錢以函及為覃及，非也。函訓為容，非覃及之義；函與啗亦不同聲，若本是函字，無緣通作啗也。臽字本形與函相似，因譌為函。」案：古韻幽部侵部音近[19]，是故道及與覃及相同；至於道及《史記》或作函及或啗及，則因函聲臽聲古韻屬談部，侵談二部音相近，方言或混而不分，於是形成此一現象，不如王氏所解。炎聲古韻亦在談部，許君於棪下云讀若三年導服之導；丙下許君亦云讀若三年導服之導，其古韻與函聲、臽聲、炎聲相同，是王說不行之證。聲母方面，道、覃、啗與函之不同，當因定母含匣母成分的緣故。啗從臽聲讀徒敢、徒濫二音，又正與啗、函為異文相互發明。

16. 提與攜

《說文》：「提，挈也。从手，是聲。」杜兮切；「攜，提也。从手，巂聲。」戶圭切。案：二字古韻同佳部，同丁類韻（參注[18]），且同聲調，僅開合為異；言古音者，有合口出於開口之說，而不必其先聲母為圓脣讀法[20]。

17. 莛與莖

《說文》：「莛，莖也。从艸，廷聲。」特丁切；「莖，艸木榦也。从艸，巠聲。」戶耕切。案：二字古韻同耕部，聲調亦同。

以上諸例，並發生在全濁塞音與匣母之間。此外，如《說文》：「掘，搰也。从手，屈聲。」衢勿切；又「搰，掘也。从手，骨聲。」戶骨切。二字同古韻微部入聲，聲母一群一匣，牙音與喉音雖本是混然的一體，搰的語言實由掘的送氣成分衍化而來。僅舉此二例，《說文》中相同現象未蓄意蒐討。

18.肧與胎

《說文》：「肧，婦孕一月也。从肉，不聲。」芳杯切；「胎，婦孕三月也。从肉，台聲。」土來切。案：不聲台聲古韻同之部。許說二字義略不同，初不過爲正名主義的訓詁㉑，並非實有此分別。是故《爾雅‧釋詁》郭注及《釋文》引《淮南子‧精神》，並云「一月而膏，二月而胅，三月而胎」，而《文子‧九守》云「三月而肧，四月而胎」，《文選‧江賦》李注引《淮南子》云「三月而肧胎」，各不相同，是爲其證。二字讀音既與魄字土字不異，原是一名衍爲二音，信無可疑。

上一例發生於不同發音部位的全清送氣聲母間。

19.防與唐、隄

《說文》：「防，隄也。从阜，方聲。」符方切；「隄，唐也。从阜，是聲。」杜奚切。案：《說文》唐下云「大言，从口，庚聲」，隄下云唐，自是唐字借用之義。防與唐古韻同陽部，唐字徒郎切，二字聲母關係與土字魄字及肧與胎大同，但有清濁之異，當語出一源。隄與唐雙聲，亦當爲語轉。

20.陂與池

《說文》：「陂，阪也；一曰池（原作沱，依段注改）也。从阜，皮聲。」彼爲切；「池，陂也。从水，也聲。」直離切。案：陂字大徐彼爲切，《廣韻》同，小徐音彼移反，亦同，當是作阪義解的讀音，故《廣韻》但云「《書傳》云澤障曰陂」，而與阪字府遠切雙聲對轉。其「池也」一義，與陂阪字爲同形異字，音不必同。《集韻》蒲糜切陂下云「陂池」，正與池字同讀全濁塞音；二字古韻既同在歌部，韻類及聲調並同，當爲一語之轉。參防與唐條。

21.眔與及、隶

《說文》：「眔，目相及也。从目，隶省。」徒合切；「及，逮

也。从又从人。」巨立切。又：「枭，眾詞與也。从㲋，自聲。」其
冀切。案：《說文》：「隶，及也。从又，尾省，又持尾者，從後及
之也。」徒耐切。隶之義爲及，故釋眔之義爲目相及，而說其形从目
隶省。但眔字甲骨文金文作𭥃、𭥄、𭥅諸形，其下決不得爲隶省，目
相及之義因亦無可取信。（小徐省下多「讀若與隶同也」一句，是直
以眔爲隶轉注，其形既不相合，隶音徒耐切，音亦不同，疑是後人所
增。）據其字於卜辭及銘文用爲連詞，音義與及或暨字相當，蓋本是
泣字，象泣涕漣如之形，本音去急切，借用爲及字，音巨立切；因聲
母送氣成分爲樞紐，轉音而爲徒合切，於是有从眔聲音徒合切的遝字。兩
音古韻並屬緝部。巨立切之音轉入微部爲其冀切，用同暨字，而有《
說文》的枭字。枭爲眔字形誤，學者早有所見；許君引《尚書》枭字
今本作暨，是眔字又讀其冀切的證明。《說文》隶下云「及也」，又
逮下云「唐逮，及也」，二字同音徒耐切，據眔字由巨立切轉音爲徒
合切，聲母自群母變定母，韻類自丙類變甲類（參注⑱），徒耐切的
隶逮，顯然亦自其冀切的眔枭所轉成；其字則如《說文》所說，與眔
的字形略無所關。

　　以上諸例，並形成於全濁塞音之間。

叄、連緜詞

　　連緜詞分雙聲及疊韻兩類，構成連緜詞的要素，自然便是聲母的
雙聲或韻母的疊韻條件。前者不是本文所論及的。後者通常不更注意
其彼此間聲母上的關係，實際如下所舉諸例，兩者間聲母上 h 或 ɦ 音
素的重疊，顯然爲其構成上不可缺少的要素；參考如葩花、芳香等字
之間的孳生關係，即使說此類連緜詞的兩音節出於一音節的敷衍，不
必即爲妄言（參下符籥一例）。此點似不曾見學者有所論列，現將所
見諸詞列述如下。

1.判渙

《詩・訪落》：「繼猶判渙。」《毛傳》云：「判，分；渙，散也。」案：判渙疊韻詞，不當分訓。判字普半切，渙字火貫切，古韻同屬元部，聲母ph與h部分重疊，

2.伴奐

《詩・卷阿》：「伴奐爾游矣。」《毛傳》云：「伴奐，廣大有文章也。」《鄭箋》云：「伴奐，自縱弛之意也。」案：伴奐二字古韻同元部，爲連緜詞，毛分別以廣大及有文章訓釋伴及奐字，不可取，文意似亦不合，當如鄭所改釋。《釋文》云：「伴音判，徐音畔；奐音喚，徐音換。」判、畔與喚、換有清濁之殊，姑據第一音列之於此，其濁音不更出。

3.婙妗

《說文》：「婙，婙妗也。从女，沾聲。」丑廉切；「妗，婙妗也。从女，今聲。」火占切。案：二字古韻同侵部，韻類聲調並同。

以上三詞，兩音節均在次清塞音與曉母之間（伴奐有異音，詳見上）。

4.徘徊

《說文》未收此二字。《荀子・禮論》云：「今夫大鳥獸……過故都則必徘徊焉。」楊注云：「徘徊，回旋飛翔之貌。」案：二字古韻同微部，《廣韻》灰韻徘字薄回切，徊字戶恢切。

5.盤桓

《易・屯・初九》云：「盤桓，利居貞，利建侯。」《正義》云：「盤桓，不進之貌。」案：二字古韻同元部，《廣韻》桓韻盤字薄官切，桓字胡官切。盤或作磐、般、洀，音並同。

6.彷徨

《說文》無此二字，本都用假借，或作方皇，見《荀子・禮論》；

或作房皇，見《史記・禮書》，或作旁皇。彷徨見《莊子・逍遙遊》，爲方皇轉注專字，故用以標目。二字古韻屬陽部，《廣韻》唐韻步光切彷及胡光切徨下並云「彷徨」。《荀子》楊注云「方皇猶徘徊也」。

7.穄程

《說文》：「穄，穄程，穀名。从禾，旁聲。」薄庚切；「程，穄程也。从禾，皇聲。」戶光切。案：《廣韻》庚韻薄庚切不收穄字，字見唐韻步光切。《廣雅・釋草》：「穄程，穄也。」曹憲音旁皇，與《廣韻》同。是穄程二字有讀韻母同者。

8.畔援

《詩・皇矣》：「無然畔援。」《毛傳》：「無是畔道，無是援取。」《鄭箋》云：「畔援，猶跋扈也。」案畔援連緜詞，不當分訓，鄭說是。《釋文》：「援，毛音袁，取也，又于願反；鄭胡喚反，畔援，跋扈也。」畔援二字古韻同元部，畔字薄半切，援字當從鄭讀甲類韻（參注⑱）音；漢石經作畔換，是其證。《漢書・敘傳》「項氏畔換」，顏注「畔換，強恣之貌」，與《釋文》引《韓詩》說「武強兒」義同，亦與鄭君跋扈之意不異。

9.跋扈

此詞首見《詩・皇矣》「畔援」鄭氏《箋》。《釋文》：「跋，蒲末反，扈音戶。」古韻二字分隸祭與魚部，二部元音相同，特韻尾爲異，而每相通轉⑳，仍可視作疊韻連緜詞（案可參考後權輿一詞）；今又知其聲母有 ɦ 音素的相同，兩音關係益密。且鄭云「畔援猶跋扈也」，畔與跋雙聲對轉，援與扈雙聲元音相同，跋扈與畔援當由一語孳衍爲二。

以上諸例，兩音節環繞於全濁塞音及擦音之間，擦音音節在後。

10.炰烋

《詩・蕩》「女炰烋于中國」，《毛傳》云：「炰烋猶彭亨也。」

《鄭箋》云：「烋烋，自矜氣健之貌。」《釋文》：「烋，白交反；
烋，火交反。」案：烋又為休美字，讀虛尤切（見《集韻》）或香幽
切，而《釋文》此云火交反，正與烋字疊韻。

11.彭亨

此詞見《詩·蕩》「女炰烋于中國」《毛傳》，已見前條。《釋
文》亨字音許庚反，彭字無音。《廣韻》彭字薄庚切，無異讀，《集
韻》同，彭亨、炰烋聲母清濁相副，明是一語之轉。又《廣韻》薄庚、許
庚兩切分別收憉、膨及悙、脝二字，云「憉悙自強」、「膨脝脹也」，並
與彭亨音同義通，為彭亨的轉注字。

以上連縣詞由全濁塞音及曉母所構成，曉母音節在後。

12.虺隤

《詩·卷耳》「我馬虺隤」，《毛傳》「虺隤，病也。」《釋文》：
「虺隤，呼回反，徐呼懷反；隤，徒回反，徐徒壞反。」案：虺隤二
字古韻同微部。

上列連縣詞亦由全濁塞音及曉母所構成，而曉母音節在前。

13.渾敦、渾沌

《左傳·文公十八年》「謂之渾敦」。杜注：「渾敦，不開通之
貌。」《釋文》：「渾，戶本反；敦，徒本反。」《莊子·應帝王》
「中央之帝謂之渾沌。」《釋文》二字音同渾敦。案：渾敦沌三字古
韻並屬文部。

14.餛飩、餫飩

《廣韻》魂韻餛及飩下並云餛飩，餛或作餫；餛字戶昆切，飩字
徒渾切。案：餫飩蓋即渾沌孳生語，轉注以食旁表義。在不分匣與喻
的方言區，或書作雲飩。

15.菡萏

《說文》：「菡，菡萏也。从艸，函聲。」胡感切；「萏，菡萏，

扶渠（渠，今作容，據段注改）華，未發爲菡萏，已發爲夫容。从艸，閻聲。」徒感切。案：菡萏二字古韻同談部。

16.號咷

《易・同人》「同人先號咷而後笑」，又〈旅〉「旅人先笑後號咷」。《釋文》：「號，戶羔反；咷，道刀反。」案：號咷二字古韻同宵部。

17.筹簹

《方言・五》：「筹簹，自關而西謂之筹簹，南楚之外謂之簹。」郭注：「筹簹，似籧篨，直文而粗，江東呼笪，音粗。」案：筹字胡郎切，簹字徒郎切，二字古韻同陽部。南楚謂筹簹爲簹，簹爲單詞；江東呼笪，笪亦單詞。《方言》又云：「簟，其麤者謂之籧篨，自關而東或謂之簦掞。」簟亦單詞，其音徒玷切，與簹同聲，當爲一語之轉。疑笪與簟、簹並是轉語，僅有韻尾-m、-n（或-t）、-ŋ的差異。但《廣韻》當割切笪下云竹籭，不讀定母，疑是受笪笞字影響而失其正讀。（案《廣韻》旱韻多旱切笪下云持也、笞也，翰韻得按切笪下亦云笞也。）因簹與筹簹相同，而簟、笪又具有與簹爲語轉的現象，前文云，「即使說此類連緜詞的兩音節出於一音節的敷衍，不必即爲妄言」，這是一個極值得注意的例。此外，簦掞疑又爲筹簹的轉音。《廣韻》胡臘切簦下云籧篨，是簦與筹具音轉關係。唯《方言》郭注掞音剡，恐是依其常見義誤讀。《集韻》琰韻以冉切掞剡同字，釋其義爲銳利，與郭音同。炎聲之字如談淡惔郯之類，多讀定母，因疑簦掞之掞，本與簹字雙聲。更參下籧篨條。

　　以上諸詞由全濁塞音及匣母構成，而匣母音節居前。

18.籧篨

《說文》：「籧，籧篨，粗竹席也。从竹，遽聲。」強魚切；又「篨，籧篨也。从竹，除聲。」直魚切。案：籧篨二字古韻同魚部，

與符籍爲對轉；而篨籧古同定母，籧符雖有牙音喉音之別，因牙音喉音相近的整體性，實際只是送氣塞音與擦音的不同，籧篨無疑即是符籍的音轉，籧與篨兩者間聲母之同具送氣成分，也便是兩者聲母的部分重疊處。《詩・新臺》「籧篨不鮮」，《毛傳》云「籧篨，不能俯者」，《國語・晉語》「籧篨不可使俯」，則是其粗竹席義的引申，蓋席粗則不易折屈。

19.芙渠、扶渠

《爾雅・釋草》：「荷，芙渠。」《詩・山有扶蘇》「隰有荷華」，《毛傳》：「荷華，扶渠也。」《爾雅釋文》：「芙音符，本或作扶。」案：芙扶苻同防無切，渠字強魚切，芙扶與渠古韻同在魚部。

20.雜遝、雜沓

《漢書・司馬相如傳》：「雜遝膠輵以方馳。」〈揚雄傳〉：「駢羅列布，鱗以雜沓兮。」案：雜字徂合切，遝沓二字徒合切，三者古韻並屬緝部。

以上三例，由全濁塞音或塞擦音所構成，發音部位全不相同，而同具送氣成分。又有下列三例，前二者一次清送氣音，一全濁送氣音，第二例韻母且不同部；第三例則其一爲全濁塞音，其一爲具 ɦ 成分的複母喻四，兩者韻部亦不同。

21.屆屄

《說文》：「屆，屆屄，從後相躡也。从尸，𦞠聲。」楚洽切；「屄，𦞠屄也。从尸，乏聲。」直立切。案：𦞠聲、乏聲古韻同在葉部。

22.夸毗

《詩・板》：「無爲夸毗。」《毛傳》：「夸毗，體柔人也。」案：夸毗二字毛不分別訓釋，《爾雅》收於〈釋訓〉中，前爲籧篨、戚施，後爲婆娑，並雙聲或疊韻詞，而夸毗二字古韻既不同部，聲母

發音部位亦絕相遠；《釋文》夸字苦花反，毗字無音，其本音《廣韻》房脂切（案䚹下引《說文》曰人臍也，今作毗），同紐收䠊字，云「跨䠊，體柔」，即由夸毗轉注以成。由今視之，二字同爲送氣音，聲母具有部分重疊關係，爲廣義之雙聲，與戚施以齒頭塞擦音及擦音之相同視作雙聲無異。

23.權輿

《爾雅・釋詁》：「權輿，始也。」案：此詞出《詩・權輿》「于嗟乎不承權輿」，權字巨員切，輿字以諸切。前者全濁塞音，後者讀zɦ複母，全濁音送氣成分受塞音影響濁化，同於zɦ的ɦ，形成兩音節的部分重疊；韻母則一元部，一魚部，兩者主要元音相同，結構與跋扈相彷彿。〈釋草〉又云「其萌虇蕍」，論者謂權輿爲虇蕍之音借，不知虇與蕍韻母視權、輿又遠，虇蕍當出權輿之後，其第二音節已自魚部變入侯部。

肆、諧聲字

《說文》說諧聲：「形聲者，以事爲名，取譬相成。」取譬，是說聲符與所諧之字，不必聲韻母完全相同；按之《說文》中形聲之字，往往如此。但既是音的譬況，亦自不得聲母或韻母兩方有任何一方的絕對遠隔，而必須是兩方兼顧。關於此點，我在拙著《中國文字學》㉓第三章第八節已經指出，諧聲字與聲符字的關係，聲和韻兩方面，與由《詩經》韻所得之古韻部，及以三十六字母爲基礎，參考異文、假借等資料所得之古聲類，分別相合，無異得到了明證，於此不待贅言。《說文》諧聲字，表面雖然也能見到一些僅具疊韻關係，聲母全然無涉的例子，除去由於小篆的形變，或者許君的誤說，以及確知爲複聲母或詞頭的原因（詳後），其餘大抵不出聲母同屬次清或全濁讀音範圍，包括曉母及匣母在內。從此等諧聲字看來，全濁塞音及塞擦音之爲送氣

讀法，其聲母方面的譬況，即憑恃 h 或 ɦ 的相同相近爲之表達，已是十分顯明。前文所舉同字異音諸例，其始或即屬於此類，其後始產生與聲符字發音部位相同的另一讀音。現將此類字例，依《說文》次第先後述之於下。

1. 犕

《說文》：「犕，牛羊無子也。从牛，畐聲，讀若糒糧之糒。」徒刀切。案：犕原作 犕，依段注改如此，从畐爲聲，今字作犕。畐字直由切。大徐犕音徒刀切，《廣韻》又昌來切，據許書讀若糒，糒字去久切，並送氣音，與畐字或聲同，或同爲送氣讀法。《集韻》去久切收犕字。

2. 喙

《說文》：「喙，口也。从口，彖聲。」許穢切。案：彖字通貫切。《廣韻》豥字呼犬切；又瘃、殢、餯、颲四字許勿切，並與此同。

3. 啗

《說文》：「啗，食也。从口，臽聲。讀若與含同也。」徒濫切。案：臽字戶韽切，又苦感切。啗字除徒濫切，《廣韻》又有徒敢切一音。兩者發音部位不相及，而不脫 h 或 ɦ 音關係。許君云讀若與合同，猶龢下云讀與和同，直視二者爲一字，更可見啗以臽爲聲，聲母並非無關。參同源詞節「道、覃與函」條。

4. 啖

《說文》：「啖，噍啖也。从口，炎聲。」徒敢切。案：炎字于廉切，上古屬匣母。

5. 嘓

《說文》：「嘓，高氣多言也。从口，蠆省聲。」訶介切。案：段注云：「《公羊‧襄十四年經》鄭公子嘓，二《傳》作蠆。」是嘓从蠆省之證。數名萬字本借蜂蠆字爲之，後爲其別，於蜂蠆字加虫旁，

或省作蠆。蠆字丑犗切。又蠆與蠍同物，二字古韻同祭部，蠍字許竭切，正與嘀字同聲，益見嘀以蠆爲聲，聲母上非無關係。

6.趀

《說文》：「趀，行也。从走，臭聲。」香仲切。案：臭字尺救切。參同源詞節「臭與齅」。

7.趨

《說文》：「趨，超特也。从走，契聲。」丑例切。案：契字苦計切，又苦結切。

8.赳

《說文》：「赳，走也。从走，出聲。讀若無尾之屈。」瞿勿切。案：出字赤律切，又赤季切。

9.遝

《說文》：「遝，迨也。从辵，眔聲。」徒合切。案：眔本音去急切，借用同及，音其立切，詳同源詞之「衆與及、泉」。

10.馨

《說文》：「馨，聲也。从只，甹聲。讀若馨。」呼形切。案：段注：「謂語聲也。晉宋人多用馨字，若冷如鬼手馨、生此寧馨兒，是也。」甹字普丁切。

11.談

《談文》：「談，語也。从言，炎聲。」徒甘切。案：此與啖字同例。

12.訓

《說文》：「訓，說教也。从言，川聲。」許運切。案：川字昌緣切。訓从川聲，參饎从喜聲及赤赫同字。

13.詍

《說文》：「詍，待也。从言，佂聲。讀若贄。」胡禮切。案：

《說文》：「伿，伿惰也。从人，只聲。」以豉切。喻四古讀 *zɦ-
複母，故昏以爲聲而讀匣母 *ɦ-。（只字諸氏切，上古讀精母*ts-，
與舌頭音無關，故伿从只聲而讀喻四*zɦ-。）許君云昏讀若餈，其字
生僻，今音尼戹切，其意不詳。（《廣韻》云：「餈，炙餅餌名。」
與《說文》「楚謂小兒嬾餈」之義大異，或者尼戹切爲餅餌名讀音，
與說文餈字讀音不同。《集韻》則合「楚謂小兒嬾餈」及「餅屬」二
義於尼戹切。）

14.詢

《說文》：「詢，往來言也。从言，匋聲。詢，詢或从包。」大
牢切。案：詢又作詢者，段注云「匋聲包聲同在三部」；包字今音布
交切，聲母與大牢之音不合。許君云：「包，象人裹妊，巳在中，象
子未成形。」又云：「胞，兒生裹也。」二者當本爲一字，後以包爲
包裹義，於是其音歧分爲二。胞字音匹交切，爲送氣音。包又與苞、
匏通用，《集韻》蒲交切收包爲匏或體，都可見包字原有送氣讀法，
故詢或从包聲。

15.詘

《說文》：「詘，詰詘也。从言，出聲。」區勿切。案：詘从出
聲，參前趉字條。

16.鞄

《說文》：「鞄，柔革工也。从革，包聲。讀若朴。」蒲角切。
案：鞄又作韗，以陶爲聲，見齊鎛之韗叔，韗叔即鮑叔，鮑氏以官爲
氏，鮑用同鞄，是韗與鞄同字之證。陶字徒刀切。參前詢字條。

17.齂

《說文》：「齂，臥息也。从鼻，隸聲。讀若虺。」許介切。案：
虺字呼恢切，與許介切同曉母；隸字徒耐切。

18.馨

《說文》：「鼛，鼛聲也。从鼓，合聲。」徒合切，案：合字侯閣切。

19.鼝

《說文》：「鼝，鼓無聲也。从鼓，咠聲。」他叶切。案：咠字七入切。

20.饎

《說文》：「饎，酒食也。从食，喜聲。䊠，饎或从巸。」昌志切。案：喜字虛里切，此與處字昌與切从虍聲同例，虍即虎省。或體以巸爲聲，巸讀與之切，饎字上古爲清母，不從透母來，*tsh與*zɦ音近，故或从巸聲作䊠。

21.饕

《說文》：「饕，貪也。从食，號聲。叨，籀文饕，从號省。」土刀切。案：籀文疑从虎口食會意，李斯等改「唬」爲號聲。號字乎刀切。

22.㼈

《說文》：「㼈，下平缶也。从缶，乏聲。讀若簿引昜。」土盍切。案：乏字房法切。

23.亳

《說文》：「亳，京兆杜陵亭也。从高省，乇聲。」旁各切。案：《說文》：「乇，艸葉也。从垂穗上貫一（小徐僅「穗上貫」三字），下有根。」金文作𠂂，小篆作𠂆爲其變形，許說與字形不合。林義光云：「乇即甲宅之宅本字」。甲宅見《易·解·象傳》，一本宅作坼，《廣韻》坼字丑格切，《釋文》音勑宅反。今讀乇字陟格切，未得其音之正。

24.覃

《說文》：「覃，長味也。从𣆪，鹹省聲。」徒含切。案：鹹字

胡讒切，覃从鹹聲，猶談淡从炎聲。雖金文覃字作，鹹省之說可疑。許說如此，姑存之。

25.楮

《說文》：「楮，木也。从木，虖聲。」丑居切。案：虖字戶吳切，又荒烏切。（楮，經傳皆書作樗字。《說文》樗字別出，云「樗，木也。以其皮裹松脂。从木，雩聲。讀若華。櫏，或从蕚。」乎化切。雩字羽俱切，又況于切。段氏互易楮樗二篆，今不從。）

26.櫄

《說文》：「杶，木也。从木，屯聲。櫄，或从熏。」」敕倫切。案：或體杶字从熏聲作櫄，熏字許云切。

27.枲

《說文》：「枲，木葉陊也，从木，㲃聲。讀若薄。」他各切。案：㲃字丑略切，與枲字他各切之音聲韻全合。段注：「陊，落也。小徐云此亦蘀字。」蘀字正音他各切。依許君讀若薄，枲从㲃聲，與亳从乇聲同例。

28.樞

《說文》：「樞，戶樞也。从木，區聲。」昌朱切。案：區字豈俱切。參貙字條。

29.梣

《說文》：「梣，木枝條梣儽也。从林，今聲。」丑林切。案：今字居吟切，梣从今聲，似即以送氣音與見母相近而取聲，猶如見母與曉、匣二母間之互諧。但許君以今為今時字，說以為从亼乀會意，不可解。其字本作𠆢，从倒口象含物之形，為含字初文；因借用為今時義，別於下方加口而為含字。中山嚳王鼎念字作𢗁，从含心會意，是今本含字之明證。然則梣从今聲，緣於梣的送氣音與今字聲母相同。別參岑及貪字。

30.髹

《說文》：「髹，桼也。从桼，髟聲。」許尤切。案：髟字必由切，與髹音許尤切聲不相及。今本髹下次皰篆，云：「皰，桼垸已，復桼之。从桼，包聲。」匹皃切。段注云「《篇、韻》步交切」。桂馥引《漢書·外戚傳》「其中庭彤朱而殿上髹漆」，顏師古注「今關東俗器物一再著漆者謂之捎漆，捎即髹聲之轉重耳」，並詳述髹漆之法。髹即髹字俗省，然則髹與皰當為或體，一从髟聲，一从包聲，髟包古韻同部，聲母亦同。其字本如匹皃、步交之音，許尤切則其送氣音之自為音節。

31.貪

《說文》：「貪，欲物也。从貝，今聲。」他含切。案：今本是含字，此原从含為聲（或从含貝會意）。詳參婪字條。

32.郝

《說文》：「郝，右扶風鄠盩厔鄉。从邑，赤聲。」呼各切。案：赤字昌石切。參䲭字、捇字。

33.郗

《說文》：「郗，周邑也，在河內。从邑，希聲。」丑脂切。案：希字虛衣切。此與絺字同例，詳絺字。

34.郋

《說文》：「郋，汝南召陵里。从邑，自聲。讀若奚。」胡雞切。案：自字疾二切。

35.郯

《說文》：「郯，東海縣。从邑，炎聲。」徒甘切。案：此與啖談同例。

36.穎

《說文》：「穎，禾末也。从禾，頃聲。」余頃切。案：頃字去

潁切，喻四之潁古讀 *zɦ- 複母。kh 與zɦ差近，是以潁从頃聲，參連緜詞「權輿」。

37.糗

《說文》：「糗，熬米麥也。从米，臭聲。」去久切。案：臭字尺救切。參趰字。

38.窞

《說文》：「窞，坎中更有坎也。从穴臽，臽亦聲。」徒感切。案：此與啗字同例。

39.瘈

《說文》：「瘈，小兒瘈瘲病也。从疒，㓞聲。㉔尺制切。案：《說文》無㓞字，忥下引《孟子》「孝子之心，不若是忥」，今本忥作㓞，當是从心，丮聲，故與忥字為異文，㓞字呼介切。

40.倓

《說文》：「倓，安也。从人，炎聲。讀若談。」徒甘切。案：此與啖字同例。

41.屪

《說文》：「屪，屆屪也。从尸，乏聲。」直立切。案：乏字房法切。

42.屈

《說文》：「屈，無尾也。从尾，出聲。」九勿切。段注：「九勿，當作衢勿乃合。」案：《廣韻》九勿切：「屈，屈產地名，出良馬，亦姓，楚有屈平。」不載無尾之義；而衢勿切云：「屈，短尾鳥。」故段說如此。此與趉从出聲同例，見前。

43.歠

《說文》：「歠，欲得也。从欠，臽聲。讀若貪。」他含切。案：此與啗字窞字同例，見前。

44.岑

《說文》：「岑，山小而高。从山，今聲。」徂箴切。案：今本是含字，故岑音徂箴切而以今為聲。詳參琴字。《說文》別有从金聲的鋟字，音魚音切。金今二字《廣韻》同音，岑與鋟聲符初不互易，而各顯宜適，不啻於今字之形義得其證明。

45.貙

《說文》：「貙，貙曼，似貍。从豸，區聲。」敕俱切。案：此與樞从區聲可以互參。

46.騁

《說文》：「騁，直馳也。从馬，甹聲。」丑郢切。案：甹字普丁切。此可與魄又讀同拓互參。

47.獫

《說文》：「獫，長喙犬也。从犬，僉聲。」虛檢切。案：僉字七廉切。

48.犯

《說文》：「犯，侵也。从犬，𢎝聲。」防險切。案：𢎝字胡男切。

49.炭

《說文》：「炭，燒木餘灰也。从火，屵聲。」他旱切。案：屵字五葛切，韻與炭字為祭、元對轉，聲亦似以炭的送氣音與疑母略近，例同曉、嶢之字从堯，故炭字从屵聲。但屵亦形聲字，从厂為聲，厂音呼旱切，與炭音為近，今不直从厂聲，而遠取於屵，於理不合。甲骨文屮與山形近，偏旁往往互亂，疑炭其始本作𡉣，从火厂聲，因別有从山厂聲的𡾋字（《說文》屵字訓岸高），其後兩者混同為一屵形，而以屵下加火者為炭字。《說文》又別有从「从屮省的屵字，義為岸上見，讀若躍，疑亦與下方加火的炭字的形成相關。

50.惔

《說文》：「惔，憂也。从心，炎聲。」徒甘切。案：此與啖字从炎一例。

51.潁

《說文》：「潁，潁水也。从水，頃聲。」余頃切。案：此與穎字同例。

52.氾

《說文》：「氾，濫也。从水，𠃌聲。」孚梵切。案：此與犯字从𠃌聲同例，氾犯但有清濁之異。

53.洎

《說文》：「洎，灌釜也。从水，自聲。」其冀切。案：自字疾二切。《書·無逸》「爰洎小人」，則與泉同字，俱爲𣍘的譌變。參同源詞節「眾與及、泉」。

54.淡

《說文》：「淡，薄味也。从水，炎聲。」徒敢切。案：此與啖字同例。

55.鮥

《說文》：「鮥，薧也。从魚，今聲。」徂慘切。段注云：「《廣韻》昨淫切，《玉篇》才枕、才箴二切。」案：此與琴岑等字同例。

56.扱

《說文》：「扱，收也。从手，及聲。」楚洽切。案：及字其立切。

57.挀

《說文》：「挀，裂也。从手，赤聲。」呼麥切。案：赤字昌石切。《周禮·挀拔氏·釋文》云「挀音采昔反。」

58.妝

《說文》：「�，人姓也。从女，丑聲。商《書》曰無有作�。」呼到切。案：丑字敕久切。今《尚書‧洪範》�作好，丑與子古形略近，疑�即孜的形誤，原不从丑聲，姑據《說文》收之。

59.絺

《說文》：「絺，細葛也。从糸，希聲。」丑脂切。案：希字香衣切，故絺字郗字从以爲聲。《說文》無希字，論者謂希與黹同，《集韻》早以爲一字收於旨韻展几切，並云或亦作絺。《說文》：「黹，箴縷所紩衣也。」陟几切（小徐眠雉反，眠誤爲眠），《廣韻》豬几切，音並與《集韻》展几切同，而與希字聲不相及。《說文》別有褚字，云「紩衣也，从衣黹，黹亦聲」，豬几切，且與黹字同音。許君既不以爲一字，其義有「重衣」與「重紩」㉕的名、動不同，其音或有分別。以畜、訑、吹、灘等字讀透曉二音例之，疑黹本讀透母，後世轉音爲丑脂切：因誤讀與褚同，而爲豬几切。金文黹作𠌥，象織文對稱形，希字篆文作𣄚，𣏚亦象織文，故希與黹同字。希今音香衣切，即黹字丑飢切送氣成分之自爲音。《書‧皋陶謨》「絺繡」，鄭本絺作希，是《集韻》希絺收作同字的張本，絺字正音丑脂切，《廣韻》丑飢切音同。《荀子‧王制》「東海則有紫紶魚鹽焉」，紶爲紷之誤，自王引之即已指出，紫字據金文〈曾伯簠〉黹字作𠌥，顯然便是黹的誤字，黹紷即絺紷，尤其可見黹字實有丑飢切之讀。絺从希聲，當然也便是由於透母送氣成分同於曉母的緣故。

60.蜨

《說文》：「蜨，蛺蜨也。从虫，疌聲。」徒叶切。案：疌字疾葉切。精與端本不相涉，此獨以疌爲蜨之聲符，顯然是因爲兩者並全濁音，同具送氣成分。

61.垍

《說文》：「垍，堅土也。从土，自聲。」其冀切。案：此與洎

字一例。

62.鍤

《說文》：「鍤，郭衣鍼也。从金，臿聲。」楚洽切。案：《廣韻》葉韻：「鍤，綴衣針，丑輒切。」又洽韻楚洽切鍤下云「《爾雅》曰斛謂之鍫，郭璞云皆古鍤字」，下出鍤字云「上同」。依《廣韻》，郭衣鍼之鍤與鍫字異體之鍤爲同形異字，後者音楚洽切，與臿字同音。前者音丑輒切，其字以臿爲聲，自聲母言之，只是由於兩者同爲送氣讀法。參鍱字條。

63.錟

《說文》：「錟，長矛也。从金，炎聲。讀若老聃。」徒甘切。案：此與啖談等字同例。

64.処

《說文》：「処，止也。从夊几，夊得几而止也。處，処或从虍聲。」昌與切。案：処加虍聲者，許君以虍義爲虎文，相傳音荒烏切，實爲偏旁中虎字的省作，虎音呼古切。參饇、訓、挔諸條。

65.𪐴

《說文》：「𪐴，且往也。从且，豦聲。」昨誤切。案：豦字強魚切㉖。

66.險

《說文》：「險，阻難也。从阜，僉聲。」虛檢切。案：此與獫字一例。

以上共計六十六字，居《說文》諧聲字與聲符字不同發音部位之絕對多數。其他如妃从己居理切聲芳非、滂佩二切，妃从己聲符鄙切㉗，㱿从交古肴切聲蒲角切，覵从見古電切聲他典切，涒从君舉云切聲他昆切，經从巠古靈切聲與禎叮同字敕貞切，唐从庚古行切聲徒郎切，噉从敢古覽切聲徒敢切，穨、隤从貴居胃切聲杜回切，造从告古到切聲

七到、昨早二切㉘，癡从疑語其切聲丑之切，挹从昌七入切聲伊入切，共十三例，並一方爲送氣音，一方爲牙喉音，前者含次清及全濁之滂、並、透、定、清、從六母，除牙音之溪、群不待計入，上古音之送氣聲母一應俱全；後者包括見、疑、影三音，亦凡牙喉音之不送氣音盡在於此。從送氣成分而言，兩者之互諧，等於牙喉音中各字母間之自相諧。然則，此等發音部位不同之諧聲字所以形成，必與其一方爲送氣音脫離不了干係。

　　無可諱言者，《說文》中自有發音部位無干，且無關於曉、匣二母及送氣音；或雖含曉、匣二母或送氣音而並不能以之聯繫的諧聲字例。前者如更从丙兵永切聲古行、古孟二切，貉从各古落切聲莫白切㉙，袂从夬古賣切聲彌獘切，駮从交古肴切聲北角切，畝从久舉有切聲莫厚切，岡从网文兩切聲古郎切，羔从照之少切省聲古勞切，稿从羔聲之若切，揣从耑多官切聲初委切，籈从竹張木切聲居六切，睞从夾古洽切聲即葉切，㚆从夾聲色立、所甲二切，拾从合古沓切聲是執切，收从丩居求切聲式州切，笰从勺市若切聲北角切，朔从屰宜戟切聲所角切，戇从贛古禫、古送二切聲陟降切。後者如穴从八博拔切聲胡決切，駁从爻胡芳切聲北角切，箴从咸胡讒切聲職深切，綏从妥他果切聲息遺切，顂从眞側鄰切聲口莖切等等，以及未能一一列舉者。但其中或則由於小篆形變及許君誤解，屬文字學處理範圍，或則涉及古音學，屬於如何看待的問題。前者如：更本作⦿，象鞭策馬股，爲鞭字初文，故便字从以爲聲音婢面切，《說文》古文鞭作⦿，即是⦿的變形；借以爲「變」，又易讀而爲「更」。籈字从竹表簡策，取「讀書論法」之意。睞从目从夾，意謂夾於目爲睞，睞睫同字。駁字从爻，示意毛色雜而不純。戇字則誤讀同憂，故《集韻》陟降切戇憂爲或體㉚。他如羔字因「羔小可烹，象羊在火上形」；揣本音常絹切，與木部訓度之椯同字；穴本象形；則前賢都早有成說㉛。後者如稿、㚆、拾、收、笰、

朔、箴、綏、幀，原並爲帶 S 或 Z 詞頭或複母讀法，故中如穋字又有
古沃切一讀，用爲春秋時齊地名書作禚，其異文作郜㉜，《釋文》分
別音章略反、古報反；朔之讀ʂŋ-，更有薛、孼、卸、御、穌、產、
蟄、燒等一時不能備舉的平行字例爲之扶持，沒有可以置疑的空間。
其聲母現象至今無可理解的，不過貉、袂、駮、畝、岡等爲數極少之字，
情形相同而爲本文所未列者，實際寥寥無幾。如果沒有尚未發現的原
因，以例外視之即可，終不致因此少數字無解，確立諧聲字不須聲母
相關的理論，而動及本文對上述近八十之數的諧聲，用曉、匣二母或
送氣音作爲聲母聯繫的觀點。

八十七年七月一日於絲竹軒

【附　註】

① 　科學出版社，北京，1956。

② 　中華書局，北京，1985。

③ 　清華學校研究院，北京，1928。

④ 　《王力文集》第十卷，山東教育出版社，1987。

⑤ 　見《屈萬里先生七秩榮慶論文集》，聯經圖書公司，臺北，1978。

⑥ 　江有誥《先秦韻讀》未收此條。我作〈先秦韻讀補正〉（《崇基學報》
第3卷第1期，香港中文大學崇基書院，1963），其時亦未見及。

⑦ 　見拙文〈荀子正名篇重要語言理論闡述——從學術背景說明名無固宜說
之由來及名有固善說之積極意義〉。（臺灣大學《文史哲學報》第十八
卷，1969）。

⑧ 　《中央研究院歷史語言研究所集刊》第六十九本，第二分。臺北，1998。

⑨ 　來、透兩母互諧字：諫字丑吏、洛代二切，鏈字丑延、力延二切，體字
他禮切，瘳字丑鳩切，綝、郴二字丑林切，里字丑六、恥力二切，獺字

他達切，寵字丑隴切，嘮字敕交切；厘 字力制切。又离字丑知、呂支二切，離、醨、讕三字呂支切，可參觀。

⑩　月、夕本同一形，後以中有無短畫爲別；婦本從帚字分化，原無女旁，後加女以異其形，歸字从帚，帚仍爲婦字。

⑪　如畸本讀同羈，今或讀同奇；嶼本讀同序，今讀同與；嫗本讀紓上聲，今或讀同歐；拈本讀奴兼切，國語音ㄋㄧㄢˊ，今或讀同占。

⑫　說見拙文〈有關古書假借的幾點淺見〉（第一屆國際訓詁學研討會論文集，1997）。

⑬　詳見拙文〈上古音芻議〉。

⑭　語見章炳麟《國故論衡》。

⑮　《詩·女曰雞鳴》「琴瑟在御」，阜陽漢簡御作蘇；《荀子·議兵》「蘇刃者死」，蘇讀爲禦。後者說見拙著《荀子論集·讀荀卿子三記》

⑯　《清華學報》新9卷1、2期合刊，新竹，1971。

⑰　拙文〈上古音芻議〉指出，小部分照、穿、床三等字出於精、清、從、審、禪二母則全是心、邪的變音，如采昔與昌石的源頭，只是*tshi-與*tshj- 的不同。

⑱　拙文〈上古音芻議〉分上古音爲甲、乙、丙、丁四韻類，分別爲介音 -ɸ-、-r-、-j-、-i- 的不同，中古變爲一、二、三、四等韻。

⑲　拙文〈上古音芻議〉，主張上古音侵部原有陰聲，其元音及韻尾擬作-əw，與幽部-əu音近，周代已混爲一幽部。韻尾以-w 與-u別，猶丙、丁二韻類及中古三、四等韻介音之分別爲-j-與-i-。

⑳　李方桂先生〈上古音研究〉，主張中古音牙喉音的合口音，於上古並讀開口，其聲母爲圓唇的kw、khw……，與不圓唇的k-、kh-……相對。

㉑　「正名主義的訓詁」，說見拙文〈正名主義之語言與訓詁〉（中央研究院《歷史語言研究所集刊》第54本第4分，1985）。

㉒　拙文〈上古音芻議〉，主張魚、祭二部元音同爲a，魚部陰聲無韻尾，入

聲收-k，祭部陰聲收-i，入聲收 -t，兩部通轉之例，如去與朅為轉語，金
文的霽即《尚書》的粵或越，趩侯鼎的幽夫即幽軷，等等。

㉓ 1994年定本，總經銷：臺北五四書局。

㉔ 《萬象名義》：「瘷，胡計反，解，癡。」兩義分據《方言·十二》及
《山海經·北山經·單張之山》郭注，或體作痩。《玉篇、集韻》並收
痩、瘷同字。隸書制肕形近，《爾雅、說文》鬐即犫字的形變，但《集
韻》有別體之瘷，而不見瘲字，故仍據《說文》恝字收之。

㉕ 見王筠《說文句讀》。

㉖ 《說文》：「且，薦也。」實俎之初文，故段注云：「此不用且之本義，
如登䇺不用豆之本義。」但段又云：「且往，言姑且往也，勿遽之意。」
或虞為遽省，本取以表意，姑據虞聲說收之。又案虞字別音居御切，與
戲音昨誤，關係同見與曉匣之互諧，說見下。

㉗ 妃、妀二字從己聲之說，因己與妃、妀古韻分屬之或微部，兩者聲又不
相及，學者多疑之。今以敏字例之，妃、妀古韻或本在之部，後始轉入
微韻，仍從許說列之於此。

㉘ 告本作屮，疑本有告曉及行竈二義二音，為同形異字，造本以行竈字為
聲，此姑據許說收列。

㉙ 貉字別有下各切一音，同《說文》云從舟聲之貈，貈從舟聲，聲韻母都
無可說。

㉚ 上列諸字，撰寫中之《說文讀記》並有詳細說明。

㉛ 揣字本《說文》段注，羔、穴二字據林義光《文源》。

㉜ 《春秋·莊公二年·左氏、穀梁》作禚，《公羊》作郜；又《莊公四年
·左氏》作禚，《穀梁》作郜。

兩套重要音標的比較研究

謝雲飛

一、前　言

　　「音標」是用來標注不知讀音的文字字音的一種工具。全世界各國家、民族、社群所用的標音工具種類極多，我們都可視之爲音標。如日本人讀漢文，往往會用「片假名」①來標音；英國人學漢語，往往用羅馬字②來標音；在世界各地傳教的西方傳教士，往往用羅馬字來紀錄沒有文字的各民族語音；一些「表音文字」的語言社群人士，當他們學習他族語言的時候，往往會用自己本族的記音字母去標注要學的新語言的語音。凡此一切用以標音的工具，我們都可視之爲「音標」。如果我們要把一套一套的音標都學會，都紀錄排比起來，可能會多得難以全錄，事實上也沒有那麼大的必要。單以標注我們漢語的音標來說，曾被人們使用過而且比較常見的，就有「注音符號」、「趙元任羅馬字拼音式」、「韋卓馬式拼音式（T.F.Wade's System）」、「耶魯大學拼音式（Yale System）」、「中共漢語拼音式」、「中華民國國語注音第二式」及「國際音標式」③等七套之多，這還不計晚明利瑪竇的《西字奇跡》及金尼閣的《西儒耳目資》中的拚音方式，而清末民初更有數十套沒有通行開來的「簡字音標」④，如果遍及世界各地語音標音工具，則「音標」種類之多就更不待言了。

　　就因音標之多，千頭萬緒而莫衷一是，所以有人提倡制作「國際音標」、使用「國際音標」，而本文所要討論的所謂「兩套重要音標」，

也是從國際音標中蛻化出來的，因此下文接下來必須先介紹一下國際
音標的內容。

二、國際音標

　　西元1886年，歐洲有好多位語言學的教授，他們有一個共同的感
覺：當代各國各民族各社群的不同語言，有許多不同的發音，這在語
言的教學、傳布、標音和記錄上來說，人人各自為政，沒有一套共同
的記錄工具；於是無論在教學、傳布和標注字音上，都產生了許多的
障礙。因此大家共同商議，首先是組織了一個國際性的專門研究語音、解
決發音和注音上許多難題的機構，名之為「國際語音協會」（The
International Phonetic Association），會址在英國的倫敦。在兩年
後的西元1888年，他們共同創擬了一套「國際語音字母」（Inter-
national Phonetic Alphabet），發表在他們的一個學術性刊物「語
音教師」（Le Maltre Phon'etique）上，並自此開始由全協會的會員
實施應用，並竭力推廣之。自那時段之後，協會的會務發展得非常之
快，很迅速地就受到全世界各角落的語言學者之重視，而自願參加該
協會的會員也遍布於全球各地，至於他們所創擬的「國際語音字母」，也
廣被世界各國的語言教師和語言學者所採用了。諸凡編撰字典、編輯
各種語言的會話課本、以及各類需要標音的書籍，都採用了這套字母
來注音。我們東方的一些國家，如我國、韓國、日本、印度、泰國等，凡
文字型式跟拉丁文相去較遠的，學者們都用「國際語音字母」來標注
自己原有的文字。既是「標注」，就不應稱之為「字母」，因此有人
主張把「International Phonetic Alphabet」譯成「國際音標」或「
萬國音標」。

　　自「國際音標」於1888年公布至今，已經有過許多次的「音符」
增加和修訂，每次增修的結果，都刊登在「國際語音協會」的會刊「

語音教師」上，凡需要此類資料的，都可去函向它們索取。

　　因爲國際音標是全世界統一的符號，所以我國的語言學者所做的語言學術工作，諸凡在研究論著中發表的學術作品：語音理論、語音分析、語音調查和記音，都是用這套符號來表達的。因爲這套符號有一個最大的優點，那就是：以一個記號代表一個音素的音值（Value），絕無一個字母有好幾個讀音的弊病，而且這是全世界的學者所公認的符號，凡是語言學者必定認得這套符號的音值，用這套符號撰述出來的學術著作，在標音方面來說，必是全世界的學者都能接受和認同的。

　㈠國際音標的音位：

　　初期的國際音標，以印歐語族（Indo-Eucopean　Family）的發音爲基礎，數量不多，計分元音（Vowel）、輔音（Consonamt）兩大部分；元音部分又分「舌面元音」（Dorsal　Vowel）「舌尖元音」（Apical　Vowel）兩部分，常用的音素音標總計不到35個。通常不論是元音或是輔音，因爲個別語言的差異，是可以隨語言聲音類別之異而隨時增加「附加符號」的。如果增加「附加符號」（Offix　Symbol）即能顯示標音的用意的話，那就增加「附加符號」也就好了，如「鼻化音」加鼻化符號，「送氣音」加送氣符號，「濁化音」加濁化符號，「清化音」加清化符號，「顎化音」加顎化符號等。但是如果某一特殊音素在某一語言當中使用的頻率特高，使用的人口數量很大，而爲此一音素特別新製一個音標的必要性產生了，這時候也就不妨爲此而特製一個新音標了。凡在原有的國際音標數量之外新增的音標，必需要繪制一個精確size的符號、說明發音的方法、詳述發音的部位、並繪制一個發音口腔圖、錄制精確的發音錄音帶，而後把這一切發音的資料寄給英國倫敦的國際語音協會登錄在案，而該協會就會按照一向的程序把它登錄下來的，同時也會公布在該協會的刊物〈Le　Maltre　Phon'etique〉上的。如果相同的音素已先有不同地區的不同民族寄

到新音標了，國際語音協會也會把先寄到的音標及其發音資料通知你，請你不必新製音標了，因爲與你相同的音已有人爲你制作音標了，你只消遵用也就好了。這種情況不論元音、輔音都是相同的，只要你有足夠的理由要增加音標，你便可依照前述的方法來增加。

輔音方面常用的音素音標，基本的還不到70個，其它因特殊語言的特殊發音而制作的次要音標大約也有50個，除此以外，又有些「超音質辨義」的符號⑤，如「音長的標號」、「音勢的標號」、「音高的標號」等等，如果使用的頻率很高的話，就必須制作符號來作標注之用，如我們漢語的「聲調」（tone），是列爲「首音位」的辨義單位的，因此也就必須特制符號來作標注之用。但是無論如何，符號必須有其「世界統一性」總還是最重要的。

　㈡**國際音標的元音**：

因爲只是原則性的介紹，所以附表、附圖中所列的音標數量，並非是倫敦國際語音協會登記在案的全部數量，表中所列的只是幾個最常用的音標而已。

元音圖中所列的是舌面元音在發音口腔中舌頭活動時的伸縮、升降示意圖，舌頭能高能低、能長能短，舌在口中的一靜一動、一張一弛，都必影響元音的發音。

（元　音　表）

舌尖或面／舌前後／音標及唇狀／舌高低	舌尖 前 展	圓	後 展	圓	舌面 前 展	圓	央 展	圓	後 展	圓
高					i	y	i	u	w	u
半高高					l	Y				U
半　高					e	o	θ	r		o
中					E		ə			
半　低			ɚ		ɛ	œ	з		ʌ	ɔ
半低低					æ					
低					a		A		ɑ	ɒ

展高唇前　i　y　圓唇
展圓唇央唇　i　u
展高圓唇後唇　w　u

```
l   Y
e o         ɔ  θ          Y  o
                                 U
E
        ə
ɛ œ         з          ʌ  ɔ
 æ
a                A          ɑ
前低                        後低
        a
```

(三)國際音標的輔音：

同樣地，輔音也只是原則性的介紹幾個常用的音標而已。一些次要的音標都沒有列進去，如果把國際語音協會的全部輔音都列上去的

話，對本文來說，根本沒有這個必要，因此也就從簡了。請參見附表：

（輔　音　表）

音標＼音類＼清濁	雙唇音		唇齒音		舌齒音		舌尖齒齦音		舌尖前顎音		舌葉前顎音	
發音方法	清	濁	清	濁	清	濁	清	濁	清	濁	清	濁
塞　　音	p	b					t	d	t	d		
鼻 化 音		m		m				n		ŋ		
擦　　音	φ	β	f	v	θ	ð	s	z	s	z	ʃ	ʒ
邊　　音							ɫ	ʎ		ʃ		
顫　　音								r				
閃　　音								ɾ				ɣ
半 元 音	ʍ	wy		ʋ				ɻ				

音標＼音類＼清濁	舌面中顎音		舌面		舌根軟顎音		舌根小舌根		喉壁音		喉門音	
發音方法	清	濁	清	濁	清	濁	清	濁	清	濁	清	濁
塞　　音	c	ɟ	C	ɟ	k	g	q	G				ʔ
鼻 化 音		n				ŋ		N				
擦　　音	ɕ	ʑ	ç	j	x	ɣ	χ	ʁ	ħ	ʕ	h	ɦ
邊　　音				ʎ								
顫　　音								R				
閃　　音												
半 元 音				j(U)(M)(W)				ɰ				

三、Daniel Jones 音標

國際音標（International Phonetic Alphabet）稱「IPA」，是

用以標注全世界各種不同的語言的語音的，因此如果總合起來的話，它的音素單位必然是相當多的，而在倫敦的「國際語音協會」登記有案的音標數量，是順時漸增的；不過，如果我們只用以標注某一個特定語言的語音的話，只消選取其中某幾個可用的音標就夠了。一般來說，一個語言的基本音位（Phonemes）的數量是很有限的，以日本語為例，雖號稱有50個音，但細數一下它的音位，只有5個元音，加上10個基本輔音與五個元相配，才能形成50個音節（Syllable）的，實際上它的基本音位只有15個而已，其它因在使用過程中所產生的「同化作用」（Assimilation）、「異化作用」（Dissimilation）、「顎化作用」（Palatalization）而形成了濁音⑥或舌面和唇化的現象，也無非是增加一些附加符號就夠了。如此說來，則其基本音位的數量仍然是不多的，日本語如此；其它各民族語音的音位雖或多些，但基本數量總還是有限的。即以英語為例，Daniel Jones從國際音標選出來標注英國標準音的基本音標，輔音只有22個，元音加上半元音也只有12個，經過複合、加上附加符號之後，總共加起來也不過40個單位左右。

　　也許有些人以為Jones音標是另外一套有別於國際音標的特殊音符，其實不然，事實上Jones音標就是國際音標，只因為它是選取國際音標中的一部分，專門用來標注英國音的英語用的一套音標，在數量上有別於音位很多的國際音標，就其使用的那一部分而言，其與國際音標之別只在「全部」與「部分」之異而已，它所用的每一音標的「音值」（Phonetic Value）是完全無別於國際音標的。

　　Jones的音標最早見於1917年出版的「英語發音字典」（Everyman's English Pronouncing Dictionary），本文音標採錄於他所編的該字典第十二版，此書自問世以來，至今已有八十餘年了。所以Jones所擷取的國際音標，似乎也已自成一套，人們對這套音標的印

象，像是Jones獨創了英語的國際音標似的。其實這是不對的，他只是擷取國際音標可用的部分，遺棄了英語不用的部份，如此而已。

茲列Jones音標的基本音位及其複合音位如下：

㈠元音（Vowels）：

1.基本音位：

〔i 〕：展唇前高元音。

〔e 〕：展唇前半高元音。

〔ε 〕：展唇前半低元音。

〔æ 〕：展唇前半低低元音。

〔a 〕：展唇前低元音。

〔u 〕：圓唇後高元音。

〔o 〕：圓唇後半高元音。

〔ɔ 〕：圓唇後半低元音。

〔ʌ 〕：展唇後半低元音。

〔ɑ 〕：展唇後低元音。

〔ə 〕：不展不圓的中央元音。

2.加符或複音位：

〔i:〕：〔i 〕的長音，〔:〕為長音附加符號，下同。

〔ɑ:〕：〔ɑ 〕的長音。

〔ɔ:〕：〔ɔ 〕的長音。

〔u:〕：〔u 〕的長音。

〔ə:〕：〔ə 〕的長音。

〔ai〕：由舌面前低到高的兩展唇音素複合。

〔ei〕：由舌面前半高到高的兩展唇音素複合。

〔iə〕：由舌面前高展唇到舌面中央的兩音素複合。

〔εə〕：由舌面前半低展唇到舌面中央的兩音素複合。

〔ɔə〕：由舌面後半低圓唇到舌面中央的兩音素複合。

〔uə〕：由舌面後高圓唇到舌面中央的兩音素複合。

〔ou〕：由舌面後半高到高的兩圓唇音素複合。

〔ju:〕：由舌面前高展唇「半元音」到後高圓唇的兩音素複合。

㈡**輔音**（Consonants）：

Jones音標的輔音音位，計擷取自「國際音標」中全部單輔音中的20個，另有添加「附加符號」及雙合的「複輔音」總共6個、「半元音」兩個，茲分別列舉如下：

1.單輔音：

〔p 〕〔b 〕：雙唇塞音，前清後濁成對。

〔f 〕〔v 〕：唇齒擦音，前清後濁。

〔t 〕〔d 〕：舌尖齒齦塞音，前清後濁。

〔k 〕〔g 〕：舌根軟顎塞音，前清後濁。

〔s 〕〔z 〕：舌尖齒齦擦音，前清後濁。

〔ʃ 〕〔ʒ 〕：舌尖前顎擦音；前清後濁。

〔θ 〕〔ð 〕：舌齒擦音，前清後濁。

〔l 〕：舌尖齒齦邊音，濁。

〔r 〕：舌尖齒齦顫音，濁。

〔h 〕：舌根軟顎擦音，清。

〔m〕：雙唇鼻音，濁。

〔n 〕：舌尖齒齦鼻音，濁。

〔ŋ 〕：舌根軟顎鼻音，濁。

2.加符或複合輔音：

〔l̩〕：小方點〔·〕是單獨作音節用的符號，〔l 〕為舌尖邊音。

〔m̩〕：即〔m〕加〔‧〕，作音節發音用。

〔n̩〕：〔n〕加〔‧〕，作音節發音用。

〔ŋ̩〕：即〔ŋ〕加〔‧〕，作音節發音用。

〔tʃ〕：舌尖前顎塞擦音，清。

〔dʒ〕：舌尖前顎塞擦音，濁。

〔hw〕：舌根擦音與舌面後半元音複合，〔h〕清〔w〕濁，複合後爲濁音。

3.半元音：

輔音與元音的區分界限在於：發輔音時氣流經過口腔必定會遭遇各種不同的阻礙；發元音時氣流經過口腔不論口腔的形態大小、圓展、舌位高低，必定是沒有任何阻礙的。有一種音，發音時氣流經過口腔之際，似有些微阻礙，但又不大感覺得到，它的響度則與元音無異，這種音我們就稱之爲「半元音」（Semivowel），也叫「半輔音」（Semiconsonant）⑦。Jones音標中有兩個半元音，即：

〔j〕：與〔i〕音色相同的半元音。

〔w〕：與〔u〕音色相同的半元音。

四、K‧K‧音標

美國的的語言學家John Samuel Kenyon和Thomas Albert Knott也採用了國際音標來編注了一部美國音的「A Pronouncing Dictionary of American Englis」字典，被學美國語的人所普遍採用，於是他們二人的這套音標也就流傳開來了。因爲他們的姓氏當中都有一個〔K〕字母，於是大家就稱這套音標爲「K.K.音標」了。

嚴格地說，「K.K.音標」不完全是國際音標，因爲他們雖擷取了國際音標中的部分符號作爲他們編注字典之用，其中有一小部分符號與國際音標相同，但所賦予的音值（Phonetic Value）卻是與國際音

標不同的，這一來與「國際語音協會」創制國際音標的基本原則就有很大的出入了，因爲國際音標的基本原則是「一音一符，一符一音」，每一符號的「音值」永遠不變，可用以標注世界任何一種語言。「K.K.音標」既與國際音標的這一項基本原則不符，因此我們就不能寬容地說：「K.K.音標也是國際音標。」當然，用什麼音標來標音，什麼符號該賦予什麼音值，都是可以任意改易的，只要有多人使用，能約定俗成就可以了。所以本文不說Kenyon和Knott的做法有什麼不對，只是特別提出來辨明：「K.K.音標不完全是國際音標」這一點。那麼K.K.音標中究竟有哪些音標不是國際音標的音值呢？茲分別說明如下：

㈠元音：

1.基本音位：

〔i 〕：展唇高前元音。

〔ɪ 〕：展唇半高高前元音。

〔e 〕：展唇半高前元音。（K.K.把〔e 〕當作〔ei〕音值用，與國際音標的標準音值有異；Jones用〔e 〕的音，K.K.都用〔ɛ 〕代替）。

〔ɛ 〕：展唇半低前元音。

〔æ 〕：展唇半低低前元音。

〔a 〕：展唇低前元音。

〔u 〕：圓唇高後元音。

〔ʊ 〕：圓唇半高高後元音。

〔o 〕：圓唇半高後元音。（K.K.把〔o 〕當作〔ou〕音值用，與國際音標的標準音值不符；Jones沒有單獨用〔o 〕的標音）。

〔ɔ 〕：圓唇半低後元音。

〔ʌ 〕：展唇半低後元音。

〔ɒ〕：圓唇後低元音。

〔ɑ　：展唇後低元音。

〔ə　〕：不展不圓的中央元音。

〔ɜ　〕：展唇半低央元音。

2.加符或複合音位：

〔ɝ　：〔ɜ　〕的尾音要捲舌。

〔ɚ　〕：〔ə　〕的尾音要捲唇。

〔ɪr　〕：〔i　〕〔r　〕複合的捲舌音。

〔ɛr　〕：〔ɛ　〕〔r　〕複合的捲舌音。

〔or〕：〔o　〕〔r　〕複合的捲舌音。

〔ɔr　〕：〔ɔ　〕〔r　〕複合的捲舌音。

〔ur　〕：〔u　〕〔r　〕複合的捲舌音。

〔aɪ　〕：由舌面前低到半高高的兩展唇音素複合。

〔aʊ　〕：由舌面前低展唇到舌面後圓唇半高高的兩音素複合。

〔ɔɪ　〕：由舌面後半低圓唇到舌面前展唇半高高的兩音素複合。

〔ju　〕：由舌面前高展唇「半元音」到舌面後高圓唇的兩音複合。

㈡**輔音**：

K.K.音標的輔音和Jones音標的輔音是完全相同的，比較小有區別的是：美國人說話求快、求省力，於是講話發音的時候有些含糊而減弱的現象出現，一般稱之為語音的「弱化作用」（Yodizing）。如「letter」、「theater」、「getter」、「batter」、「better」、「bitter」、「later」、「ladder」等等，字尾的「−ter」或「−der」含糊得只聽到一個快速之間一閃而過的「−r」音尾，其中的「−」已不是英語中的塞音「−t」了，而是一閃而過的舌尖閃音了。這種語音弱化的現象在美國話中很常有，可是同樣的字在英國話中就顯得清楚明確得多。類似這種現象在美國話中很多，必須親身實地去體驗

才能感覺得到，這就不是輔音音位差別的問題了。因此，在這裡我們
只能扼要地說：K.K.音標的輔音與 Jones音標的輔音是相同的，所以
在此也就不再列舉K.K.音標的輔音了。

五、兩套音標的比較

㈠元音：

例 字	Jones		K.K.		說　　　　　　　明
	音標	標　音	音標	標　音	
leaf	i:	[lːf]	i	[lif]	Jones的[i:]相當於K.K.的[i]。
live	i	[liv]	ɪ	[lɪv]	Jones音的長短辨義，K.K.音以音的位舌位高低辨義。
belt	e	[belt]	ɛ	[bɛlt]	舌位有半高e與半低 之別。
bad	æ	[bæd]	æ	[bæd]	元音æ相同，但Jones有時用長音[:]
balm	ɑː	[bɑːm]	ɑ	[bɑm]	Jones加用長音符號[:]。
grass	ɑː	[grɑːs]	æ	[græs]	不是音標的音值不同，而是字的發音不同
moss			ɒ	[mɒs]	K.K.音標中偶有用到[ɑ]，也用[ɔ]。
dollar	ɔ	[dɔlə]	a	[dalə]	不是音標不同，而是字的讀音不同。
dawn	ɔː	[dɔːn]	ɔ	[dɔn]	Jones加用長音符號。
look	u	[luk]	ʊ	[luk]	舌位有高與半高之別，U是美語中的弱化音
looby	uː	[luːbi]	u	[lubl]	Jones用長音uː，i和ɪ 也有音位之異。
luck	ʌ	[lʌk]	ʌ	[lʌk]	元音讀音完全相同。
bird	əː	[bəːd]	ɝ	[bɝd]	不是音標的音值有異，而是字的讀音不同
letter	ə	[letə]	ɚ	[lɛɚ]	美語的「−er」音要捲舌。
gate	ei	[geit]	e	[get]	二氏所用的音標不同，音值完全相同。
go	ou	[gou]	o	[go]	二氏所用的音標不同，音值完全相同。
like	ai	[laik]	aɪ	[laɪk]	二氏所用的音標不同，音值完全相同。
cloud	au	[klaud]	aʊ	[klaud]	二氏所用的音標不同，音值完全相同。
boy	ɔi	[bɔi]	ɔɪ	[bɔɪ]	二氏所用的音標不同，音值完全相同。
here	iə	[hiə]	ɪr	[hir]	不是音標的音值有異，而是讀音的不同。
four	ɔə	[fɔə]	or	[fɔr]	美語尾音捲舌。
tour	uə	[tuə]	ur	[tur]	美語尾音捲舌。
duty	juː	[djuːti]	ju	[djuti]	Jones加用長音符號。

　　從上列的比較表及各欄末的說明看來，K.K.音標基本上都是擷取國際音標及其標準音值來施用的。可是他取用國際音標而改變原有的音值的現象也有好幾個單位，英美發音有許多不同之處，同一字在標音上所顯示的差異，正因發音不同而有異，這原是標注字音的正常現象；另有一些美國話的習慣性「弱化音」，也是兩國語言不同的自然現象。比較有點兒問題的是〔ei〕〔e〕、〔ou〕〔o〕兩組音的差異，Jones音中的〔ei〕〔ou〕是前低後高的雙合元音，讀出來的音值是合乎國際音標的標準音值的；K.K.音標中的〔e〕〔o〕讀出來的音值卻是〔ei〕〔ou〕的音，用單元音的音標，卻賦予音標以雙合元音的音值，這在推行美語、便於施教與標注方面來說，這可能有某些方便之處，但以推行國際音標、忠誠於國際音標方面來看，卻是「推行國際語音教學」的一個阻礙，這是K.K.音標美中不足的地方。

　　至於〔ai〕〔aɪ〕〔au〕〔aʊ〕兩組，儘管K.K.音標中〔i〕〔u〕的單元音用半高高的舌位〔ɪ〕〔ʊ〕來顯示，可能是美語的這類音都有些「弱化」（reduction）的現象，其實複合音〔ai〕〔au〕的音尾這種弱化是原本就有的，而英語中的〔ai〕〔au〕和美語中的〔aɪ〕〔aʊ〕之別是根本就感覺不出來的，如果說為了要遵守「音位越少越好」的原則，則K.K.音標中〔i〕〔ɪ〕〔u〕〔U〕本來就是雙雙俱全，無法節省音位了。

　(二)**輔音：**

　　兩套音標的輔音音標、音位、音值都相同，無論是單一輔音的發音部位、發音方法、以及加符輔音、複合輔音、清濁與送氣的習慣⑧等都是完全相同的。原由是因為美語本是源於英語而來的，雖有小的異化，卻無大的差別，所以在這一方面就沒有什麼可特別比較評述的了。在此不妨把兩套相同的輔音再抄錄一遍（前文介紹Jones音標時已抄過一遍):

1.基本單輔音：

〔p 〕〔b 〕〔f 〕〔v〕〔t 〕〔d 〕〔k 〕〔g〕〔g 〕

⑨〔s 〕〔z 〕〔ʃ 〕〔ʒ 〕〔θ 〕〔ð 〕〔l 〕〔r 〕〔h 〕

〔m 〕〔n 〕〔ŋ 〕

2.加符輔音⑩：

〔l 〕〔m 〕〔ŋ 〕

3.複合輔音：

〔tʃ 〕〔dʒ 〕〔hw〕

六、結　語

　　音標只是一套工具，無論Jones音標或者是K.K.音標，只要使用起來能得心應手，也就是一套優良的工具了。本文之所以要把兩套音標作一比較，是因平日常會碰到一些自稱是英語發音專家的人，對兩套音標有很多的誤解，甚至一些自命爲專家的人，硬說K.K.音標即是標準的國際音標。經過前文的詳細比較、分析、說明之後，我們應該說：K.K.音標只是所用的符號採自國際音標，當中卻有小部分音標的音值不是國際音標的標準音值，如〔e〕＝〔ei〕〔O〕＝〔ou〕之類的現象，是很有問題的。所以我認爲編字典的、教書的人，你只能說你教美語所用的這套音標是「 K.K.音標」，卻不可說是標準的國際音標。因爲其中有若干音標是K.K.二人特別賦予的音值，而不是國際音標的標準值，所以我們不能說K.K.音標就是國際音標。

　　至於說這套音標究竟不好？我們不妨說它是很好的，因爲任何一套音標，只要你用習慣了，真正變成了你的工具之後，它就是再好也沒有的了。

【附　註】

① 日本人標注外文或音譯外來語，都用片假名。

② 俗稱「英文字母」，其實也是德、法、意、西、葡文的字母，所以應該說是「羅馬字」。

③ 以上各套國語拼音式，詳見拙著《中國聲韻學大綱》pp.13—38。

④ 中共在1952年前後，爲了改革漢字，曾蒐羅各地民間珍藏之早期簡字運動的各類簡字小冊子達五十餘種，一一予以影印出版，以供文字改革之參考。作者曾蒐購四十餘種，惜今已散失。

⑤ 「超音質音位」（Supra-Segmental Phonemes），指在基本元音、輔音以外的辨義成素，如音重、音高、音長、音弧、音聯等的辨義成分。趙元任先生稱之爲「上加成素」。

⑥ 濁音爲清音的相對稱謂，是我們老祖先的聲韻學術語。清音指聲帶不動的無聲輔音，濁音指聲帶顫動的有聲輔音。

⑦ 因爲它們的響度與一般元音無異，音色也近似元音，所以還是稱「半元音」的人較多。

⑧ 英美語言中的Ptk送氣不送氣與辨義無關，一般的Ptk都送氣，但習慣上在S後面的Ptk不送氣，如Speak、Stone、Sky，但讀成送氣也不算錯。

⑨ 英語中用〔g〕，美語中用〔g〕，其實不必區分。

⑩ 這是一些「輔音響音」作「音節」發音用的符號，其它附加符號還很多，沒有列入。

參考書目

吳炳鍾　1979　《大陸簡明英漢字典》　大陸書店　臺北

周同春　1990　《漢語語音學》　北京師大出版社　北京

梁實秋　1975　《遠東英漢大辭典》　遠東圖書公司　臺北

陳新雄等　1989　《語音學辭典》　三民書局　臺北

謝雲飛　1977　《語音學大綱》　學生書局　臺北

　　　　1987　《中國聲韻學大綱》　學生書局　臺北

Kenyon, John Samuel & Knott, Thomas. Albert

　　　　1950　*A Pronouncing Dictionary of American English* Dell
　　　New York

Gimson, A.C.

　　　　1970　*An Introduction to the Pronuncition of English* And ed.
　　　Arnold London

International Phonetic Association

　　　　1957　*The Principles of the International Phonetic Association*
　　　Department of Phonetics College London London

Jones, Daniel

　　　　1948　*Everyma's English Pronouncing dictionary* Longman
　　　London

Wijk, A.1966　*Rules of Pronuncition for the English Language* Oxford
　　　U. Press　London

宥藥二部古韻尚能細分嗎？

陳新雄

　　三十年前，我在詩英先師指導之下，完成博士論文《古音學發微》，先生譽爲「成一家言」，令我受寵若驚。在今日看來，古韻分部仍離不開三十二部左右，可見先生之知言。一九八五年，余迺永在他的《上古音系研究》裏，根據白一平（Baxter）①的說法，主張將宥、藥二部再析爲豪、沃與宥、卓四部。余迺永有一個很好的理由，那就是三等韻的重紐，凡喉、牙、脣下分兩類者，都是上古音的來源不同，而宥部也正好有兩類重紐，自然也可以根據這一觀點，把它區分爲兩部。我覺得在理論上，他是可以站得住腳的。可是他拿藥部與宥部相配，藥部方面，他又說「獨三等之藥韻，中古巳不分 A_1、 B_2 兩類耳。」②藥韻既不分重紐，則其以重紐區分古韻部之理論，於藥部則有杆格。余氏以爲宥部諧聲歸一二三 B_1 者爲：

　　毛高勞敖麃爻苗巢夭喬龠囂朝鼂叜肇表受幽梟兒暴盜号羔杲顯兆刀交

　　諧聲歸二三 A_1 四者爲：

　　奈堯臬幺票要焱焦料小了杳窅晶淼鬧弔釗皀笑尿

　　藥部一二三 B_1 諧聲爲：

　　龠隺樂虐業

　　二三 A_1 四諧聲爲：

　　敫勺卓翟弱爵斝雀

　　凡宵部諧聲在一二三 B 1 者，余氏稱作豪部；在二三 A 1 四者，余氏稱作宵部。藥部亦然，前者稱爲沃部，後者謂之藥部。豪、宵、沃、藥之分界是否如此清析，則有重新檢查之必要。照余氏理論，則豪、沃兩部之諧聲，應不出現於四等韻；反之，宵藥兩部之諧聲，則不見於一等韻，今即以此標準檢閱《廣韻》，以察其分配情形，是否如余氏之所分析者。

　　余氏豪部的諧聲偏旁理應只見於一二三 B 1，不應見於四等韻。但「兆」聲卻見於四等，平聲蕭韻「吐彫切」下有洮佻挑挑桃斛庞銚越姚；「徒聊切」下有跳佻越鮡；上聲篠韻「土了切」下有朓姚；「徒了切」下有窕姚眺誂挑；「苦皎切」下有磽；去聲嘯韻「他弔切」下有眺覜越咷頫絩；「徒弔切」下有銚；「刀」聲蕭韻「都聊切」下有貂刁刁䩬䩉芀紹鳭；「徒聊切」下有迢髫苕芀岧䩽；「勞」聲蕭韻有嶚；「羔」聲蕭韻有窯顤「交」聲上聲篠韻「古了切」下有皎佼咬狡；聲嘯韻「烏叫切」下有穾；「枭」聲上聲篠韻「子了切」下有劋藃。

　　余氏宵部的諧聲偏旁理應只見於二三 A 1 四，不應見於一等韻。但「尞」聲卻見於一等，平聲豪韻「魯刀切」下有簝；上聲皓韻「盧皓切」下有獠獠轑橑潦尞；去聲号韻「郎到切」下有漻；「堯」聲豪韻「呼毛切又奴巧切」下有撓。

　　是則余氏豪、宵二部之分，在諧聲字上，並無絕對劃分清楚之可能。

　　至於《詩經》韻腳是否有分用的痕迹，我們不妨徹底把《詩經》宵、藥部的韻譜，拿來看看，是否可區分開來。經我檢查《詩經》韻腳的結果，在余氏豪、宵部兩部之中，大多數都是豪部獨韻，其次爲豪、宵合韻的韻例，至於宵部單獨押韻者，簡直不成比例。茲分析於下：

豪部獨用者：

《詩・邶風・凱風》首章：夭勞。《詩・鄘風・干旄》首章：旄郊。《詩・衛風・碩人》三章：敖郊驕鑣朝勞。《詩・衛風・河廣》二章：刀朝。《詩・衛風・木瓜》二章：桃瑤。《詩・王風・黍離》首章：苗搖。《詩・齊風・甫田》首章：驕忉。《詩・魏風・園有桃》首章：桃殽謠驕。《詩・魏風・碩鼠》三章：苗勞郊郊號。《詩・陳風・防有鵲巢》首章：巢苕忉。《詩・檜風・羔裘》首章：遙朝忉。《詩・曹風・下泉》四章：膏勞。《詩・小雅・鹿鳴》二章：蒿昭恌傲敖。《詩・小雅・出車》二章：郊旟旄。《詩・小雅・鴻雁》三章：嗷勞驕。《詩・小雅・白駒》首章：苗朝遙。《詩・小雅・十月之交》七章：勞囂。《詩・小雅・蓼莪》首章：蒿勞。《詩・小雅・北山》五章：號勞。《詩・小雅・信南山》五章：刀毛胾。《詩・小雅・車舝》二章：鷮教。《詩・小雅・角弓》二章：教傚。《詩・小雅・黍苗》首章：苗膏勞。《詩・小雅・漸漸之石》首章：高勞朝。《詩・大雅・公劉》二章：瑤刀。

宵部獨用者：

《詩・邶風・柏舟》三章：悄小少標。《詩・鄭風・蘀兮》二章：漂要。《詩・檜風・匪風》二章：飄嘌弔。

豪宵合用者：（宵部字以＿識其下）

《詩・召南・采蘋》首章：藻潦。《詩・鄭風・清人》三章：消麃喬遙。《詩・小雅・角弓》七章：瀌消驕。《詩・大雅・旱麓》五章：燎勞。《詩・大雅・板》三章：寮囂笑蟊。

至若豪沃通韻之章，則可視為豪部獨用者相等。其通韻者如下：（沃部字以＿識其下）

《詩・周南・關雎》五章：芼樂。《詩・小雅・正月》十一章：沼樂炤虐。《詩・小雅・巧言》三章：盜暴。《詩・大雅・抑》

十一章：薿教虐耄。《詩・大雅・韓奕》五章：到樂。

其有豪卓通韻之章，則可視爲豪宵之通韻，其通韻者如下：（宵卓部字以＿識其下）

《詩・邶風・終風》首章：暴笑敖悼。《詩・衛風・氓》五章：勞朝暴笑悼。《詩・檜風・羔裘》三章：膏曜悼。《詩・魯頌・泮水》二章：藻蹻蹻昭笑教。

沃部獨用者：

《詩・鄭風・溱洧》首章：樂謔藥。《詩・鄭風・溱洧》二章：樂謔藥。《詩・唐風・揚之水》首章：鑿襮沃樂。《詩・秦風・晨風》二章：櫟駮樂。《詩・大雅・板》三章：虐謔蹻謔熇藥。

《詩・魯頌・有駜》一、二、三章：樂樂樂。

卓部獨用者：

《詩・大雅・板》三章：削爵濯溺。

沃卓合用者：（卓部字以＿識其下）

《詩・邶風・簡兮》二章：籥翟爵。《詩・衛風・淇奥》三章：綽較謔虐。《詩・小雅・南有嘉魚》首章：罩樂。《詩・大雅・靈臺》三章：濯鼛躍。《詩・大雅・崧高》四章：薿蹻濯。

從以上詩篇統計，宵部獨用者僅三章，卓部獨用者則更少，不過一章而已。甚至豪宵合用者尚有五章，較宵部獨用者尚多二章，沃卓合用者亦有四章，較卓部獨用者多出三章，可見宵部與卓部的獨立性確有問題。因爲研究古韻的人都知道，如果合韻的韻例，比獨用的韻例要多得多，這樣就很難說豪宵怎樣分，沃卓怎樣分，因爲這種分法，完全違背古韻分部以韻例多寡作爲分合之標準。豪之與宵，沃之與卓，在諧聲上既難劃分，在《詩經》用韻上又絕無分立之可能。則余氏豪宵、沃卓之分並無任何事實上之佐證，只不過是他個人的一種構想而已。即以重紐之理論言之，一韻在脣、牙、喉、音下俱有重紐者，在

古韻上本有不同之來源，可是卓部之獨立，就是在以重紐分別古韻部的理論，亦無跡象可尋。余氏把卓部獨立，純粹爲了與宵部配套而已。宵藥二部，余氏之分爲四部說既不可從，則今分古音仍爲三十二部也。

【參考書目】

陳新雄　古音學發微　文史哲出版社四刷　台北市(1996)。

余迺永　上古音系研究　中文大學出版社　香港(1985)。

王　力　詩經韻讀　上海古籍出版社　上海市(1980)

Baxter　Studies in Old Chinese Rhyming: Some further results. Paper presented to the Twelfth International Conference on Sino-Tibetan Languages and Linguistics. University of Alabama(1979).

【附註】

① 白一平(Baxter)說見於 "Studies in old Chinese rhyming: further results." Paper presented to the Twelfth International Conference on Sino-Tibetan Languages and Linguistics. University of Alabama.(1979)

② 余氏之A_1A_2，B_1B_2之分，其標準如下：㈠現代方言保持脣塞音，且中古同韻具兩組喉、牙、脣音字，其一組韻圖列四等，切下字系聯通舌、齒音者爲A_1類：切下字罕通舌、齒音者爲B_1類。有支、脂、眞(合口諄)、質(合口術)、祭、仙、薛、宵、幽、侵、緝、鹽、葉諸韻莫不然。方言、韻圖及切字系聯如A_1類；然同韻不別兩組喉、牙、脣者爲A_2類，有清、昔諸韻。然不出現重紐者爲B_2類，如庚三、陌三；同韻有舌齒音，且切下字得系聯者，有之、蒸、職諸韻；麻三更獨舌齒音字。至於之韻無脣音，麻三獨舌齒音者，何以知屬B類？乃據上古之部脣聲中古分入脂尤二韻；

並以其對應之中古入聲職韻，陽聲蒸韻保有不變輕脣一系之脣音字，以別於另一系入屋三及東三韻之現象故知。麻三蓋據中古元音之擬構及比照庚二、庚三之二、三等同韻，而三等脣音字不變讀輕脣所訂。㈡現代方言變讀脣齒音之中古三等韻，同韻暨不別重紐；韻圖又均列三等，其一五音具足如上舉　A類者屬C類，有東三、屋三、鍾、燭、魚(合口虞)、陽、藥、尤諸韻。另一類喉、牙、脣聲如B₁類者屬D類，有微、廢(合口文)、元、月、嚴　(合口凡)、業(合口乏)諸韻。以上見《上古音系研究》　p. 180-181。

句的探析

張文彬

壹、前　言

　　漢語語法中，最重要的三個主要研究課題是：一詞，二語（即詞組），三句（亦稱句子）。「詞」是表義的基本單位，屬於語法單位；「句」是語言單位。人類的思想是以句爲單位，若不成句，就不成爲思想，句必須是有所謂的，我們最少要說一句話才有所謂，所以句是語言單位。而「語」則是大於詞小於句的語法單位，凡兩個詞（或語）以上組合在一起而不成句的，就是語。

　　中國文字的字音是單音節的，在語言上，這個單音節可以稱爲「語位」，以語位數爲準，我們可以把一個語位構成的詞稱爲單詞，兩個語位以上構成的詞稱爲複詞，在語言運用上，單詞與複詞都是一個詞。①

　　對於「語」，我們一律以「結構」稱呼它，如「人畜」稱爲「並列結構」，「好書」稱爲「偏正結構」等。

　　「句」依結構而分，有「單句」、「複句」之別，正如詞之分單詞、複詞皆視爲一個詞一般，單句、複句都只應該視爲一個句。

　　每一部語法學書都會談到上列三個主要課題，但是各家所使用的名稱、定義及分類的標準、範圍及數量等等，皆有參差，同異之間，有一些出入很大，尤其是「句」部分，出入最大。本文擬就多年教學

心得，提出對「句」的一些看法。

貳、何謂句

「句」的定義，迄今尚無定論，由於句的複雜性，要對句提出一個精確而周延的定義並不容易，筆者認爲各家所下定義中，王力《中國語法理論》所下的定義較爲合適，他的定義是：「凡完整而獨立的語言單位，叫做句子。」他是綜合了西方學者柏氏和葉氏的說法而下的定義。②

王力所指的「完整而獨立」是指連繫式而不被包含在句子中，即能獨立的連繫式即具備了完整。雖然他舉了一些例句來說明句與語的不同，但多承柏氏、葉氏之舊，舉了英語的例句，所以讀來仍有不甚清晰的感覺。且「完整」和「獨立」的區別何在，王氏亦未明言，所以何謂句？有再加明確說明的必要。

一、「句」的定義：

句是具備完整性和獨立性的語言單位。

二、句的完整性：

句因爲有單句與複句之分，所以它們的完整性要個別界定。

㈠、**單句的完整性**：需具備相互制約的主謂兩部。

爲單句的完整性指出這樣的界定，它牽涉了三方面的問題：

甲、單句結構問題：王力先生說：「連繫式就是一種句子形式。」③他補充說：「無論怎樣長的句子形式，其中只能包含一個主語和謂語。……當一次連繫不能成爲句子的時候，至少它是具備了句子的形式的。」④現在我揣摩王氏的詮釋，試爲他舉例如下：

　　1.牛吃草。

　　2.牛吃草是本性。

　　第1句的「牛」是主語，「吃草」是謂語，主語謂語的組合是連繫式。

　　第2句的「牛吃草」是主語，「是本性」是謂語，主語雖是連繫式，但不能成為句子，它就叫句子形式。

　　這樣的界說，雖然符合大部分的事實，但從全面語法學的角度來看，它仍有若干缺陷。本文主張是：

　　單句是由一個主部和謂部組成，主部是說話的主題，謂部是對主題的表述。主部可以是施事者，也可以是受事者，更可以是其他類的詞語，只要能用來被表述、被說明的人事物等，皆可作為主部。主部與謂部，必須是相關的，這相關，稱為「互相制約」，亦即王氏所言的「連繫式」。

　　為甚麼改易王氏的主語、謂語為主部，謂部呢？筆者以為相同的主謂組合，可以是句，可以是非句。是句時，稱它的直接成分為主部和謂部；非句時，稱它的直接成分為主語和謂語。如第1句的「牛吃草」是句，其直接成分為「牛」和「吃草」，分別稱為「主部」和「謂部」。第2句的「牛吃草」只擔任句成分—主部，因此它不是句，降而為「語」的結構，因此稱它為「主語」和「謂語」，而成為「主謂結構」，與「偏正結構」中的「定語」、「中心語」等取得平等的地位。

　　乙、單句分析問題：單句的分析，大致有二分法與三分法的區別。主張三分法的人較多，王力較傾向於二分法。⑤筆者既主張單句的結構是主謂兩部構成，當然是二分法。二分法與三分法的關係如下表：⑥

分析法	句　型	句　的　結　構			例　　　句
三分法	敘述句	主　語	述　語	賓　語	牛吃草。鳥飛。
	有無句	主　語	述　語	賓　語	張生有情。李生無義。
	表態句	主　語	表　語		單扉低小。樓高。
	判斷句	主　語	繫　語	斷　語	我是學生。荀卿，趙人。
	準判斷句	主　語	準繫語	斷　語	人生如夢。
二分法	同三分法	主　部	謂　　　部		同三分法。

　　從上表可以看出，表態句的基本成分只有兩個部分，所以用三分法來分析句子，根本上是不太合適的。使用二分法分析句子，三分的精神仍未消失，例如敘述句中，三分法爲主語、述語、賓語三成分等立，而二分法卻以它的述語與賓語歸爲謂部，稱它爲「主謂結構」擔任「謂部」。有無句同。判斷句則稱「繫斷結構」（因用二分法，故亦可稱之爲「述賓結構」）擔任「謂部」，其餘類推。

　　丙、形式上不完整的句的問題：在實際語法環境（包含書面與語言）中，往往因爲省略等原因而產生不完整的現象，這些不完整的語法單位，仍應視爲句。試分別說明如下：

　　⑴承上省略：

　　　3.顧客：「這本書多少錢？」店員：「三百元。」

　　　4.姊姊：「誰打破了碗？」妹妹：「哥哥！」

　　第 3 句回答語承上省略了主部，第 4 句回答語承上省略了謂部。

　　以上所舉二句，皆爲主部或謂部全部省略的例子。至於省略主部或謂部的部分成分者，例如某三人在餐廳所說的對話：

5.甲：「我吃牛肉麵，他也吃牛肉麵，你呢？」乙：「也吃。」

問句中的「你呢？」謂部只留下疑問助詞「呢」字，我們仍視爲具備完整的兩部，只是省略了謂部的某些成分而已。⑦

⑵探下省略：這種省略，較常出現在書面語法環境中，例如：

6.五月到日本，六月轉美國，七月，我回到臺灣。

這個複句中，「到」、「轉」之上，皆探下省略了「我」，補上「我」，則成爲「我到日本」、「我轉美國」，兩個語法單位皆具備了完整性。

⑶當前省略：原文省略部分用（　）附出。

7.主人：「（您）請坐。」訪客：「（我）謝謝（您）。」

8.（本廠）謝絕參觀。──工廠門口豎牌。

9.「（君）近讀何書？」、「（我）昨晤令兄，（我）備悉（君）佳況。」──書信用語。

第7句中，主人所說的句省略了主部「您」，訪客所說的句省略了主部──「我」和謂部的成分之一──「您」，這都是當前表達，省略了「您」、「我」，無礙理解。「請坐」一語，雖因當前省略，而使形式上變成不具備完整性，亦得視爲句。其餘類推。

⑷概括省略：凡屬人人皆可通用者，其對象多予省略。格言或口號，多半不帶主部，《論語》爲孔子語錄，泰半爲格言，常無主部，如：

10.「學而時習之。」（學而）

此句主部爲「人人」，省略不說。

⑸推理省略：在特定的語法環境中，由推理方式可確定所指爲何人何事何物而不說出的屬之。如李密〈陳情表〉中「慈父見背」句，背的對象，由推理可知一定是李密本人。很多在上文或下文不能找到省略的原文，但在通篇中，卻可確指省略者爲何的，大多屬於此類。

　　王力曾說：「在中國語裡……凡主語顯然可知的時候，以不用為常。所謂顯然可知，大約有三種情形：一此句的主語和上句的主語相同，不必重複；二主語是「我」或「你」，語言環境最能暗示的時候，不必說出（古人書札中，此種情形最多）；三主語是一件事，而這事是說話人及對話人雙方所能意會者，不必說出（如「不要緊」。）⑧王氏所說的，都包含在我們所說的五項省略中，王氏又說：「葉氏說過這樣的話：『在語言的活動裡，有三件必須辨別：一表達（expression），二隱去（supression），三印入（impression）。表達者，即說話人所給予者；隱去者，即說話人雖能給予而不給予者；印入者，即聽話人所接受者。咱們極須注意，非但表達者能印入，即隱去者亦往往能印入。……』中國的句子為什麼往往不用主語，只要說話人所「隱去」者亦能印入，可妨省去表達的工夫呢？然而咱們不可把「隱去」和「省略」（ellipsis,omession）混為一談。隱去者，是在語法的範圍以內的，甚至為語法所求，所以是常例；省略者，是在語法的範圍以外的，它和語法的通則（rules）是相違反的，所以是例外。」⑨王氏所說的常例與例外，係就語言的內含及語法的形式而說，而我們把隱去與省略列入一起討論，事實上是就詮釋漢語的句的需要而設的，畢竟王氏自己也說：「就句子的結構而論，西洋語言是法治的，中國語言是人治的。法治的不管主語用得著用不著，總要呆板地求句子形式的一律；人治的用得著就用，用不著就不用，只要能使對話人聽得懂說話人的意思，就算了。」⑩王氏雖然只說主語，主語以外的成分情況也是相同。正因為漢語是「人治的」，所以判別是否為句時，要將省略及隱去的成分計入，亦即形式上不完整的語言單位，在特定的語境中仍是句。

　　另外有些人所認為的「無主句」，王力大致分為五類⑪：
　　⑴關於天時的事件，如：

11.下雨了。

12.刮風了。

(2)關於「有無」的肯定，如：

13.有一隻狗在園子裡。

(3)關於「是非」的肯定，如：

14.是我殺了他。

(4)關於眞理的陳說，如：

15.不怕慢，只怕站。

16.不登高山，不顯平地。

(5)主事者無從根究，或無根究之必要；如：

17.後面又畫著幾縷飛雲，一灣逝水（紅樓夢第五回）。

　　王力說這些句子不因主語可不用而失去連繫的性質，「在一切不用主語的句子裡，咱們都可說主語是潛在的（virtual。）」⑫

　　王力進一步指出這類無主句的主語是存在的，如第11、12句的主語可以是「天」，第13句主語可以是「天下有」、「世上有」，第14句的主語可以是「這」或「那」，第15、16句的主語可以是「人」等⑬。這種潛在的主語，實際上就是上文的「隱去」，如果將這些隱去的成分，也加上句中，這種句子也具備了完整性。

　　時間詞或處所詞，在英文文法中，多半要以介賓結構綴在句後成爲副詞性的片語；中文則可以直接充當主部，例如「今天天氣很好」一句中的「今天」，中文可以認爲是主部，外文則多視爲時間副詞，因此「隱去」或「省略」的時地性詞語，往往可以爲無主句找到完整性的依據。

　　從此種觀點出發，一些靠肢體語言幫助的句，也往往在形式上不完整。如某人看見老鼠在地上跑過，吃驚地用手指指著老鼠喊：「老鼠！」「老鼠」雖只是一個詞，但在這個語境裡是個句，他表達的意

義可能是：「我看到一隻老鼠。」或「這兒有一隻老鼠。」他如探頭對著窗外彎彎的月亮說：「彎彎的月亮。」當然也是個句。又如「聯合報」是個報紙名稱，但印在報上就成為句，其意可以是「這是聯合報。」其餘可以類推。

以上所言「承上省略」、「探下省略」、「當前省略」、「當前省略」、「概括省略」及「推理省略」，雖包含了王力所說的「省略」及「隱去」，但在語法上，我們可統稱為「語法省略」。

㈡、**複句的完整性**：需具備相互制約的兩個分句。

根據「樹狀結構」（TREE STRUCTURE）的分析原則，我們可以將語以上的語法段落直接先分成兩個段落，稱為「直接成分」；每個分出的段落，如可再分析，則一切為二，如此展延下去，可以得出「間接成分」，「次間接成分」……茲以單句分析為例：

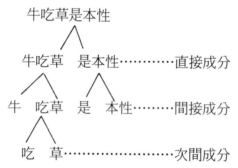

如果以這種分析的逆向方式加以說明，就可得：

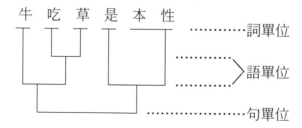

對於複句，依然可以遵循這種原則分析，如：

　18.他不來。我不去。

　19.他不來，我不去。

第18是兩個不相干的單句。第19是個複句，複句只是一句話，這複句中的「他不來」及「我不去」都是其直接成分，各自稱為分句。它們不再能獨立成句，但是其內涵卻包含了主謂兩個成分，我們叫它做句子形式」。換句話說，句子形式指不具備獨立性的句結構。

第19句是個複句，它可以在不同的語法環境中，表示不同的制約關係，為表示不同的制約關係，可以加上其他連詞或副詞的成分，如：

(1)因果關係：因為他不來，所以我不去。

(2)假設關係：如果他不來，我就不去。

(3)條件關係：要是他不來，我就不去。

(4)聯合關係：他也不來，我也不去。

它們還可以有別的關係，分句如果加上連詞或副詞，就更可以表現它失去獨立性，不能再稱為「句」，而稱為「分句」的道理。

「單句」和「複句」都只是一個句，正和「單詞」和「複詞」都只是一個詞一般，因此「句子形式」就可分為「單句形式」和「複句形式」兩類。試看：

　20.她長得很美，我要娶她為妻。

　21.她長得很美，又很賢淑，我要娶她為妻。

　22.她長得很美，我要娶她為妻，生兩個小孩。

　23.她長得很美，又很賢淑，我要娶她為妻，生兩個小孩。

以上四句，都是因果關係的複句，第20、22句的原因分句是由單句形式來擔任，第21、23句的原因分句是由複句形式來擔任；第20、21句的後果分句是由單句形式來擔任，第22、23句的後果分句是由複句形式來擔任。試以最複雜的第23句為例，分析如下：

①是因果關係複句。②③是其直接成分，②是原因分句，由複句形式來擔任；③是後果分句，由複句形式來擔任。④⑤⑥⑦都是單句形式；④⑤以並列關係複句形式構成原因分句；⑥⑦以並列關係複句形式構成後果分句。

三、獨立性

所謂句的獨立性指的是句的前後都有完全的停頓。茲以「∥」表示完全停頓，以「／」表示不完全停頓，就可明白獨立性的意義，如：

24.∥牛吃草。∥

25.∥牛吃草／是本性。∥

這兩句都是單句，第25句「草」下只能是不完全停頓，所以「牛吃草」在第25句中，不能獨立成句，降而為語的結構，只能做句成分—主部。

複句的原理也是一樣，試看：

26.∥他不來。∥∥我不去。∥

27.∥他不來，／我不去。∥

第26是兩個不相干的單句；第27句是個複句。

使用標點符號後，表示為句的符號有三個：句號（。）、問號（？）、嘆號（！）。問號、嘆號下的一點，實際就是句號。

叁、句的種類

　　句是很複雜的語言單位，由不同的角度來分析句的種類，會產生不同的結果。傳統的分析法，常顧此而失彼，筆者以爲句的種類亦有直接層次和間接層次的分析需要。

一、直接層次分類

　　句的直接層次分類，應依其結構分爲「單句」和「複句」。

二、間接層次分類

　　間接層次分類是指爲「單句」與「複句」再分類

㈠、單句分類

　　單句可依「傳達情意」及「謂部結構」兩個標準來分類：

甲、以語言功能分類

　　可分爲「陳述句」、「疑問句」、「命令句」、「感歎句」四類：

　　⑴陳述句是對主語有所陳述、表態、說明的句子。如：「狗咬人。」「房子很大。」「張三是中國人。」等都是。這種句子的末尾多半要加句號。

　　⑵疑問句是對主語有所懷疑或詢問的句子。如：「狗咬人嗎？」「房子多大？」「張三是不是中國人？」等都是。這種句子的末尾多半要加問號。

　　⑶命令句是對主語有所命令、祈使、差遣、建議、請求等的句子。如：「給我滾出去！」「快去做事！」「替我買份報紙。」等都是。說這種話的結果，對方不是順從，就是拒絕。這種句子的末尾多半要加歎號，有時也可用句號。

　　⑷感歎句是對主語發抒某種強烈感情的句子。這種句子末尾常用歎號外，也常配合獨用的歎詞一起出現。如：「哎呀！他眞棒啊！」

乙、以謂部結構分類

　　可分爲「敘述句」、「表態句」、「判斷句」三大類；另有人將「有無句」、「準判斷句」分出，而成五類。

⑴敍述句：

謂部是敍事的，以動詞作述語爲其中心成分。

敍述句的結構是：主部＋謂部（述語＋賓語）

如：李密〈陳情表〉：「舅奪母志」一句，「舅」是主部，「奪母志」是謂部，謂部由述語「奪」和賓語「母志」組成。又如：韓愈〈師說〉：「余嘉其能行古道」一句，「余」是主部，「嘉其能行古道」是謂部，述語是「嘉」，賓語是「其能行古道」。作爲述語的動詞，如果是不及物的，那麼謂部就祇有述語，而沒有賓語。如：「鳥飛」，「鳥」是主部，「飛」是謂部，這個謂部祇有述語的成分。⑭

以「有」、「無」、「沒有」等動詞做述語的，也屬於這一類句子。如：韓愈〈師說〉：「古之學者必有師」一句，主部是「古之學者」，謂部是「必有師」，「必有」是偏正結構當述語，「師」是賓語。以「有」、「無」等動詞爲述語的句子，如：連橫〈臺灣通史序〉：「臺灣固無史也」句中的主部「臺灣」是時地性的詞。蘇軾〈赤壁賦〉：「客有吹洞簫者」句中的主部「客」是分母性的詞。曹丕《典論‧論文》：「徐幹有齊氣」句中的主部「徐幹」是領屬性的詞。

有些學者，把以「有」、「無」、「沒有」等動詞做述語的句子，獨立成「有無句」。

⑵表態句：

謂部是表態的，以形容詞作表語爲其中心成分。

表態句的結構是：主部＋謂部（表語）

如：文天祥〈正氣歌序〉：「單扉低小」一句，「單扉」是主部，「低小」是謂部，表態句謂部的結構變化較大，如：

　　a以單詞作謂部。如山高、花紅等。

　　b以複詞作謂部。如：白間短窄、南山烈烈等。

　　c以語的結構作謂部。如：

△將軍向寵，性行淑均，曉暢軍事（諸葛亮〈出師表〉）：「性
行淑均」是主謂結構，「曉暢軍事」是述賓結構。

△今之眾人，其下聖人也亦遠矣（韓愈〈師說〉）：「其下聖人
也亦遠矣」是主謂結構。

(3)判斷句：

謂部是判斷的，以名詞作斷語為其中心成分。

判斷句的結構是：主部＋謂部（繫語＋斷語）

如：韓愈〈原君〉：「孟子之言，聖人之言也」一句，主部是「
孟子之言」，其餘是謂部。謂部中，「聖人之言也」是斷語，「也」
是句末助詞，表肯定語氣。這句判斷句不帶繫語，如帶繫語可以說成：「
孟子之言為聖人之言」。

文言文中，判斷句的繫語可帶可不帶，如上例。白話文中，判斷
句多半要帶繫語，如：徐志摩《志摩日記》：「數大便是美」句中的
「是」便是繫語。

判斷句的繫語：文言文用「為」、「是」、「非」等，白話文則
用「是」或「不是」。這種句子的功能在解釋事物的含義與屬性或判
斷事物的是非與異同。屬於異同的判斷是判斷句，如果是相似的判斷
就成為準判斷句了。

準判斷句和判斷句的句子結構相同，唯一的區別在繫語和準繫語
的不同。常用的準繫語有：為、成為、化為、謂、曰、猶、如、像…
…等。如：荀況〈勸學〉：「問一而告二謂之囋」句中的「謂」是準
繫語，陶淵明〈桃花源記〉：「捕魚為業」句中的「為」是準繫語。
「為」如果解釋為「叫做」、「做為」等等意義時是準繫語，解釋為
「是」的意思時是繫語，如：「我為長公主也」句中的「為」是繫語。

他如「肯定句」與「否定句」、「完整句」與「畸零句」、「主
動句」與「被動句」、「順裝句」與「倒裝句」等分類法，實際上是

分析句結構時產生的問題，不必作爲句分類的依據。

㈡、**複句分類**

複句的結構，一定是由兩個分句組成，複句分類，只能就分句之制約關係的種類來分，即以它的意義關係來分類。在「語」的結構中，較重要的組合方式有「並列」、「偏正」和「主謂」三類，而複句的組合方式也和它們平行，大致可分爲「聯合複句」、「偏正複句」、「主謂複句」三大類。這一部分不是本文重點之所在，且限於篇幅，每類只舉兩個例句作爲參考。⑮

甲、聯合複句

聯合複句是兩個分句平等地聯接起來的較大的語言單位。常用或可能用表示聯合關係的副詞、連接詞或關連詞。又可分爲四小類：

⑴並列關係：

兩個分句以平行並列關係構成，常用或可能用的連詞、副詞和關連詞爲：「又……又」、「既……且」、「既……又」、「也……也」等。下列例句，凡是屬於分句用（　）括出：

a 李密〈陳情表〉：「既（無叔伯），終（鮮兄弟）。」

b《孟子・盡心上》：「（仰不愧於天），（俯不怍於人）。」

⑵承接關係

兩個分句按時間先後或事情發生的順序依次相承。常用或可能用的連詞、副詞或關連詞爲「而」、「乃」、「則」、「然後」、「於是」、「接著」、「一……就」、「便」、「就」、「亦」、「也」等。如：

a 方苞〈左忠毅公軼事〉：「（公閱畢），即（解貂覆生）。」

b 歸有光〈項脊軒志〉：「（余既爲此志），（後五年，吾妻來歸）。」

⑶遞進關係：

　　兩個分句在語意上前後依次推進。常用或可能用的連詞、副詞或關連詞爲「不但（不僅）……而且（並且）」、「何況」、「甚至」、「尚且……何況」、「不但……反而」、「而」、「且」、「連……都」、「非徒……又」等。如：

　　　a《孟子‧公孫丑上》：「非徒（無益），而又（害之）。」

　　　b白居易〈與元微之書〉：「（此句他人尚不可聞），況（僕心哉）！」

　　　(4)選擇關係：

　　兩個分句所表示的事物不能同時並存，不是任選其一，就是必居其一。常用或可能用的連詞、副詞或關連詞爲「或」、「或者」、「還是……還是」、「要麼……要麼」、「不是……就是」等。如：

　　　a「（你是繼續升學呢）？還是（就業去）？」

　　　b《孟子‧公孫丑下》：「（前日之不受是），則（今日之受非也）；（今日之受是），則（前日之不受非也）。」

　　以上二例中，前例是相商的，是任選其一的；後例是相消的，是必居其一的。

　　乙、偏正複句

　　偏正複句之間的關係是不平等的，有主從正副之分，常用或可能用表示偏正關係的連詞或關連詞。又可以分爲四小類：

　　　(1)因果關係：

　　兩個分句中，有一個表示原因，是偏項，常用或可能用「因爲」、「由於」、「既然」等連詞或副詞；另一個表示結果，是正項，常用或可能用「所以」、「因此」、「從而」、「以致」等連詞或副詞。原因分句前置的，如：

　　　a諸葛亮〈出師表〉：「（先帝知臣謹愼），故（臨崩寄臣以大事也）。」

ｂ李密〈陳情表〉：「（臣以供養無主），（辭不赴命）。」
後果分句前置的，如：

ａ王禹偁〈黃岡新建小竹樓記〉：「（木工破之，刳去其節，用
代陶瓦，比屋皆然），（以其價廉而工省也）。」

ｂ蘇軾〈題西林壁〉：「（不識廬山眞面目），（只緣身在此山
中）。」

　　⑵條件關係

　　兩個分句有條件和結果的關係。偏項分句表示條件，正項分句表
示結果。有些假設性的條件，也屬於這一類複句。表示條件的分句常
用或可能用「如果」、「假如」、「倘若」、「若是」、「除非」、
「除了」、「只有」、「不管」、「無論」、「誠」、「令」、「苟」等
連詞或副詞。表示結果的分句常用或可能用「那麼」、「那就」、「
才」、「都」、「則」、「將」等連詞或副詞。如：

ａ韓愈〈祭十二郎文〉：「（吾力能改葬），（終葬汝於先人之
兆）。」

ｂ（除了不能唱歌以外），（別的都可以奉陪）。

　　⑶轉折關係

　　兩個分句所敍述的事不諧和，或是意相背戾，多半是後違反前或
否定前。常用或可能用「然」、「而」、「乃」、「然而」、「但是」、
「可是」、「只是」、「不過」、「顧」、「反」、「卻」等連詞或
副詞。如：

ａ曹丕《典論・論文》：「（孔融體氣高妙，有過人者）；然（
不能持論，理不勝辭）。」

ｂ諸葛亮〈出師表〉：「（先帝創業未半），而（中道崩殂）。」

　　⑷擒縱關係

　　兩個分句處於對立地位，先承認或容許一個分句所表示的事實或

理由的存在，然後用另一分句表示正意，又稱讓步關係。表示讓步的分句是偏項，表示轉折的分句是正項。讓步分句常用或可能用「雖」（文言）、「雖然」（白話）、「縱」（文言）、「縱然」（白話）、「儘管」、「即使」、「哪怕」等連詞或副詞；轉折分句常用或可能用「但是」、「然而」、「而」、「卻」、「不過」、「可是」等連詞或副詞。又可分兩種：

A、容認關係：承認偏項分句爲事實，但容許正項分句成立。如：

a 歸有光〈先妣事略〉：「雖（至箠楚），（皆不忍有後言）。」

b 司馬遷《史記·李將軍列傳》：「（此言雖小），（可以喻大也）。」

B、縱予關係：偏項分句承認假設的事實，不像容認關係所承認的是事實。如：

a 《左傳·定公元年》：「縱（子忘之），（山川鬼神其忘諸乎）？」

b 哪怕（你殺了我），（我也不幹）。

擒縱關係複句和轉折關係複句很接近，但轉折關係的偏項分句不表示正項分句將有轉折，擒縱關係的偏項分句已預作勢，表示正項分句將有轉折。

丙、主謂複句

兩個分句，一個總括地提出了一種現象，另一個對它解釋說明。這種現象，一如句的主謂關係一般，因此列爲主謂複句。又可分爲兩小類：

(1)解證關係

一個分句解釋另一分句，可能用「如」、「似」、「例如」、「即」等連詞或副詞。如：

a （我有一個哥哥），（他在臺北讀書）。

b 李煜〈虞美人〉：「（問君能有幾多愁）？恰似（一江春水向

東流）。」

　　⑵分說關係

　　第二分句以複句形式分別說明第一分句，或第二分句總括說明具有複句形式的第一分句。如：

　　a（歷史上的戰爭分為兩類）：（一類是正義的，一類是非正義的）。

　　b《孟子・滕文公下》：「（富貴不能淫，貧賤不能移，威武不能屈）。（此之謂大丈夫）。」

　　以上複句分類法，以分類認定標準之寬嚴不同，類數上可以有參差，而其名稱各家亦有出入。

肆、結　論

　　本文所得結論是：

一句的定義：具備完整性和獨立性的語言單位。

二在同一個定義下，單句和複句的完整性的滿足條件不同：

　　單句：需具備相互制約的主謂兩部。

　　複句：需具備相互制約的兩個分句。

三句的獨立性指的前後都有完全的停頓。

四複句的直接成分是分句，分句是由句子形式來擔任。句子形式包含單句形式與複句形式。

五句的種類有直接、間接兩個層次的分類法：

　　㈠直接層次分類：單句和複句。

　　㈡間接層次分類：

　　　⑴單句分類：

　　　　a依語言功能分類：分「陳述句」、「疑問句」、「命令句」、

「感歎句」四類。

b 依謂部結構分類：分「敘述句」、「表態句」、「判斷句」
三類。

(2)複句分類：基本上可先分為「聯合」、「偏正」、「主謂」三
大類。其子項如下：

聯合複句：並列、承接、遞進、選擇關係複句。

偏正複句：因果、條件、轉折、擒縱關係複句。

主謂複句：解證、分說關係複句。

後　記

許詩英老師教過我大學部的「國文文法」、「聲韻學」、研究所
的「古文法專題研究」，是我的恩師。我現在在臺師大開「國文文法」、
「聲韻學」和「古文法研討」等，幾乎和許老師當年教我的課程相同。老
師對我的愛護與影響不言可喻，茲值老師九十冥誕紀念學術研討會，
我不能無文以紀念老師。

我生性疏懶，雖有心寫作，但遲遲未能動筆，本年春假又應邀參
加大陸江南旅遊，迫在眉睫之際，只好在旅次中完成此稿。旅次中所
帶資料不多，所以本文引用參考書目較少，完全是多年國文文法教學
心得的呈現，千慮容有一得，但實在無法報答老師恩惠於萬一，思之
赧然也。

【註　釋】

① 本文所稱單詞、複詞，係以語位數之單或複來計算，有些人分類卻以意
義的標準來分類，一些衍聲複詞，如「玲瓏」、「窈窕」等則要歸入單
詞。

② 參見王力《中國語法理論》上冊，頁59，商務。

③ 同②頁59。

④ 同②頁59。

⑤ 同②頁63。

⑥ 本表爲筆者自繪，敘述句中的述語，如爲不及物動詞，則往往不帶賓語；判斷句若爲肯定判斷，其繫語亦往往不帶。

⑦ 有些學者分析句，只以實詞爲分析之成分，虛詞則不列入分析中，筆者以爲無論實詞虛詞，都對句意產生一定作用，故分析句應以實詞虛詞合併考慮方是。

⑧ 同②頁63。

⑨ 同②頁64。

⑩ 同②頁64。

⑪ 同②頁64。

⑫ 同②頁66。

⑬ 同②頁66。

⑭ 像「鳥飛」這種句子，也不能滿足句的三分法，這也是本文主張句的分析採用二分法的原因之一。

⑮ 以下所述，多節引自拙著。三民 ，《國學導讀》，國文文法部分。

參考書目

一、中國文法講話　許世瑛　開明　1973
二、中國語法理論　王力　商務　1947
三、國學導讀・國文文法　張文彬　三民　1993
四、中國現代語法　王力　中華　1979重印

朱熹反切音與叶韻音在研究語音史上的盲點

——以《詩集傳》為例

金周生

壹、朱熹反切音與叶韻音的價值

反切注音法的發明，可以使每個漢字都能拼切出讀音。《切韻》系韻書用反切注音，如利用陳澧《切韻考》中的「系聯法」，就能歸納出中古聲母與韻母的大類，其關鍵就在於韻書用反切注音。

朱熹注釋古籍，釋字音時也多用反切；其中的反切用字，不盡同於前代注疏或《切韻》系韻書用字，甚至有些在音類方面也生了變化。因此，朱熹所注古書中的反切，在漢語語音史上就有其潛在研究的價值了。

漢字音韻會因時空不同而產生變化，後人讀古韻文時，遇到應押韻而不押韻處，於是想出改讀字音以求叶韻的方法。朱熹在注《詩經》與《楚辭》時，就大量出現了某字「叶某某反」或「叶音某」的資料。

本來讀韻文爲求押韻美聽而改讀，只是一種事實上的需要，並不具備任何音韻研究價值；正如今人唸劉禹錫「烏衣巷」詩，會將「烏衣巷口夕陽斜」的「斜」唸成「暇」音，其實唐代「斜」不唸「暇」，現代單獨唸「斜」字，一般情況下也不讀「暇」音，這純粹是現代人的

「改讀」，它並不能證明什麼具體的古今音變現象，最多推斷出「花」「斜」「家」三字古代押韻，因為語音的變遷，「斜」與「花」「家」現代已不押韻的結論。

但王力先生〈朱熹反切考〉與許世瑛先生〈《詩集傳》叶韻之聲母有與《廣韻》相異者考〉、〈重唇音與舌頭音在朱子口中尚有未變讀輕唇音與舌上音者考〉、〈從《詩集傳》音注及叶韻考中古聲母併合情形〉、〈朱熹口中已有舌尖前高元音說〉、〈從《詩集傳》叶韻考朱子口中鼻音韻尾以及塞音韻尾已各有相混情形〉、〈從《詩集傳》叶韻中考《廣韻》陽聲及入聲各韻之併合情形〉、〈從《詩集傳》叶韻中考《廣韻》陰聲各韻之併合情形〉、〈止攝各韻與蟹攝三、四等韻朱熹所讀音值〉、〈《廣韻》全濁上聲字朱熹口中所讀聲調考〉、〈再考《廣韻》全濁上聲字朱熹口中所讀聲調〉等文章中，卻大量用朱熹的叶韻音說明許多宋代的音變現象，可見叶韻音似乎仍具備研究的價值。

貳、用反切音與叶韻音推測音變的方法與矛盾

反切音是單字音，叶韻音是改讀音，原則上二者一定不同，所以這兩種音切的單純比較並無意義。前賢利用叶韻音來研究朱熹的語音變化，主要是用某叶韻音與同一韻段的其他韻字比對而有所發現的。比如王先生說：

> 為什麼知道朱熹的「資思」是獨立的韻部呢？這是因為「資思」韻字如果和「支齊」沒有分別，那麼它們和「支齊」韻字押韻就用不著讀叶音，現在除了韻腳同屬「資思」韻（如〈瞻彼洛矣〉押茨師）以外，一律讀叶音，可見「資思」和「支齊」是不同的韻部了。①

而許先生還有另一種比對方法，在〈從《詩集傳》叶韻考朱子口中鼻

音韻尾以及塞音韻尾已各有相混情形〉一文，爲證明舌尖鼻音與舌根
鼻音韻尾於朱熹口中已有相混情形時，先條列出五個《詩經》的韻例，然
後說：

> 謹按以上五條中「命」字皆與平聲「眞」韻字押韻，朱子以爲
> 聲調不合，於是將「命」字改叶爲「彌賓」或「彌並」二反。
> 查「賓」字屬「眞」韻，係收舌尖鼻音者，「並」字屬「清」
> 韻字，係收舌根鼻音者。由此可知朱子口中讀「賓」與「並」
> 二字之鼻音韻尾已無區別了。②

這種對比的方式看似合理，卻隱含著一種不確定性，因爲「叶韻音」
畢竟是改讀音，改讀爲了押韻，朱熹對押韻的寬嚴標準並沒作過說明，現
代學者僅依朱熹自造的「叶韻音」爲考據的資料，難道不會因此產生
誤判嗎？以前面許先生所舉的例子言，王先生就未全然認可，在〈朱
熹反切考〉一文中，「眞群」和「京青」仍是不同的兩部，但卻不能
對「定」字的「叶韻音」視若無睹，只有在注釋中補充說：

> 可能在朱熹的方言裡，「眞文」與「庚青」已合爲一韻，所以
> 「命」字既叶彌并反，又叶彌賓反。〈盧令〉「令」只注音零，
> 不注叶音，等等。待再詳考。

這種保留的語氣，已透露出一些資料判讀上的困境。類似問題在某些
研究結論中也充分的突顯出來，如許先生〈再考《廣韻》全濁上聲字
朱熹口中所讀聲調〉一文，經過詳細分析比對後，考出全濁上聲字，
朱熹仍讀上聲者有五十字，它們是：「士上丈仕巨虞但兕否序弟杜咎
阜后後恃祐扈甚厚釜婦善棧旎道禍罪舅趙儞俾緒輔禮杼舫殄峙庤是夏
紹窘睆髡餞縞檻」；全濁上聲字，朱熹變讀去聲者有十七字，它們是：「
父戶似氾祀俟涘行動耜視造紹酤壽盡魶」。在漢語歷時音變具規律性
的共識下，中古「全濁上聲字」在朱熹口中有仍讀上聲者，也有變讀
去聲者，本來就讓人起疑，再加上前舉中古同讀「侯古切」的「戶」

變讀去聲，而「祜扈」卻仍讀上聲；同讀「扶雨切」的「父」變讀去聲，而「輔釜」卻仍讀上聲；同讀「詳里切」的「耜」變讀去聲，而「似祀」卻仍讀上聲……，這不已充分告訴我們這種矛盾是不當出現的。尤有甚者，許先生對「紹」字居然兩收，因為「紹」字在朱熹口中讀上聲與去聲都各有證據。

我認為因朱熹所注反切音與叶韻音本質不同，在作某字叶韻音時又有其不定性，所以用這種資料來研究音韻變遷極易發生差錯，以下就從朱熹反切音與叶韻音兩方面舉例，說明其在研究語音史上的盲點。

叄、反切音在研究上的盲點

用朱熹反切音來研究宋代音韻現象，可能會存在下面幾個問題：

一、反切音可能為一種傳統讀書音，會受《切韻》系韻書影響，未必能充分展現宋代音或朱熹的口語音。以下舉《詩集傳・周南》中的「非叶音字」注音作一說明。

被注音字	朱熹注音	《廣韻》反切	聲韻調同異之比較
雎	七余反	七余切	同
窈	烏了反	烏皎切	同
逑	音求	巨鳩切	同
參	初金反	初簪切	同
差	初宜反	楚宜切	同
荇	行孟反	何梗切	同
輾	哲善反	知演切	同
芼	莫報反	莫報切	同
樂	音洛	盧各切	同
施	以豉反	*以豉切	同
刈	魚廢反	魚肺切	同

濩	胡郭反	胡郭切	同
絺	恥知反	丑飢切	同
綌	去逆反	綺戟切	同
斁	音亦	羊益切	同
澣	戶管反	胡管切	同
害	戶葛反	*何割切	同
否	方九反	方九切	同
母	莫後反	莫厚切	同
頃	音傾	去營切	同
崔	徂回反	昨回切	同
嵬	五回反	五灰切	同
虺	呼回反	呼恢切	同
隤	徒回反	杜回切	同
兕	徐履反	徐姊切	同
觥	古橫反	古橫切	同
砠	七餘反	七余切	同
瘏	音塗	同都切	同
痡	音敷	芳無切	同
樛	居虯反	居虯切	同
藟	力軌反	力軌切	同
纍	力追反	力追切	同
樂	音洛	盧各切	同
只	之氏反	諸氏切	同
縈	烏營反	於營切	同
螽	音終	職戎切	同
詵	所巾反	所臻切	同
振	音眞	職鄰切	同
揖	側立反	*側立切	同
蟄	直立反	直立切	同
夭	於驕反	於喬切	同
華	芳無反	呼瓜切	異
華	呼瓜反	呼瓜切	同
家	古胡反	古牙切	異
家	古牙反	古牙切	同

蕡	浮雲反	符分切	同
榛	側巾反	側詵切	同
罝	子斜反	子邪切	同
罝	子余反	子魚切	同
丁	陟耕反	中莖切	同
芣	音浮	縛謀切	同
苢	音以	羊己切	同
掇	都奪反	丁活切	同
捋	力活反	郎括切	同
秸	音結	古屑切	同
襭	戶結反	胡結切	同
翹	祈遙反	渠遙切	同
蔞	力俱反	力朱切	同
惄	乃歷反	奴歷切	同
調	張留反	張流切	同
肆	以自反	羊至切	同
魴	符方反	符方切	同
楨	敕貞反	丑貞切	同
燬	音毀	許委切	同
振	音眞	職鄰切	同
于	音吁	*雲俱切	同
定	都佞反	*丁定切	同

　　以上六十七個被注字中，朱熹的反切用字與《廣韻》或《集韻》相同者有十四字，其餘用反語或直音的五十三字中，與中古音類比較後，音韻全同的有五十一字，不相同的只有二字，而這兩個「例外」的成因，依我判斷很可能是「叶韻音」作了「反切音」與「家」音「姑」的傳統古讀有關，這在下文另有說明。如果此種推斷屬實，朱熹在為「非叶韻字」注音時，實在看不出與傳統韻書之間有什麼差異，也就是說從中不易對比出音韻的演變現象。

　　二、朱熹反切音恐有襲自較早的音切，既與《切韻》音系不合，也與宋代音有異，這些注音更是研究上的障礙。如《詩集傳》所有「長」字的反切音都是「丁丈反」：

　　　〈巧言〉「亂是用長」　　　朱注：「丁丈反。」

　　　〈蓼莪〉「長我育我」　　　朱注：「丁丈反。」

　　　〈大明〉「長子維行」　　　朱注：「丁丈反。」

　　　〈皇矣〉「克長克君」　　　朱注：「丁丈反。」

　　　〈皇矣〉「不長夏以革」　　朱注：「丁丈反。」

《經典釋文》〈巧言〉「用長」注「長」字正是「丁丈反」，知母字用端母字作反切上字，當是中古以前的音韻現象。

　　　〈棫樸〉「追琢其章」　　　朱注：「對迴反。」

《經典釋文》〈棫樸〉「追琢」注「追」字正是「對迴反」，這也是緣用早期反切使知、端母字混淆的另一例。

　　三、《詩集傳》叶韻音混入反切音。叶韻音是爲配合押韻的改讀音，反切音是單字音，兩者在性質與作用上截然不同，朱熹所作叶韻音，通常會加一「叶」字以示分別，如：

　　　〈碩人〉

　　　巧笑倩兮

　　　美目盼兮　　　朱注：「匹莧反。叶匹見反。」

　　　碩人敖敖

　　　說于農郊

　　　四牡有驕　　　朱注：「起橋反。叶音高。」

　　　朱幩鑣鑣　　　朱注：「表驕反。叶音褒。」

　　　翟茀以朝　　　朱注：「直遙反。叶直豪反。」

但也有當爲叶韻音卻未注出的。如：

　　　〈桃夭〉桃之夭夭

灼灼其華　　朱注：「芳無・呼瓜二反。」

之子于歸

宜其室家　　朱注：「古胡・古牙二反。」

「華」字「芳無反」是配合「家」字的叶韻音，但朱熹卻未注「叶」字。「家」，古代「曹大家」之「家」讀「姑」，朱熹此音恐緣此而來。

〈何彼襛矣〉

唐棣之華　　朱注：「芳無・胡瓜二反。」

曷不肅雝

王姬之車　　朱注：「斤於・尺奢二反。」

「華」字「芳無反」是配合「車」字「斤於反」的叶韻音，但朱熹卻未注該反切爲叶韻音。

〈隰有萇楚〉

隰有萇楚

猗儺其華　　朱注：「芳無・胡瓜二反。」

夭之沃沃

樂子之無家　朱注：「古胡・古牙二反。」

這個例子與前〈桃夭〉同一情形。

〈采薇〉

彼爾維何

維常之華　　朱注：「芳無・胡瓜二反。」

彼路斯何

君子之車　　朱注：「斤於・尺奢二反。」

這個例子與前〈何彼襛矣〉同一情形。

〈山有樞〉

山有樞　　　朱注：「烏侯・昌朱二反。」

隰有榆	朱注：「夷周・以朱二反。」
子有衣裳	
弗曳弗婁	朱注：「力侯・力俱二反。」
子有車馬	
弗馳弗驅	朱注：「袪尤・虧于二反。」
宛其死矣	
他人是愉	朱注：「他侯・以朱二反。」

這裡「婁」字的「力俱反」，是配合與「樞榆驅愉」的單字音押韻，切語前面依例當有「叶」字；「樞榆驅愉」的「烏侯反」「夷周反」「袪尤反」「他侯反」，則是配合與「婁」的單字音押韻，切語前面依例也當有「叶」字，朱熹都沒注出。按朱熹《楚辭集注》的體例，〈山有樞〉的朱注應該寫成如下形式：④

〈山有樞〉

山有樞	朱注：「昌朱反。叶烏侯反。」
隰有榆	朱注：「以朱反。叶夷周反。」
子有衣裳	
弗曳弗婁	朱注：「力侯反。或曰：樞榆驅愉如字，即婁叶力俱反。」
子有車馬	
弗馳弗驅	朱注：「虧于反。叶袪尤反。」
宛其死矣	
他人是愉	朱注：「以朱反。叶他侯反。」

再如：

〈羔裘〉

羔裘豹袪	朱注：「起居・起據二反。」
自我人居居	朱注：「斤於・斤御二反。」
豈無他人	

維子之故　　　朱注：「攻乎‧古慕二反。」

這裡「故」字的「攻乎反」，是配合「祛居」的平聲音，切語前面依例當有「叶」字；「祛居」的「起據反」「斤御反」，也是爲配合「故」的去聲音，前面當有「叶」字。〈羔裘〉的朱注應該寫成如下形式：

〈羔裘〉

羔裘豹祛　　　朱注：「起居反。叶起據反。」

自我人居居　　朱注：「斤於反。叶斤御反。」

豈無他人

維子之故　　　朱注：「古慕反。或曰：祛居如字，即故叶攻乎反。」

類似上述一些叶韻音混入反切音，會讓研究者誤以爲該字有了與韻書不同的新音，以致產生不當的音韻比較。

四、反切音與《廣韻》音不同是否爲音變現象不易驗證

朱熹的反切音基本上和《切韻》系韻書所呈現的音類相符，在上文已舉〈周南〉音注爲例說明；但也有少數反語和《廣韻》所呈現的音類不同，這些卻未必可以作爲研究音變的例證，以下略舉四例說明：

㈠「且」字《廣韻》有平聲「子魚切」一音，在〈北風〉「既亟只且」、〈君子偕老〉「揚且之皙也」、〈山有扶蘇〉「乃見狂且」……等處，朱注都音「子餘反」，和「子魚切」是同音的，爲「精」母字；但在〈巧言〉「曰父母且」句中，朱注卻音「七餘反」，爲「清」母字。我們能否說當時「精」「清」已合流爲一音了呢？證據在此，但王、許二位先生卻未予採納論證⑤，這並不是他們有錯，因爲說「精」「清」合爲一音在當時的漢語中是不能成立的。所以反切音與《廣韻》音不同未必都可用「音變現象」一語帶過。

㈡「兌」字《廣韻》「杜外切」，〈皇矣〉「松柏斯兌」的朱注

音「徒外反」，和《廣韻》同音；但在〈縣〉「行道兌矣」卻注「吐外反」，我們能否說當時「透」「定」已相混了？根據王力先生〈朱熹反切考〉，在叶韻音中「端」「定」相混有「動圖得地」四字，「端」「透」相混有「溥蛇」二字，如果加上此一「兌」字，我們發現「定」母讀「端」或「透」母在平仄上並無規律，這與漢語史上定母清化應有規律的共識並不一致，所以將此現象視為音變也不適當。

㈢「卒」字《廣韻》「子聿切」「倉沒切」「臧沒切」三音，〈節南山〉「國既卒斬」，朱注：「子律反」，音與「子聿切」同，但〈漸漸之石〉「維其卒矣」的「卒」，朱注「在律反」，卻是「從」母字。王力先生〈朱熹反切考〉，在叶韻音中「精」「從」相混者，舉了「盡皁臧輯存」五字，平仄聲都有，並未舉出「清」「從」相混者，但許先生的文章中，卻舉了「清」「從」相混的「存」字；這也說明「從」母的讀「精」或「清」母並沒有規律，將他定為音變現象不完全合理。

㈣「螟」字《廣韻》「莫經切」，〈大田〉「去其螟螣」，朱注：「莫廷反」，音與「莫經切」同。但〈小宛〉「螟蛉有子」的「螟」，朱注「亡丁反」，卻是「微」母字。用此一例來證明「明」「微」先前的不分，還是宋代的分而復合，抑或朱熹口語的特殊現象？都還需進一步的探討。

五、反切音中間偶爾會有錯誤發生

　常見的《詩集傳》有不同版本，王先生〈朱熹反切考〉就曾舉出通行本的幾個注音錯誤，所以在用材料時也要注意其可信度，如：「皓」字《廣韻》「胡老切」，〈月出〉「月出皓兮」，朱注：「胡老反」，音與《廣韻》同，但〈揚之水〉「白石皓皓」，朱注卻作「古老反」。一個讀「匣」母，一個讀「見」母，這個「古」字可能只有

把他看成「胡」的錯字才比較合理。所以反切音偶爾出現的錯誤，也會造成研究上的盲點。

肆、叶韻音在研究上的盲點

朱熹的叶韻音基本上是改讀音，他並不是該字的古音，也不是當時的單字音，只是臨時為押韻而唸的一種音。以這種資料來研究音變，本來並不合適，但從哪些字要改讀，哪些字不改讀的現象中，也可以窺得一些音韻上的問題。但利用叶韻音研究音變有其盲點，下面就從聲、韻、調三方面作說明：

一、以叶韻音研究聲母方面的問題

以叶韻音研究音變，在聲母上是最困難的，因為一般說來，押韻只求韻與調的和諧；王力先生〈朱熹反切考〉一文對此就有中肯的說明：

> 關於朱熹反切的聲母系統，研究起來比較困難，因為某些字的叶音似乎是讀成另一個字的音，例如「福」叶筆力反，是讀「福」如「逼」並不能證明輕唇與重唇相通；「湛」叶持林反，是讀「湛」如「沉」，並不能證明舌頭與舌上相通；「邁」叶力制反，是讀「邁」如「厲」，並不能證明明母與來母相通；「為」叶吾何反，是讀「為」如「訛」，並不能證明疑母與喻母相通；又如「羹」叶盧當反，也是讀成另一字音（但不知是哪一個字），並不能證明見母與來母相通。但是，如果拿《中原音韻》《詞林韻釋》對照，還可以看出朱熹反切的聲母系統的。

「選擇性」舉例是以叶韻音研究聲母方面的最大盲點，如：〈六月〉「以匡王國」、〈崧高〉「聞于四國」、〈閟宮〉「奄有下國」、〈碩鼠〉「適彼樂國」、〈雨無正〉「斬伐四國」、〈鳲鳩〉「正是四

國」、〈園有桃〉「聊以行國」、〈文王〉「生此王國」、〈六月〉
「以定王國」、〈民勞〉「以綏四國」、〈蕩〉「女炰烋于中國」、
〈抑〉「日喪厥國」等句中的「國」字，朱熹注都是「叶于逼反」；
〈江漢〉「洽此四國」、〈北山〉「或盡瘁事國」、〈大明〉「以受
方國」、〈殷武〉「命于下國」、〈常武〉「濯征徐國」、〈青蠅〉
「交亂四國」等句中的「國」字，朱熹注都是「叶越逼反」；〈常武〉「
惠此南國」句中的「國」，朱熹則注「叶越偪反」，國是「見」母字，「
于」「越」是「喻三」，學者不將此視為音變；但〈正月〉「不敢不
局」中的「局」，為「群」母字，朱熹注「叶居亦反」，雖然只出現
一次，王先生就視為「見群混」，把他當成「清濁混用」的例證。以
《中原音韻》等後代韻書對照出音變，固然是一種可行且易於取信於
人的方法，但過程中不能平等對代相同的資料，選擇性的舉例仍是不
可取的。

二、以叶韻音研究韻母方面的問題

　　用朱熹叶韻音研究宋代韻母的變化，最為人稱道的就是王、許二
位先生證明出宋代或朱熹口中已有舌尖前高元音，王先生的學說理論
已在上文引錄，在此僅舉出反證以突顯用叶韻音研究韻母存在的問題。

　　㈠王先生說「除了韻腳同屬資思韻（如〈瞻彼洛矣〉押茨師）以
　　外，一律讀叶音」，但事實上仍有例外，如〈桑柔〉「資疑維
　　階」押韻，「資」字未注叶音；〈召旻〉「時茲」押韻，「茲」
　　字未注叶音；〈載芟〉「濟積秭醴妣禮」押韻，「秭」字未注
　　叶音；〈卷阿〉「止士使子」押韻，「子」字未注叶音；〈瞻
　　卬〉「誨寺」押韻，「寺」字未注叶音；〈采菽〉「淠嘒駟屆」
　　押韻，「駟」字未注叶音。這六處的前五例，王力先生也發現
　　未注叶音，但逕自將其叶音補齊，對最後一例則未提及，這可
　　顯出朱注或有疏漏之處。

㈡〈車攻〉「決拾既佽，弓矢既調；射夫既同，助我舉柴。」朱
　注：「佽、音次，與柴叶；柴、子智反。」既言「佽柴」押韻，
　這韻例就會成爲朱熹能分「資思」和「支齊」的反證！

㈢本人曾寫過〈朱注叶韻音不一致現象初考〉一文⑥，從朱熹《
　詩集傳》和《楚辭集注》、《楚辭後語》中觀察「資思」「支
　齊」二部的分合問題，文中曾統計說：

　　朱熹注《詩經》，對九十多個「資思」韻字的處理方式，只有
　　一個強烈顯示出和「支齊」韻並沒有分別。但在注《楚辭》時，
　　對三十五個與「資思」韻相關的韻例處理方式，卻也只有一個
　　韻例強烈顯示出與「支齊」韻有分別；另外還包括了二十一處
　　該注叶音卻未注的情形；更有九個注音顯示「資思」和「支齊」
　　韻實際上並沒有分別。

在《楚辭》中顯示「資思」和「支齊」韻實際上並沒有分別的類型，
如賈誼〈惜誓〉：

　　黃鵠後時而寄處兮，鴟梟群而制之。神龍失水而陸居兮，爲螻
　　蟻之所裁。朱注：「叶即詞反。」夫黃鵠神龍猶如此兮，況賢者
　　之逢亂世哉！朱注：「叶即思反。」

「之」字是「支齊」韻字，「裁」「哉」是「皆來」韻字，今「之」
字不注音，「裁」「哉」卻注成叶「資思」韻音，豈不顯示「支齊」
與「資思」韻尙無分別。

再如《楚辭・天問》：

　　出自湯谷，次于蒙汜。朱注：「汜，音似，上聲。」

　　自明及晦，所行幾里？

「汜」字注爲「資思」韻，和「里」的「支齊」韻押，也顯出二者並
無分別。

又如《楚辭・天問》：

　　吳獲迨古，南嶽是止；

　　孰期去斯，得兩男子。

「止」「子」押韻，「子」字爲「資思」韻，「止」爲「支齊」韻，朱熹不注音，也間接顯出二者並無分別。

　　從以上的種種敍述看，以叶韻音研究韻母的分合，就現有資料說，仍是充滿問題與矛盾的。

三、以叶韻音研究聲調方面的問題

　　古代韻文押韻往往同時也要求押調，朱熹注意及此，所以在作叶韻音時有「叶平聲」「叶上聲」「叶去聲」「叶入聲」等術語，是指在不改變聲韻的情形下，調整聲調以便押韻。如：〈抑〉「肆皇天弗尚」，注：「叶平聲」，是爲與下文的「亡」字押韻。〈皇矣〉「是致是附」，注：「叶上聲」，是爲與下文的「侮」字押韻。〈君子偕老〉「其之翟也」，注：「叶去聲」，是爲與下文的「揥」字押韻。〈東山〉「我征聿至」，注：「叶入聲」，是爲與下文的「室」字押韻。改調叶韻本與考證聲調演變無直接關聯，但王力先生卻以朱熹反切音與叶韻音中，今陰平字和陽平字可以互爲反切下字的現象，說明朱熹時代平聲不分陰陽。王先生看法的可議癥結恐怕不在朱熹的注音，而在於造反切者的習慣與心態；落實地說，在確定平聲分陰陽調的音系裡，造反切者並未把反切下字的陰陽調調整到與被切字同步。我們舉出三個例子來說明此事：

　　㈠明代臧晉叔《元曲選・序》中說：

　　　　自非精審於字之陰陽，韻之平仄，鮮不劣調。

「精審於字之陰陽」，是指平聲之分陰陽調，該書〈音釋〉部分對平聲字的注音有幾種情形：

　　　　甲、平聲字陰陽調僅與反切上字相合者：如「巢、鋤昭切」〈金
　　　　　　錢記〉，「咍、呼來切」〈陳州糶米〉等。

乙、平聲字陰陽調僅與反切下字相合者：如「阿、何哥切」〈漁
　　樵記〉，「巉、初銜切」〈蝴蝶夢〉等。

丙、平聲字陰陽調與反切上下字皆同者：如「纖、西尖切」〈金
　　錢記〉，「攛、粗酸切」〈秋胡戲妻〉等。

丁、平聲字陰陽調與反切上下字皆異者：如「降、奚江切」〈玉
　　鏡臺〉，「鑒、阿高切」〈貨旦郎〉等。

戊、切語上字與被切字異調、下字陰陽與被切字亦不合者：如「
　　舭、古橫切」〈謝天香〉，「瘸、巨靴切」〈老生兒〉等。

以上幾種類型的注音方式，顯出平聲分陰陽調後的反切注音者並
未著意於修正以往的注音法，使其更方便合理。

㈡《韻略匯通》其體製平聲分陰陽調，反切下字並未顧及陰陽調
之別，如：「東、德紅」、「蕻、呼紅」、「農、奴宗」、「戎、而
中」等，顯示韻書反切同樣未因音變而做出應有的改良。

㈢清代沈苑賓《韻學驪珠‧凡例》云：

翻切之法諸書都有，但俱遠一字，未能矢口而得，至《中原》
《中州》二書，庶幾近之，然如「東」字作「多籠切」，則多
字之出音誠得之矣，而籠字之字身猶以舌之多動一動為嫌，且
音又屬陽，與本音不洽，茲作「多翁切」則逕讀翻切二字，宛
肖讀本音之一字矣。

《韻學驪珠》中的這段話，也已發現昔日反切製造者並未配合平聲分
陰陽調而改變反切下字，使其聲調洽合。

誠如上面所述，製作反切者有這種不正確的造音習慣，那麼利用
這些反切來證明一些音韻現象，所得結果其實是不可盡信的。以朱熹
的叶韻音考訂聲調的問題，如「濁上變去」所顯示的矛盾，已在上文
提出說明；平聲分陰陽調與否更牽涉到造反切音的正確性與習慣問題，這
些都是利用叶韻音研究音變上不可抗拒的盲點。

伍‧盲點的突破——進行較嚴密的分析

朱熹「反切音」與「叶韻音」本身存在著守舊、讀書音、口語音、押韻改讀音等問題，在研究上形成的盲點很多，必須全盤兼顧才能整理出一些頭緒，並作出合理的判斷。如王、許二位先生都認爲「曉」「匣」二母相混，具體說來，是指中古濁音「匣」母已清化成「曉」母。王先生〈朱熹反切考〉舉出四個例證：

> 昊，叶許候反。〈巷伯〉降，叶呼攻反。〈旱麓〉谺，叶呼加反。〈哀二世賦〉活，叶呼酷反。〈載芟〉

許世瑛先生〈從《詩集傳》音注及叶韻考中古聲母併合情形〉一文也舉出四例作說明，其內容要點是：

> 「褐」字是匣母字，而朱子改叶爲曉母字，可從下列一例中考得：「一之日觱發（叶方吠反），二之日栗烈（叶力制反）。無衣無褐（音曷，叶許例反），何以卒歲。………」（〈豳風‧七月〉一章）……「褐」本是匣母字，而朱子改叶卻以曉母「許」字作它的反切上字，可以猜測在他口中讀匣母字已不是舌根濁擦音，而變爲舌根清擦音了。

> 「降」字是匣母字，而朱子改叶爲曉母字，可從下列一例中考得：「瑟彼玉瓚，黃流在中。豈弟君子，福祿攸降（叶呼攻反）。」（〈大雅‧旱麓〉二章）……「降」字本是匣母字，而朱子改叶卻以曉母「呼」字作它的反切上字，這也是曉、匣二母在他口中已無分別，都讀舌根清擦音的例子。

> 「活」字是匣母字，而朱子改叶爲曉母字，可從下列二例中考得：「……播厥百穀，實函斯活（叶呼酷反）……（〈周頌‧載芟〉）……「活」字是匣母字，而朱子改叶卻以曉母「呼」字作它的反切上字，這又是曉、匣二母在他口中都讀舌根清擦

音的例子。

　　「……播厥百穀，實函斯活（叶呼酷反）……（〈周頌‧良耜〉）
　　……朱子將「活」字改叶為「呼酷反」，其理由已詳〈周頌‧
　　載芟〉條按語中。

上面所舉六個字例，的確是將「匣」母字讀成「曉」母字，從表面看來，二位的說法言之成理，但進一步分析，結論並非絕無問題。在朱熹「曉」「匣」已無法分辨的情形下，下面幾個問題應該也要有合理的解釋：

　　㈠為何上述音例只有「匣」母字讀成「曉」母，而不見「曉」母字讀成「匣」母的例子？如果「曉」「匣」不分，其間為何不見互切的現象？

　　㈡根據筆者的統計，《詩集傳》中約有三百九十四個涉及「曉」「匣」母的注音例，其中三百八十二個是「曉」母注「曉」母，「匣」母注「匣」母，二者並不相混，這不是「曉」「匣」不分所當有的現象。

　　㈢《詩集傳》另有四處「華」字注為「芳無反」，「慢‧叶黃半反」、「闋‧叶胡桂反」則各一次，是否也可因此說朱熹口中「匣」母與「敷」「明」「溪」母已無分別？

　　㈣〈碩人〉「北流活活」的朱注為「古闊反。叶戶劣反」，可見「活」的本音與叶韻音中間聲、韻都不同，此例如果不能視為朱熹「見」「匣」已混的例證，則其他叶韻字也有本音者，是否同樣不能作為「曉」「匣」相混的例證？

　　基本上，學者往往會以後世音變的現象套入朱熹的反切，用此來證明此種音變可以推升至宋代，但如果僅是從產生具有特殊背景的叶韻音，甚至只是少部分的例外來做擴大的解釋，往往不能盡昭公信。所以我覺得要突破朱熹注音的盲點，必須進行更嚴密的分析，其結果

或不能如王、許二位先生的文章，在宋代音變的研究上有那麼多驚人的突破與創說。

陸、結　論

　　從王力先生與許世瑛先生利用朱熹注音研究宋代音系，似乎已爲漢語史的探討開發出一條新的道路，吳淑美女士《四書集註音注研究》就利用了二位的說法來解釋一些《四書集註》中的特殊字音現象，但若以精密嚴謹的態度作分析，其中仍存在一些問題。去年黎新第先生在中國音韻學研討會第十次學術討論會中，發表了〈從量變看朱熹反切中的全濁清化〉一文，較全面的探討了朱熹反切中的全濁清化問題，結果認爲「濁音清化」尚未完成，這種說法就和早先王力先生的研究有所出入。我覺得研究朱熹的音注，客觀歸納固然重要，先瞭解反切音的來源與叶韻音的性質，以及推測朱熹對同一字形，哪些需要注音，哪些字爲什麼不需要注音等，都要先行瞭解，才能作出正確的判斷。黎先生說「已清化的全濁字中擦音字比例偏高」，但前舉「匣」母就屬於「全濁字中擦音字」的問題，其「比例」並沒有「偏高」的現象，可見只是客觀歸納音切還是不夠的。

　　總之，朱熹的反切音與叶韻音在研究語音史上是有盲點的，去除盲點才能見著眞相，我覺得以現今的研究成果還未見到眞相，朱熹注音仍有進一步研究的空間。

【附註】

① 見《龍蟲並雕齋文集》〈朱熹反切考〉一文第二百六十八頁。

② 見《許世瑛先生論文集》第三百一十四頁。

③ 若該字音於《廣韻》中未收，則以《集韻》音補之，並於其前誌以「＊」號。

④　〈離騷〉：「吾令豐隆乘雲兮，求宓妃之所在。解佩纕以結言兮，吾令
　　蹇修以爲理。」朱注：「在，叶才里反。或曰：在如字，即理叶音賴。」
　　又〈離騷〉：「固時俗之流從兮，又孰能無變化？覽椒蘭其若茲兮，又
　　況揭車與江離？」朱注：「化，叶虎瓜反。離，叶音羅。化，或叶虎爲
　　反，即離如字。」從朱熹注中可知，押韻字的音是具有變動性的，其讀
　　法會因爲以某押韻字音爲準，使得其他韻字爲配合叶韻而改讀。

⑤　許世瑛先生〈從《詩集傳》音注及叶韻考中古聲母併合情形〉一文，曾
　　舉朱熹注〈風雨〉「風雨淒淒」，音「淒」爲「子西反」，與《廣韻》
　　音「七稽反」相較，聲母有「精」「清」二母相混的情形，但結語卻說：
　　「難道在他口中竟把清母『淒』字讀成精母了嗎？」語氣充滿不確定感。
　　在全文結語中，許先生仍然認爲朱熹口中精清兩母是並存的。

⑥　見《輔仁國文學報》第七集。

選擇問句的類型與功能：從中古至近代

王錦慧

摘　要

　　本文主要探討從中古至近代含有選擇問標誌的選擇問句之類型與功能，在此中古與近代的上下限設定為六朝至宋之間。六朝至唐五代，大抵上以「為」、「為是」、「為當」、「為復」、「是」等作為選擇問標誌。到了宋代，除了繫詞「是」十分流行外，「還」與「還是」也是常見的選擇問標誌，另外也看到以「還當」、「還復」作為選擇問標誌的情形。

　　基本上，繫詞「為」與選擇連詞「為」都可作為選擇問標誌，後者是從前者發展而來的。而「為是」、「為當」、「為復」是因「為」的雙音節化而產生的。「為是」與「為」一樣，可兼作繫詞與選擇連詞；「為當」主要當選擇連詞，但似乎也有繫詞用法；「為復」則純粹是個選擇連詞。至於繫詞「是」，是取代繫詞「為」的口語用法。「還」作為選擇連詞，是替代選擇連詞「為」的用法而產生的。這種詞彙替換主要是在詞義相通、句式相同的條件下進行的。「還是」應是選擇連詞「還」與繫詞「是」連用，經過重新分析而成為連詞，「還當」、「還復」則與「為當」、「為復」一樣，是「還」雙音節化而產生的。

　　如果將句子分成傳疑與傳信兩類，前者是疑問句，後者是陳述句。漢語的疑問句常以疑問代詞、疑問副詞、疑問語助詞或選擇連詞的出

現，呈現不同的形式。大體可以分爲是非問句、選擇問句、正反問句、特指問句四類。本文主要探討從中古至近代含有選擇問標誌的選擇問句之類型與功能，在此中古與近代的上下限設定爲六朝至宋之間。討論的重點分別是漢語選擇問句的特色，從中古至近代選擇問句的類型與幾個選擇問標誌的來源。

　　本文所用的語料範圍，以中研院漢籍全文資料庫中的十三經、二十五史、諸子、古籍十八種、古籍三十四種、大正新脩大藏經爲主，另加上《睡虎地秦墓竹簡》、《祖堂集》與《五燈會元》。

壹、漢語的疑問句

　　漢語的疑問句，依其結構與功能，基本上可以分爲四類：一、是非問句、二、選擇問句、三、正反問句、四、特指問句。由於此四種類型在古漢語中都已經出現，茲以先秦典籍爲主，說明這四類疑問句的用法。

　　一、是非問句，一般是陳述句帶上疑問語氣，或是句末出現疑問語助詞的疑問句，而要求得到肯定或否定的回答，例如：

　　　1.我生不有命在天？（尚書・西伯戡黎）

　　　2.長沮曰：「夫執輿者爲誰？」子路曰：「爲孔丘。」曰：「是魯孔丘與？」曰：「是也。」（論語・微子）

　　　3.「治亂天邪？」曰：「日月、星辰、瑞曆，是禹、桀之所同也，禹以治，桀以亂；治亂非天也。」（荀子・天論）

　　二、選擇問句，是在疑問句裡提出兩個或兩個以上的項目，而要求選擇其中的一個項目做爲回答。通常會靠疑問語助詞來傳疑，或出現選擇問的標誌①，例如：

　　　4.滕，小國也，間於齊楚，事齊乎？事楚乎？（孟子・梁惠王

下）

5. 爲肥甘不足於口與？輕暖不足於體與？抑爲采邑不足視於目
與？（孟子‧梁惠王上）

6. 不知天之棄魯邪？抑魯君有罪於鬼神故及此也？（左傳‧昭
二十六）

7. 兄今在天上，福多？苦多？（幽明錄）

三、正反問句，又稱爲反覆問句，是從正反兩方面進行詢問，以
肯定式與否定式並列的方式來提供選擇，要求對方在二者之中選擇其
一回答，例如：

8.「如此，則動心否乎？」孟子曰：「否，我四十不動心。」
（孟子‧公孫丑上）

9. 齊多知，而解此環不？（戰國策‧齊策）

10. 知人通錢而爲藏，其主已取錢，人後告藏者，藏者論不論？
（睡虎地秦墓竹簡）

四、特指問句，在疑問句裡含有疑問詞，如"誰"、"孰"、"
何"等，要求答話者針對疑問詞所詢問的事項提出具體的回答。例如：

11. 哀公問：「弟子孰爲好學？」孔子對曰：「有顏回者好學，
不遷怒，不貳過。」（論語‧雍也）

12. 問其僕曰：「追我者誰也？」其僕曰：「庾公之斯也。」（
孟子‧離婁下）

13. 彼何人斯，居河之麋？（詩‧小雅‧巧言）

貳、選擇問句的特色

以上所言的四類疑問句中，有些學者把正反問句列入選擇問句中，
如朱德熙（1984）、徐正考（1988）、劉子瑜（1994）。湯師廷池

（1988：262）：「正反問句可以說是國語裡一種很特殊的選擇問句。」②
為何正反問句是一種很特殊的選擇問句，主要是正反問句要求答話者
在正反兩方面擇其一，選擇範圍只有肯定式與否定式。拿正反問句與
選擇問句相較，後者選擇項不限於兩個，可以是兩個以上，同時排列
順序不受到限制。通常選擇問句，會出現選擇連詞來連接選擇項，而
且句尾可以出現語助詞。正反問句中，語助詞可出現於句中或句尾，
兩者不能同時出現，否則成為選擇問句。因此，本文將 "VPNeg？"
"V不VP？" "V不V？" ③當作正反問句，不列入選擇問句討論的
範圍。另外表示特指的選擇問，在語義上是一種選擇，形式上則是特
指問句，例如：

> 1.子曰：「足食、足兵、民信之矣。」子貢曰：「必不得已而
> 去，於斯三者何先？」曰：「去兵。」子貢曰：「必不得已
> 而去，於斯二者何先？」曰：「去食。」（論語·顏淵）

"於斯三者何先" 義指於 "足食、足兵、民信之" 中三擇其一，"於
斯二者何先" 義指於 "足食、民信之" 中二擇其一，在此不當作選擇
問句，歸於特指問句中。

有關選擇問句的特色，可以從形式特徵與語義內涵兩方面得知，
茲分別敘述於下：

一、形式特徵

選擇問句在形式上主要是靠選擇連詞、繫詞、連接副詞作為選擇
問標誌或句末語助詞來表示。也可以不加任何記號，把兩個（或兩個
以上）選擇項並列。在此以A、B代表選擇項，D_1、D_2代表選擇問標
誌，E_1、E_2代表句末語助詞，大抵有下面四種形式：

㈠A？B？

> 2.暴問左右曰：「今年男婚多？女嫁多？」（宋書·王殷沈傳）

3.越州觀察吏差人問師：「依禪住持？依律住持？」（祖2.
　019.01）

4.黃三郎如今在西川？在洪州？（祖4.038.13）

㈡AE$_1$？BE$_2$？（E$_1$、E$_2$可同時出現或僅出現一個）

5.然即國都不相攻伐，人家不相亂賊，此天下之害<u>與</u>？天下之
　利<u>與</u>？（墨子・兼愛下）

6.天地開闢有甲乙<u>邪</u>？後王乃有甲乙？（論衡・詰術）

7.周公知畔而使？不知而使之<u>與</u>？（論衡・知實）

㈢D$_1$A？D$_2$B？（D$_1$、D$_2$可同時出現或僅出現一個）

8.抉籥者已抉啓之<u>乃</u>爲抉？<u>且</u>未啓亦爲抉？（睡虎地秦墓竹簡）

9.便問人云：「<u>此</u>爲茶？爲茗？」（世說・紕漏）

10.先生姓顧，<u>是</u>眷顧之顧？<u>爲</u>新故之故？（北史・何妥傳）

11.阿孃迷悶之間，乃問<u>是</u>男？<u>是</u>女？（變1057）

12.師問：「<u>遊</u>山來？<u>爲</u>老僧禮拜來？」（祖2.002.05）

13.此人<u>爲是</u>獨一家法使其如是？<u>爲當</u>一切諸世間相皆悉如斯？
　（佛本行集經卷14）

14.<u>爲復</u>世人無二種？<u>爲復</u>老者只一身？（變577）

15.<u>爲復</u>實有？實無？（祖2.080.04）

16.<u>此是</u>禮樂之實？<u>還是</u>禮樂之文？（朱子語類卷43）

17.遂遣車匿問之：「<u>則</u>君一人如此？諸人亦然？」（變504）

㈣D$_1$AE$_1$？D$_2$BE$_2$？

18.子禽問之子貢曰：「夫子之至於是邦也，必聞其政，求之<u>與</u>？
　<u>抑</u>與之<u>與</u>？」（論語・學而）

19.將以窮無窮逐無極<u>與</u>？<u>意</u>亦有所止之<u>與</u>？（荀子・修身）

20.知其巧姦而用之<u>邪</u>？<u>將</u>以爲賢也？（漢書・京房傳）

21.人生受命於天<u>乎</u>？<u>將</u>受命於戶<u>邪</u>？（史記・孟嘗君列傳）

22.不識今之言者，<u>其</u>覺<u>乎</u>？<u>其</u>夢者<u>乎</u>？（莊子・大宗師）

23.老萊子曰：「夫不忍一世之傷而驁萬世之患，抑固窶<u>邪</u>？<u>亡</u>其略弗及<u>邪</u>？（莊子・外物）

24.此龜者，<u>寧</u>其死爲留骨而貴<u>乎</u>？<u>寧</u>其生而曳尾於塗中<u>乎</u>？（莊子・秋水）

25.子白師曰：「<u>爲</u>心白<u>邪</u>？<u>爲</u>頭白<u>耶</u>？」（祖1.037.01）

26.青天白日，知他<u>是</u>神也<u>那</u>？<u>是</u>鬼也<u>呵</u>？（元曲選外編・施仁美劉弘嫁婢）

27.又曰：「<u>魏</u>帝欲<u>爲</u>久都平城？<u>將</u>移<u>也</u>？」（北史・張濟傳）

28.受王位時，<u>爲</u>太子一身受於王位？<u>爲復</u>國界一一受<u>也</u>？（祖1.124.09）

29.問望之立意當趣如管、晏而止？<u>爲</u>欲恢廓其道，日昃不食，追周、召之跡然後已<u>乎</u>？（漢書・蕭望之傳，顏師古注）

30.或緣自不能爲，更召於伴郎？<u>爲復</u>迸（逃）走（去）<u>耶</u>？（變662）

31.項畔封<u>也</u>？<u>且</u>非是？（睡虎地秦墓竹簡）

　　以上所言四種形式，"AE$_1$？BE$_2$？"式與"D$_1$AE$_1$？D$_2$BE$_2$？"式在先秦時已經出現，"A？B？"式直到五世紀（約晉宋之際）才看到，如例2；"D$_1$A？D$_2$B？"式目前所見到最早的資料是《睡虎地秦墓竹簡》，如例8。不過選擇連詞只出現在第二分句前，以連接前後兩個選擇項，依據馮春田（1987：27）的統計，這種"A？D$_2$B？"式，在秦簡中共有11例。先秦典籍中，"AE$_1$？BE$_2$？"式中的句末語助詞E$_1$、E$_2$，必須同時出現，如例5，但是在東漢作品《論衡》中，可以看到只有一個選擇項出現句末語助詞，如例6、7。這種用法爲數不多，應是由"AE$_1$？　AE$_2$？"式至"A？B？"式過渡的句子。"D$_1$AE$_1$？D$_2$BE$_2$？"式在先秦至漢的作品，主要以"AE1？D$_2$BE$_2$？"

形式出現，如例18～21，也可以看到 "D_1、D_2、E_1、E_2" 同時出現的，見於《莊子》一書中，如例22～24。"D_1AE_1？D_2BE_2？" 式中的 "D_2" 一定要出現，D_1可出現也可省略。但是，"D_1A？D_2B？" 式中，可以出現 "D_1" 而不出現 "D_2"，如例15。除此，如果 "E_1" 或 "E_2" 只出現一個，通常保留 "E_2" 省略 "E_1"，如例27～30，像例31較爲少見。這可能是句末語助詞擺在第二分句，對於一、二兩分句應該都有傳疑的功能，如果擺在第一分句，傳疑作用不能指涉至第二分句。依時間先後順序，先有 "D_1AE_1？D_2BE_2？" 式，再有 "D_1A？ D_2B？" 式，顯現表選擇問的關係詞最先出現在選擇問句中，還需靠句末語助詞來助疑，之後標顯功能加強，可單獨使用。從例8～31，可以得知作爲選擇問標誌的，有選擇連詞（如例8、31 "且"，例18、23 "抑"，例19 "意"，例20、21、 27 "將"，例22 "其"，例23 "亡其"，例12、25、27、28、29 "爲"，例13 "爲是"、"爲當"，例14、15、28、30 "爲復"，例16 "還"）、連接副詞（如例17 "則" 表時間關係，例24 "寧" 表比較關係）與繫詞（如例9、10 "爲"、例10、11、16、26 "是"）。

　　前已提及選擇問的選擇項，可以是兩個以上，茲舉例於下，作爲參考：

　　　32.孔子曰：「意者身未敬邪？色不順邪？辭不遜邪？」（韓詩外傳・卷九）

　　　33.近日恰似改形容，何故憂其情不樂？<u>爲復</u>諸天相惱亂？<u>爲復</u>宮中有不安？<u>爲復</u>憂其國境事？<u>爲復</u>憂念諸汝身？（變595）

　　　34.我今爲禮世尊頂，<u>爲復</u>哀禮如來胸？<u>爲復</u>敬禮大聖乎？<u>爲復</u>悲禮如來腰？<u>爲復</u>敬禮如來臍？<u>爲復</u>深心禮佛足？何故不見佛涅槃？唯願示我敬禮處。（祖1.026.01）

例33出現四個選擇項，是針對前面的特指問：「何故憂其情不樂」，

提出四個可能的答案作為選擇。如果不出現特指問，這個選擇問難以成立。例34則是先提出五個可能的方式進行抉擇，含有假設意味，但是都行不通，再以特指問「何故不見佛涅槃？」詢問原因，實際上也透露出答案是「佛涅槃」。有時選擇問中含有作者內心諸多揣測，再以特指問說明為何作此揣測的原因，例如：

35.曰：「子為我祝，犧牲不肥澤也？且齋戒不敬也？使吾國亡，何也？」（論衡・解除）

36.驚怪問其所以：「為當親姻聚會？為復延屈帝王？因何大小匆忙，嚴麗鋪置？」（變611）

如果把例35、36的特指問移至選擇問前，則在語義上與例33相同。

二、語義內涵

　　邵敬敏（1994：51～54）根據現代漢語選擇問句中前後選擇項的語義關係，分成對立、差異、相容三種關係，而且三者的對比性依次減弱。實際上這三種關係在古漢語中已經出現，茲以先秦至宋的作品為主，分項舉例於下：

㈠對立關係

　　選擇項在語義上形成明顯的對立關係。

A・正反型：

1.子以秦為將救韓乎？其不乎？（戰國策・韓策）

2.修摩提女為滿富城中滿財長者所求。為可與？為不可與乎？（增壹阿含經，大正藏，II，660B）

3.僧云：「本來地是地？不是地？」（祖5.021.14）

4.師上堂云：「真實難言說，文字別時行。諸上座在教？不在教？」又上堂云：「本自圓成，不勞機杼，諸上座出手？不出手？」（祖4.025.08）

　5.打<u>有</u>道理？打<u>無</u>道理？（祖3.074.06）

　6.是<u>舉揚</u>？是<u>不舉揚</u>？（祖3.089.10）

　7.師云：「<u>臥底是</u>？<u>不臥底是</u>？」（祖3.078.08）

　8.是<u>了義教裡收</u>？是<u>不了義教裡收</u>？（祖4.061.04）

　9.者沙彌是<u>有主沙彌</u>？<u>無主沙彌</u>？（祖5.051.02）

　　正反型的選擇項一般是由肯定式與否定式並列而成④，否定式中以否定副詞"不"或否定動詞"無"標誌，如例1～7。例8、9則是由兩個肯定式並列，但是選擇項中的語義是正反對立。一般正反型，如果去掉選擇問標誌，則成為正反問句。如例1、2可分別變成"子以秦為將救韓不乎？"、"可不可與乎？"例3、4、5可直接經由「逆向刪略」簡縮成"本來地是不是地？"、"諸上座在不在教？"、"諸上座出不出手？"、"打有無道理？"例8、9由肯定式並列，不能簡縮成正反問句，例7雖然選擇項是由肯定式與否定式構成，但是前後分句都是複句形式，訊息焦點在於針對動詞"是"作回答，所以不能變成正反問形式。

　B·反義型

　　10.此<u>天下之害</u>與？<u>天下之利</u>與？（墨子·兼愛下）

　　11.為是<u>上智</u>？為是<u>下愚</u>？（張衡·髑髏賦）

　　12.阿孃迷悶之間，乃問：「是<u>男</u>？是<u>女</u>？」（變1057）

　　13.乃以手敲棺木問：「<u>生也</u>？<u>死也</u>？」（祖2.071.12）

　　14.和尚是咸通<u>前</u>往？咸通<u>後</u>往？（祖3.103.12）

　　15.濟便問：「汝是<u>凡</u>？是<u>聖</u>？」（五燈會元·鎮州普化和尚）

　　反義型中前後選擇項是一對反義詞，形成語義上的對立，如例10"天下之害"與"天下之利"、例11"上智"與"下愚"、例12"男"與"女"，餘類推。

　C·顛倒型

16.子絕長者乎？長者絕子乎？（孟子・公孫丑下）

17.不知周之夢爲胡蝶與？胡蝶之夢爲周與？（莊子・齊物論）

18.人問言：「爲黑牛繫白牛？爲白牛繫黑牛？」（雜阿含經，大正藏，II，60b）

19.爲復賓不喜見主？爲復主不喜見賓？（祖4.011.12）

顛倒型是句中語序顛倒，主語、賓語位置互換，使得施受關係改變而形成的語義對立，如例16"長者"在第一選擇是受事者，第二選項則變成施事者，餘類推。

㈡相異關係

選擇項之間並不形成強烈對比，但是仍然有所差異，透過比較，選擇其一，例如：

1.丘也眩與？其信然與？（莊子・田子方）

2.秦誠愛趙乎？其實憎齊乎？（史記・趙世家）

3.誠以大司馬有大功當著之邪？將以骨肉故欲異之也？（漢書・王莽傳）

4.即欲向京師？爲隨我北度？（北史・溫子昇傳）

5.將軍爲當要貧道身？爲當要貧道業？（變1051）

6.太子登時實此語？爲復是結集家語？（祖3.065.10）

7.我問：「曾點是實見得如此？還是偶然說著？」（朱子語類卷40）

㈢相容關係

如果選擇項的內容不形成對立或表現差異關係，而是體現一種相容關係，此時，有可能擇其一，也可能都成立或都不成立。這種相容關係，常須透過上下語境而顯現出來，例如：

1.子白師曰：「爲心白耶？爲頭白耶？」師曰：「此白是髮，非心、頭也。」（祖1.037.01）

2.問：「《大學》注言：“其體虛靈而不昧，其用鑒照而不遺。”
　　此二句是說心？說德？」曰：「心、德皆在其中，更仔細看。」
　　（朱子語類卷14）

　　例1選擇項，“心白”與“頭白”是相容關係，不表現彼此差異，
但是答話者認為兩者都並不成立，是髮白也。例2選擇項“心”與“
德”也是相容關係，而答話者認為二者皆可成立。
　　我們可以說選擇問句是由兩個或兩個以上的是非問句並列而成。
有時，是非問句帶有反詰語氣，是個反詰是非問，如果出現於選擇問
句中，通常擺在第一分句，例如：
　　1.豈吾相不當侯邪？且固命也？（史記·李將軍傳）
　　2.豈薪楷之道未弘？為綱羅之目尚簡？（文選·永明十一年第
　　　秀才文）
　　3.今時至不取，更復顧慮。豈天意未欲使海內平定邪？將大王
　　　不欲取天下也？（資治通鑑·晉紀）
　　4.李絳或久不諫，上輒詰之曰：「豈朕不能容受邪？將無事可
　　　諫也？」（資治通鑑·唐紀）
　　5.而今池錄中語尚多蜀類所未收，則不可曉已，豈池錄嘗再曾
　　　定邪？抑子法猶有遺邪？（朱子語類卷目）
　　6.豈唯隳弥國邦？抑亦摧殘佛寺？（祖2.038.03）
以上例1～5說話者雖提出兩個選擇項，但是心中對表反詰問的第一個
選擇項已予以否定，傾向於第二個選擇項。例6依據上下文義，前後
兩個選擇項是相容關係，義指“不僅隳　國邦，而且也摧殘佛寺。”
也可以看到整個選擇問句都帶有反問語氣，此時，對每個選擇項無法
選擇，例如：
　　7.師又時問：「僧堂中有一千餘人，爭委得他是龍？是蛇？又
　　　不通個消息。」（祖2.112.12）

"爭委得他是龍？是蛇？"義指"怎知道他是龍？還是蛇？"反詰副詞"爭"所指涉的範圍是所有的選擇項，表示對"是龍？是蛇？"這兩個選擇項質疑，實際上是不知道他到底是龍還是蛇，因此無法選擇。

叁、從中古至近代選擇問句的類型

前已提及選擇問句在形式特徵上，可以是由兩個或兩個以上的是非問句並列而成，也可以在選擇項間出現選擇問標誌。在此對於中古至近代選擇問句類型的討論，著重在此時期新興的選擇問標誌與幾個特殊的選擇問形式，以凸顯中古至近代選擇問句的特色。

一、從中古至近代新興的選擇問標誌⑤

大抵上繫詞"爲"與選擇連詞"爲"作爲選擇問標誌六朝時已出現，由"爲"雙音節化產生的"爲是"、"爲當"、"爲復"也在此時期可作爲選擇問記號。其中，"爲是"與"爲"一樣，可兼作繫詞與連詞，"爲當"似乎也有繫詞用法，但主要當選擇連詞⑥，"爲復"則純粹是個選擇連詞。另外，繫詞"是"也可作爲選擇問標誌。茲舉例於下：

1. 如王宮中有菴婆羅樹上菓，<u>爲</u>甜？<u>爲</u>醋？（雜寶藏經，大正藏IV）
2. 即欲向京師，<u>爲</u>隨我北度？（北史・溫子昇傳）
3. 彼裸形者，<u>爲是</u>尼犍？<u>爲是</u>沙門？（大莊嚴論經卷三）
4. <u>爲</u>欲請國王過舍？<u>爲是</u>貴家男欲娶婦女欲嫁乎？（出曜經卷27）
5. 「於汝意云何？識<u>爲當</u>常？<u>爲當</u>無常？」時諸比丘言：「世尊，此識無常。」佛復問言：「識既無常，<u>爲</u>苦？<u>爲</u>樂？」

諸比丘言：「世尊，此識是苦。」（佛本行集經卷34）

6. <u>爲當</u>求食欲著衣行？<u>爲當</u>默然寂靜而坐？（佛本行集經卷41）

7. "太誓"之注不解「五至」……不知<u>爲</u>一日五來？<u>爲當</u>異日也？（詩・周頌・思文・孔穎達疏）

8. <u>爲復</u>我身壽命欲盡？<u>爲</u>共聖子恩愛別離？（佛本行集經卷16）

9. 佛報言：是諸法化誰爲化，<u>爲是</u>聲聞辟支佛所化耶？<u>是</u>菩薩佛之所化耶？ <u>是</u>諸習緒所化？<u>是</u>行所化？（放光般若經卷20）

以上9例，例1、3、5、9中的"爲"、"爲是"、"爲當"是繫詞用法，例2、4、6、7、8則是選擇連詞。例8"爲復"與"爲"搭配使用，作爲選擇連詞，例9繫詞"是"連用，作爲選擇問標誌。

唐五代的選擇問標誌，除了承襲六朝用法，繫詞"是"與選擇連詞"爲復"作爲選擇問標誌都比前期使用頻繁。而且選擇連詞"還"也在此時期出現，在《祖堂集》與禪宗語錄都可以看到，例如：

10. 古人<u>還</u>扶入門？不扶入門？（祖3.084.14）

11. 與摩道，<u>還</u>得勤絕？爲當不得剗絕？（祖3.090.04）

12. 動與不動是二種境？<u>還是</u>無依道人用動用不動？（臨濟慧照禪師語錄）

選擇連詞"還"在唐五代尚屬於萌芽階段，例12"是…還是…"是現代漢語中最流行的選擇問句式，在南宋《朱子語類》已被大量使用。但是，在此只看到1例，同樣地選擇連詞"還是"也僅出現1例：

13. 且名不自名句？<u>還是</u>爾目前昭昭靈靈鑒覺知照燭府？（臨濟慧照禪師語錄）

因爲都是孤例，不禁讓人懷疑唐代禪宗語錄是否有部分內容經過宋人改寫，在此存疑。對於"是…還是…"形式與選擇連詞"還是"的產生，仍將時間定在宋代。

　　宋代的選擇問標誌，與六朝至唐五代相較，最大的特色是選擇連詞 "還"、"還是" 大量使用，而且由繫詞 "是" 與選擇連詞 "還" 構成的 "是…還是…" 式開始流行。茲以《朱子語類》中的用例，列舉於下：

　　14.不知以木造主？還便以樹爲主？（卷25）

　　15.如漢仲舒之徒，說得是底？還他是？（卷18）

　　16.還在其上？還在其下？（卷25）

　　17.不知聖人還已知之而猶問？還以其名物制度之非古而因訂之？（卷38）

　　18.不知沙隨見此而爲之說？還是自見得此意？（卷83）

　　19.還是切脈底是仁？那脈是仁？（卷97）

　　20.還是虛之氣自應吾之誠？還是氣只是吾身之氣？（卷25）

　　21.大鈞播物，還是一去便休也？還有去而復來之理？（卷11）

　　22.是言未見用力底人？還是未見用力而力不足之人？（卷25）

　　23.不知是作此詩？還只是歌此詩？（卷83）

　　24.不知只是首尾用之？還中間亦用耶？（卷92）⑦

也可以看到 "還" 字雙音節化而產生的 "還當"、"還復" 作爲選擇連詞，例如：

　　25.只說無爲，還當無爲而治？無爲而不治？（卷23）

　　26.放心還當將放了底心重新收來，還只存此心便是不放？（卷59）

　　27.還當只是躬行？亦及政事否？（卷61）

　　28.不知魏公是有此夢？還復一時用兵，托爲此說？（卷3）

例26前後分句分別出現 "還當" 與 "還" 連接，例27 "還當" 與連接副詞 "亦" 互相搭配，可以看出 "還當" 在此是個選擇連詞。例28 "是…還復…" 式乃 "是…還復是…" 之省略。

二、幾個特殊的選擇問形式

㈠ "D是A？D是B？" 式

梅祖麟（1978：28）提及 "是" 字用作選擇問標誌相當晚，最早的資料是禪宗的《碧巖錄》。此外，從唐末到南宋，有若干過渡性的句型，例如：

1. 爲復是四大違和？爲復是教化疲倦？（敦煌，578）

2. 蕭扈、吳湛帶去聖旨，不知是有文字？爲復只是口說？（沈括，乙卯入國奏請，50）

3. 章敬道，是，是。南泉云，不是，不是。爲復是同是別？（碧巖錄，31則，評唱，中，8）

按梅祖麟（1978）將繫詞 "是" 作爲選擇問標誌的時間，定在宋代作品碧巖錄，實際上六朝時已出現，如前舉參、一、例9，到了唐五代就大量使用，如在變文中有11例，《祖堂集》有48例⑧，例如：

4. 阿孃迷悶之間，乃問是男？是女？（變1057）

5. 和尚借問：「此人所住，是雌山？是雄山？」（祖1.119.13）

6. 師卻問僧：「是明闡提？是暗闡提？」（祖2.135.13）

既然繫詞 "是" 作爲選擇問標誌出現於六朝，像例1～3 "爲復是…爲復是…" 、 "爲復是…是…" 形式都不能當作過渡性句型來解釋。在此對於繫詞 "是" 與選擇連詞同時作爲選擇問標誌的用法，將作一討論。

在 "D是A？D是B？" 式中，基本上，繫詞 "是" 必須出現於前後分句，可以看到少部分例子第二分句省略繫詞 "是" 的情形，這是承前省略，如參、一、例24、28，又如：

7. 今日見我歸家，床上臥不起，爲復是鄰里相爭？爲復天行時氣？（變 952）

　　8.爲復是當面諱？爲復別有長處？（碧巖錄卷三）

而且“是”字前的選擇連詞如果前後分句都出現必須相同，不能是“D1是A？D2是B？”式。這種句式唐五代已經出現，但是用例不多，選擇連詞有“爲復”與“爲當”，如前舉例1，又如：

　　9.爲復是心？爲復不是心？（祖1.122.07）

　　10.是祖師意？爲復不是祖師意？（祖5.007.11）⑨

　　11.爲當是一句？爲當是三句？（祖3.136.07）

由“爲復”構成的“D是A？D是B？”式，在宋代比唐五代多，而“爲當”則已消失，例如：

　　12.爲復是答他話？爲復是與他酬？（碧巖錄卷三）

　　13.爲復是淘沙去米？爲復是淘米去沙？（虛堂和尚語錄卷9）

　　14.爲復是鉤頭不妙？爲復是香餌難尋？（五燈會元・黃龍悟新禪師）

　　15.爲復是神通妙用？爲復是法爾如然？（同上・臨濟義玄禪師）

　　16.不知是某看到末梢懶了，解不得？爲復是難解？（朱子語類卷67）

　　17.不知是塞於耳中？爲復是塞於耳外？（同上卷81）

例12～15“爲復是…爲復是…”句式整齊，有六字句對（例12）與七字句對（例13、14、15），例17“不知是…爲復是…”，第一分句不出現“爲復”，而以“不知”提問，是爲了音節對稱。我們也可發現到下例18～24“是…還是…”中也有不少是音節對稱的，如例18、19、21。到了宋代作品《朱子語類》“D是A？D是B？”式已漸被“是A？D是B？”與“是A？DB？”二式取代。在“是A？D是B？”式中，除了例16、17“是…爲復是…”外，還有選擇連詞“還”與“抑”，例如：

　　18.不知是心要得如此？還是自然發見氣象？（卷34）

19. 此"循"字是就道上説？還是就行道人上説？（卷62）

20. 不審未發之前，全是寂然而靜？還是靜中有動意？（卷62）

21. 是實有這箇道理？還是無這箇道理？（卷100）

22. 未委是何處幾時請到文解？還是鄉貢？（卷106）

23. 問：「靈處是心？抑是性？」（卷5）

24. 此氣是當初得天地底來，便自浩然？抑是後來集義方生？（卷52）

例18～22 "是…還是…"爲現代漢語最常見的選擇問句形式，其由來應是從 "D是A？D是B？" 至 "是A？D是B？" 而產生。例23、24 "是…抑是…"，選擇連詞 "抑" 先秦時已出現，但是與繫詞 "是" 搭配，是《朱子語類》一書的特色。宋代禪宗語錄中選擇連詞 "抑" 十分少見，例如：

25. 豈祖教回春乎？抑世故有數乎？（碧巖錄）

《朱子語類》中選擇連詞 "抑" 出現頻繁，例如：

26. 先有理？抑先有氣？（卷一）

27. 而夫子反貴賤，何也？豈時運使然邪？抑其所亦有不足邪？（卷4）

28. 此指獲罪於蒼蒼之天耶？抑得罪於此理也？（卷25）

還可以看到許多由繫詞 "是" 與選擇連詞 "抑" 形成的 "是…抑…"，即 "是A？DB？" 式，例如：

29. "今之成人" 以下是孔子言？抑子路言？（卷44）

30. 問：「"關雎樂而不淫，哀而不傷" 是詩人情性如比？抑詩之詞意如此？」（卷25）

31. 祭天地山川，而用牲幣酒醴者，只是表吾心之誠耶？抑眞有氣來格也？」（卷3）

32. 此是心已發？抑未發？（卷5）

33.解密爲嚴密，是就心言？抑就行言？（卷16）

34.時習，是溫尋其義理？抑習其所行？（卷20）

“是…抑…”乃“是…抑是…”之省略，例29“抑”字後是名詞組，更可看出“抑子路言”乃“抑是子路言”之省。這種省略，有時可以促使音節對稱與句式工整，如例29、30、33。“是…抑…”在《朱子語類》中幾乎有超過“是…還是…”“還…還…”、“還是…還是…”、“…還是…”的趨勢。

“是A？DB？”式，除了“是A？抑B？”外，還有“是A？還B？”但是僅有幾例，不如“是A？抑B？”活躍，例如：

35.今有人自任己意將說去，更不看人之意是受它？還不信受它？（卷42）

36.不知只是首尾用之？還中間亦用耶？（卷92）

37.所謂“玉振”者只是石耶？還眞用玉？（卷92）

由選擇連詞“抑”與繫詞“是”搭配構成的選擇問句，在現代方言中還流行著。如閩南語用“是…抑是…”，不用“是…還是…”；廣東話“是…抑是…與…是…還是…”兩種句式都被使用，而且選擇連詞“抑”還發展出“抑或”的用法。由此可知，《朱子語類》一書所呈現的語言現象，保留在方言中，並未消失。

在此，對於《朱子語類》中“還是A？還是B？”中的“還是”是否應分析爲「選擇連詞“還”＋繫詞“是”」作一探討。這涉及到出現於選擇問句中的“還是”最早的句式爲何？如果前舉參、一、例13唐代禪宗語錄的資料不可靠，在北宋《二程語錄》中，可以看到這樣的例子：

38.不知當時薄昭有罪，漢使人治之，因殺漢史也？還是薄昭與漢使飲酒因忿怒而致殺之也？（二程語錄·卷11）

依據上下文義與前後選擇項都是完整的句子，可以說“還是”是個複

合詞，由「選擇連詞 "還" ＋繫詞 "是" 」經過重新分析而產生的選擇連詞。《朱子語類》中由 "還是" 連文的" 還是A？B？" ，如前舉參、一、例19，又如：

39.格物，還是事未至時格？事既至然後格？（卷15）

40.還是恁地做？不恁地做？（卷90）

"還是" 在此也是選擇連詞，並不能將此句式變成 "還是A？是B？" 如參、一、例19不能說成 "*還是切脈底是仁？是那脈是仁？" 上例39也不能說成 "*格物，還是事未至時格？是事既至然後格？" ，例40亦是。同樣地， "還是A？還是B？" 也有不少例子不能變成 "還是A？是B？" ，例如：

41.還是他命辭不出有差？還是見得差？（卷99）

42.還是以尹子已得此意？還是以二書互相發故？（卷95）

43.問：「上蔡謂："禮樂之道，異用而同體" ，還是同出於情性之正？還是同出於教？」（卷22）

例41不能說成 "*還是他命辭不出有差？是見得差？" ，例42、43亦是。在 "D是A？D是B？" 式中，可任意替換成 "D是A？是B？" ，如前舉參一二、㈠例1、9、11～15。同時 "D是A？B？" 也可以替換成 "D是A？是B？" ，例如：

44a.爲復是賞伊？罰伊？（虛堂和尚語錄卷9）

b.爲復是賞伊？是罰伊？

因此，由句式替換的方式，也可證明 "還是" 在 "A？還是B？" 、 "還是A？B？" 與 "還是A？還是B" 句式中已凝結成一個固定形式，是個複合詞。有時，不能作任一的替換。所以，這些句式中的 "還是" 並不當作選擇連詞 "還" 與繫詞 "是" 連文，而將其當作一個選擇連詞。⑩

㈡ "DV不V？" 式與 "VD不V？" 式

如果依選擇項的內容來區分正反問與選擇問，基本上前者一定是

選擇甲與非甲，後者大多是選甲與乙。正反問“V不V”在《睡虎地秦墓竹簡》已經出現，如果在選擇項中出現選擇連詞，似乎是介乎正反問與選擇問之間的句子，因爲有選擇連詞，仍歸於選擇問，例如：

　　1.今我欲問，身中之事，我<u>爲</u>常不常？（雜寶藏經，大正藏，
　　　IV，493b）

　　2.今云：「一切無情，皆是佛心。未審心與性，<u>爲</u>別不別？」
　　　師曰：「迷人即別，悟人即不別。」（祖1.121.13）

　　3.色作非色解，<u>還</u>當不當？（金陵清涼院文益禪師語錄）

　　4.<u>還</u>可不可？（同上）

　　5.但某乙有一交言語，今說與夫人，你從<u>與</u>不從？（變541）

　　6.大聖迴看舍利弗，問見<u>與</u>不見唱將來。（變281）

　　7.父王聞道太子歸官，遣人觀占太子喜<u>已</u>不喜？（變506）

　　8.父王聞道太子歸官，遂遣宮人觀占太子喜<u>與</u>不喜？（變544）

例1～8如果去掉選擇連詞“爲”、“還”、“與”、“已”，則成爲正反問“V不V”，如例1“爲常不常”→“常不常”，例2“爲別不別”→“別不別”，依此推之。選擇連詞在此標誌的功能並不強，假使選擇項不是正反型，是反義型，則標誌作用才加強，例如：

　　9.問：「祖意與教意<u>還</u>同別？」（祖3.007.05）（又祖5.106.
　　　12）

這類句子並不多，在六朝至宋的文獻中，只零星出現在佛經材料中，而被“V不V”式所取代。

　　㈢“D₁A₁？A₂？D₂B？”式

　　在佛經材料中，可以看到出現兩個選擇問標誌，卻有三個選擇項，三者之間不是並列關係，在分析上有層次的不同。例如：

　　1.只如臨濟道我從前疑遮漠，<u>是</u>肯底語？不肯底語？<u>爲當</u>別有
　　　道理？（吉州青原山行思禪師第四世）

2.爲復語底是？默底是？莫是不語不默底是？（碧巖錄卷三）

例 1 以 "是" 與 "爲當" 作爲選擇問標誌，依照形式，有兩個分句，可以樹狀結構表示分句間的關係：

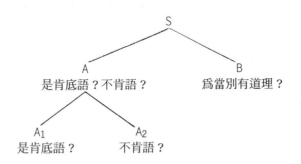

第一分句是要在A$_1$ "肯底語" 與 A$_2$ "不肯語" 之間作一抉擇，A$_1$與A$_2$的關係是對立的。第二分句B "別有道理" 義指如果A$_1$與A$_2$之對立關係，任一都不能成立，那麼是否選擇B，不過B "別有道理" 並未提出道理何在，因此選擇B，就必須將此答案作進一步的說明。例2以 "爲復" 與 "是" 作爲選擇問標誌，同樣用樹狀結構來分析：

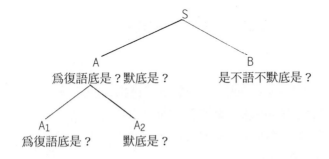

第一分句是要在A$_1$ "語底是" 與 A$_2$ "默底是" 之間作一抉擇，A$_1$與A$_2$的關係是並列的，B "不語不默底是"，是對A$_1$與A$_2$予以否定，認

為兩者都不是。由於第二分句"是"字前出現測度副詞"莫"，在語氣上有所加重，使得在選擇上傾向於B。

例1　"是肯底語？不肯語？為當別有道理？"由於A_1與A_2是對立關係，可以簡縮成正反問形式，變成"是肯底語不？為當別有道理？"。我們在清代《老殘遊記》中可以看到這樣的例句：⑪

　　　3.又問翠環道：「後來你爹找著了沒有？還是就被水沖走了呢？」

　　　（老殘遊記·14）

第一分句是個正反問，A_1"找著了"與A_2"沒有"是對立關係，B"被水沖走了"與A_1也是對立，卻是A_2多種選擇中的一種。整個選擇問，義指選擇A_1，A_2與B則不成立。選擇A_2，則又提出A_2中的一種可能B作為選擇。

肆、幾個選擇問標誌的來源

此章主要探討從中古至近代新產生的選擇問標誌的來源，大抵有"為"、"為是"、"為當"、"為復"、"是"、"還"、"還是"、"還當"與"還復"。

一、"為"、"是"

㈠"為"

"為"字作為選擇問標誌，有繫詞與選擇連詞兩種，先討論繫詞"為"。一般繫詞的用法，是連繫判斷句的主語與謂語，用來表示兩者的同一關係或類屬關係。如果把兩個判斷句並列，以疑問語氣詢問，則成為選擇問句，例如：

　　　1.有大德問：「虛空為定有耶？虛空為定無耶？」（祖5.027.10）

2. 以屈己<u>為</u>是乎？伸威<u>為</u>是乎？（新唐書卷95）

3. 往多情見<u>為</u>是耶？今無者<u>為</u>是耶？（金史卷95）

例1 "虛空為定有耶？虛空為定無耶？"，兩個選擇項的主語相同，可經「順向刪略」省略為 "虛空為定有耶？為定無耶？" 或 "虛空為定有耶？無耶？"。如是前者，繫詞 "為" 變成選擇問標誌，如是後者，選擇項是繫詞 "為" 後的謂語成分，繫詞 "為" 仍有標誌的作用。可以看到不少這樣的例子，例如：

4. 便問人云：「此<u>為</u>茶？<u>為</u>茗？」（世說・紕漏）

5. 其所修者<u>為</u>頓？<u>為</u>漸？（祖2.044.03）

6. 師曰：「入定者<u>為</u>有心入定耶？<u>為</u>無心入定耶？」（祖1.131.03）

7 a. 如是耳聲鼻香舌味身觸意法，<u>為</u>意繫法耶？法繫意耶？（雜阿含經・大正藏II，152a）

b. 如是耳聲鼻香舌味身觸意法，<u>為</u>意繫法耶？<u>為</u>法繫意耶？（同上，152）

8 a. 子白師曰：「<u>為</u>心白耶？<u>為</u>頭白耶？」師曰：「此白是髮，非心、頭也。」（祖1.037.01）

b. 曰：「師髮已白，<u>為</u>髮白邪？心白邪？」者曰：「我但髮白，非心白耳。」

（五燈會元・三祖商那和修尊者）

9 a. 時維摩詰來謂我言：「云何？賢者，眼<u>為</u>受身相耶？無受相耶？」（支謙474：523上）

b. 時維摩詰來謂我言：「唯阿那律，天眼所見<u>為</u>作相耶？無作相耶？」（鳩摩羅什475：541上、中）⑫

10 a. 陛下以廬江取此婦人，<u>為</u>是耶？<u>為</u>非耶？（舊唐書卷70）

b. 陛下以廬江取此婦人，<u>為</u>是耶？非耶？（新唐書卷70）

例4～6、7b、8a、10a以繫詞 "爲" 作爲選擇問標誌，是 "爲A？爲B？" 式，7a、8b、9a、9b、10b，繫詞 "爲" 後的謂語成分當作選擇項，是 "爲A？B？" 式。此乃 "爲A？爲B？" 式之省略，可比較7a與7b、8a與8b、10a與10b。前者疑問點是 "爲A？爲B？"，後者著重在謂語的 "A" 與 "B"。對於 "爲A？爲B？" 式，選擇項A、B如果是名詞組，"爲" 很明顯是個繫詞，如例4、5、8；如果是動詞組、或子句，有時可由句子結構與上下文義，判斷是否爲繫詞，如例6主語是 "入定者"，這種主語是 "…者" 形式通常作爲判斷句，因此例6的 "爲" 是個繫詞。但是，有時 "爲" 的繫詞功能有減弱的趨勢，例如：

11.今爲應乘弊致討？爲應休兵息民？（魏書・高閭傳）

12.宏曰：「卿爲欲朕和親？爲欲不和？」（南齊書・魏虜傳）

13.修摩提女爲滿富城滿財長者所求。爲可與？爲不可與乎？（增壹阿含經，大正藏II・660b）

14.人問言：「爲黑牛繫白牛？爲白牛繫黑牛？」（雜阿含經，大正藏，II・60b）

15.師云：「爲問因中三德？爲問果上三德？」（祖5.028.04）

16.師問曰：「爲心出家耶？爲身出家耶？」（祖1.38.05）

例11～16，去掉 "爲" 字，仍然是個選擇問句，如例11可變成 "今應乘弊致討？應休兵息民？。特別是例12、15 "爲" 字後出現動詞 "欲"、"問"，似乎才是主要動詞。如例12 "卿爲欲朕和親？爲欲不和" → "卿欲朕和親？欲不和？" 因此當 "爲" 的繫詞功能減弱，但是仍然具有選擇問的標識作用，此時 "爲" 似乎由繫詞變成選擇連詞。對於像例11～16這種 "爲A？爲B？" 式，把 "爲" 當作繫詞或選擇連詞都可以被接受，但是傾向於後者。可是，當 "爲" 與其他選擇連詞搭配使用，或是 "爲" 出現於選擇項的第二分句前，是 "A？爲B？"

式，"爲"必須看成是一個選擇連詞。例如：

17. 不知孚爲瓊之別名？爲別有伍字也？（三國志・魏書・董二袁劉傳・裴松之注）

18. 豈薪栖之道未弘？爲綱羅之目尚簡？（文選・永明十一年第秀才文）

19. 師問：「遊山來？爲老僧禮拜來？（祖2.003.05）

20. 又曰：「魏帝欲爲久都平城？將移也？」（北史・張濟傳）

21. 茂辟左右問之曰：「亭長爲從汝求乎？爲汝有事囑之而受乎？將平居自以恩意遺之乎？」（後漢書・卓魯魏劉列傳）

22. 受王位時，爲太子一身受於王位？爲復國界一一受也？（祖1・124・09）

23. 未知足下雅意佛儒安在，爲當本一末殊？爲本末俱異邪？（弘明集卷六）

例17～19 "爲"當選擇連詞，連接前後選項，如例17義指 "不知道孚是瓊的別名，還是另外有伍孚這個人"，例20～23，"爲"與選擇連詞 "將"、"爲當"、"爲復"分別出現於前項或後項，更可看出 "爲"是個選擇連詞。有時透過譯經文字的比較，也可看出 "爲"的功用。例如：⑬

24. a. 於秋露子念：「此賢者說明度道，自己力所（耶）？乘佛聖恩乎？」善業知其意而答曰：「敢佛弟子所說，皆乘如來大士之作。」（支謙225：478中）

b. 舍利弗即作是念：「須菩提，自以力說？爲承佛神力？」須菩提知舍利弗心所念，語舍利弗言：「佛諸弟子敢有所說，皆是佛力。」（鳩摩羅什227：537中）

25. a. 由是論之，不從無生得最正覺，然則何用記？彌勒！決從如起耶？從如滅耶？（支謙474：523下）

　　b.云何彌勒受一生記乎？為從如生得受記耶？為從如滅得受記
　　耶？（鳩摩羅什475：542中）

例24、25支謙譯經用句末語助詞"耶"、"乎"來傳疑，鳩摩羅什則
出現選擇問標誌"為"，以"A？為B？"或"為A？為？"形式譯出。由
於選擇項A與B都是"VP"結構，再加上在類似的文句中，支謙不用
選擇問標誌"為"，可見這個"VP"並不是判斷句的謂語成分，可
當作一個獨立的句子處理，因此，"為"在此是選擇連詞，連接前後
選項。

　　梅祖麟（1978：19～20）提出"為"在中古會變成選擇問標誌
是和"為"用作假設詞有關。選擇問是把兩種假設的情況並列，讓對
方選擇，"為"既已用作假設詞，再加引申就可變成選擇問的記號。
按由前所舉例句，可以知道繫詞"為"與選擇連詞"為"都可作為選
擇問標誌，依據梅文，對於繫詞"為"在選擇問中的用法無法解釋。
同時，梅文（1978：28～29）承認繫詞"是"作為選擇問標誌，為
何繫詞"為"沒有這種用法，在此我們提出質疑，李崇興（1990：
78）：「"為"字進入選擇問，是它繫詞用法的引申。……"為"字
進入選擇問也要產生連續作用，發生變異。但我們相信，最初用這個
"為"字不是要它連續，而是要它斷定。」按我們可以同意繫詞"為"出
現在選擇問中，最初是表斷定，對於例1～3、7a、8b、 9a、9b、
10b都可作這樣地解釋。但是像例4～7、7b、8a、10a，則除了斷定，
還有連續，例11～16則傾向於連續，漸失去斷定作用。由此可知，繫
詞"為"除了有斷定功能，還能表示連續。如果只有連續作用，則純
粹是個選擇連詞，如例17～22。可是李文提及「"為"字進入選擇問，是
它繫詞用法的引申。」似乎承認選擇連詞"為"是由"為"的繫詞用
法而來，卻又未明言繫詞"為"，可作為選擇問標誌。我們必須釐清
其中的模糊性，大抵選擇連詞"為"是"為"的繫詞功能減弱，只起

連續作用，含有不確定的揣測，相當於"或是"義而產生的。而繫詞
"爲"作爲選擇問記號與繫詞功能減弱成爲選擇連詞，似乎是同時進
行，難以分出先後，這兩種用法在六朝文獻中都已出現。

(二) "是"

繫詞"是"變成選擇問標誌，梅祖麟（1978：29）提出兩個原
因，一是先有了用"爲"字的選擇問，然後"是"字普遍地替代"爲"字；一
是五世紀就有了在原有動詞外另加繫動詞的句型，這種句型把領域擴
充到詢問句來，也促進"是"字變爲選擇問標誌。按梅說富有見地，
在此要補充說明的是在選擇問中，繫詞"是"普遍地替代"爲"字，
是替代"爲"的繫詞用法，而且這種"是A？是B？"式，"A"、"
B"以名詞組爲主。當"A"、"B"是動詞組、子句，有可能是替代
"爲"的繫詞用法而來，也有可能是在原有動詞外另加繫動詞的句型
擴充到詢問句而形成的。

繫詞"是"比繫詞"爲"口語，因此繫詞"爲"被繫詞"是"取
代是自然現象。繫詞"爲"在選擇問句中的用法，於繫詞"是"中都
可以看到，舉例於下：

26. 汝知：「夫婦是親？父母是親？」（變1120）

27. 隱山云：「我不從雲來，和尚是先住？此山是先住？」（祖
　　5.141.09）

28. 問：「大肯底人與大捨底人，是一？是二？」師云：「是二。」
　　（祖2.120.10）

29. 和尚借問：「此人所住，是雌山？是雄山？」（祖1.119.13）

30. 闍梨此語是父邊道？子邊道？（祖2.069.07）

31. 者沙彌是有主沙彌？無主沙彌？（祖5.051.02）

32. 阿孃迷悶之間，乃問是男？是女？（變1057）

33. 師卻問僧：「是明闡提？是暗闡提？」（祖2.135.13）

34.<u>是</u>要做聖賢？<u>是</u>只要苟簡做簡人？（朱子語類卷121）

35.<u>是</u>有這四端？<u>是</u>無這四端？（朱子語類卷121）

36.<u>爲復是</u>四大違和？<u>爲復是</u>教化疲倦？（變290）

37.不知<u>是</u>某看到末梢懶了解不得？<u>爲復是</u>難解？（朱子語類卷67）

38.<u>是</u>實有這箇道理？<u>還是</u>無這箇道理？（朱子語類卷100）

例26、27與例2、3都是由繫詞"爲"或"是"構成的兩個判斷句，並列形成的選擇問；例28、29、與例4、5、8a都是選擇項的主語相同，省略後項的主語，而且選擇項"A"與"B"都是名詞組。例30、31與8b句式相同，以繫詞"爲"或"是"後的謂語成分作爲選擇項，而且"A"與"B"都是名詞組。例32、33繫詞"是"作爲選擇問標誌，選擇項是名詞組，繫詞"爲"也有此種用法，例如：

39.如王宮中有菴婆羅樹上菓，<u>爲</u>甜？<u>爲</u>醋？（雜寶藏經，大正藏，IV，492C）

例34、35與例9～13、15相同，選擇項都是動詞組。也可以看到像例14、16選擇項是子句，如例36，但是"是"字前出現選擇連詞。繫詞"是"與繫詞"爲"作爲選擇問標誌，兩者之差別，在於前者可與選擇連詞連用，如例36～38；後者沒有這種用法。繫詞"爲"不與選擇連詞同時出現於選擇問中，可能是"爲"的繫詞用法可發展出選擇連詞的用法，而與其他選擇連詞搭配使用，如例20～22。

　　大抵六朝時，繫詞"是"已可與繫詞"爲是"⑭同時出現於選擇問中，構成"是A？爲是B？"式，例如：⑮

40.爾時阿難作是念：「<u>是</u>釋提桓因自以智慧力如是說耶？<u>爲是</u>佛神力？」釋提桓因知阿難心所念，語阿難：「皆是佛力。」（鳩摩羅什227：573上）

41.爾時阿難問釋提桓因：「此<u>是</u>閻浮提寶？<u>爲是</u>天上寶？」釋

提桓因言：「此是天上寶。」（鳩摩羅什227：545中）

以繫詞"是"作爲選擇問標誌在此期並不多見，直到唐五代才普遍地流行，敦煌變文與《祖堂集》中可以看到很多例子。⑯而且"是Ａ？是Ｂ？"式，繫詞"是"出現於前後選擇項也是在這時才產生的。繫詞"是"在選擇問句中扮演著重要角色，由於它可與選擇連詞連用，由其構成的"是Ａ？還是Ｂ？"式，在宋代《朱子語類》已使用頻繁，而且是現代漢語中最常見的選擇問句式。

二、"爲是"、"爲當"、"爲復"

梅祖麟（1978：22～23）提及在四～五世紀有很多複音節化（按本文作雙音節化）的詞，是當時語言的潮流，如「～是」型的有"非是"、"猶是"、"即是"、"皆是"、"亦是"、"若是"等，「～復」型的有"故復"、"誰復"、"雖復"、"又復"、"時復"、"及復"、"豈復"等，「～當」型的有"正當"、"自當"、"終當"、"必當"、"故當"、"唯當"等。這些複詞，有些兩個成素各有本身的意義，有些第二個字只是把單音節的詞變成雙音節，緩和語氣，原義保留不變。"爲"字變成"爲是"、"爲復"、"爲當"是第二種，也是漢語複音節化的一般趨勢的產品。按基本上，我們同意梅文的看法，在此要補充的是，"爲是"是繫詞"爲"雙音節化而產生的，"爲當"、"爲復"則是選擇連詞"爲"雙音節化而產生的。以下將敘述"爲是"、"爲當"、"爲復"在選擇問中使用的情形，以支持我們的說法。

(一) **"爲是"**

"爲是"是由繫詞"爲"雙音節化而形成的繫詞。可以從幾方面來証明"爲是"是個繫詞。

Ａ·憑藉問句與答句的比較

1.晉文王戲之曰：「卿云艾艾，<u>爲是</u>幾艾？」鄧答曰：「鳳兮
　鳳兮；<u>故是</u>一鳳。」（藝文類聚25卷嘲戲）

問句 "爲是幾艾"，答句 "故是一鳳"，在此 "爲是" 與 "是" 相當，是
個繫詞。又如前舉肆、一、例40、41，以 "是A？爲是B？" 設問，
答句分別是 "皆是佛力"、"此是天上寶"，用判斷句形式回答，可
知 "是A？爲是B？" 是以兩個判斷句並列而成的選擇問，"爲是"
相當於繫詞 "是"。

B·利用譯經或史書中文字的比較

　　有時對同一部佛典的翻譯，在文字上會有所出入。這種差別，可
以看出譯經者的文字風格，也可窺知當時有些詞或句式是可通用。三
國時東吳支謙與東晉鳩摩羅什對於維摩詰經都做過翻譯[17]，茲舉一段
譯經內容來證明當時 "爲是" 有繫詞的用法：[18]

　　2 a.於是眾中有坐菩薩字眾像見，問維摩詰言：「居士、父母、妻
　　　　子、奴客、執事安在？朋友、親戚、徒隸<u>爲誰</u>？群從、所
　　　　有、象馬、車乘皆何所在？」（支謙474：529下）

　　　b.爾時會中有菩薩名普現色身，問維摩詰言：「居士、父母、妻
　　　　子、親戚、眷屬、吏民、知識悉<u>爲是</u>誰？奴婢、僮僕、象
　　　　馬、車乘皆何所在？」（鳩摩羅什475：549中）

　　2 a 支謙用 "爲誰"？詢問，2b鳩摩羅什用 "爲是誰"？可見"爲是"
與 "爲" 功能相同，是個繫詞。同樣地史書中對同一史事的記載，描
述時也會有所差異，茲以<何妥傳>爲例：

　　3 a.助教顧良戲之曰：「汝姓何，<u>是</u>荷葉之荷？<u>爲是</u>河水之河？」
　　　　妥應聲答曰：「先生姓顧，<u>是</u>眷顧之顧？<u>是</u>新故之故？」
　　　　（隋書·何妥傳）

　　　b.助教顧良戲之曰：「汝姓何，<u>是</u>荷葉之荷？<u>爲</u>河水之河？」妥

應聲答曰：「先生姓顧，是眷顧之顧？爲新故之故？」（
北史‧何妥傳）

3a "是荷葉之荷？爲是河水之河？" 在3b作 "是荷葉之荷？爲河水
之河？"，3a "是眷顧之顧？爲新故之故？" 3b作 "是眷顧之顧？是
新故之故？" 由此可知，"爲是" 與 "爲"、"是" 用法相同，都作
爲繫詞。

C‧透過複句中，前後句式的比較

4. 依於我國住，自稱是業力，我今試看汝，爲是誰力耶？（出
曜經卷15）

5. 色病想行識爲是菩薩耶？眼耳鼻舌身意z是菩薩耶？（放光
般若經）

6. 何許是般若波羅蜜？般若波羅蜜爲是誰？（同上）

7. 我爲是誰？所施何物？受者爲誰？（同上）

例4 "自稱是業力" 與 "爲是誰力耶"，例5 "爲是菩薩耶" 與 "是菩
薩耶"，例6 "是般若波羅蜜" 與 "爲是誰"，例7 "爲是誰" 與 "爲
誰"，"爲是" 與 "是" 或 "爲" 分別出現於前後分句，是一種替代
用法，這種替代，主要是爲了調整音節，而有對稱的韻律感。如例4、
7爲四字對，例5十字對，例6八字對。由此可知，"爲是" 在此與 "
爲"、"是" 一樣，都當作繫詞。

D‧掌握判斷句本身的特色

我們知道一般判斷句必須以繫詞來連繫主語與謂語，如果 "爲是"
出現於判斷句中，而且具有連繫主、謂語的功能，則可明顯地看出是
個繫詞。例如：

8. 即問言曰：「汝爲是誰？」（賢愚經）

9. 若得出家者，便爲是離縛。（大莊嚴論經）

10. 我常所敬眞知識者，爲是阿誰？（放光般若經）

"爲是"在判斷句中作爲繫詞，因是雙音節結構，比"爲"或"是"更具有強調的作用。

藉由以上四點論述，可以得知"爲是"在六朝已經具有繫詞的用法。⑲而且從六朝至唐，出現不少繫詞"爲是"作爲選擇問標誌的例子。例如：

11. 昨夜光明，殊倍於常，<u>爲是</u>帝釋梵天四天王乎？二十八部鬼神大將也？（撰集百緣經卷六）

12. <u>爲是</u>天耶？梵耶？釋提桓因耶？（出曜經卷九）

13. 不知是司馬？<u>爲是</u>司驪？既是驪府，政應爲司驪。（南史卷19）

14. 拘翼所說者<u>爲是</u>天上摩尼寶乎？<u>爲是</u>世間寶耶？（放光般若經）

15. 彼裸形者，<u>爲是</u>尼揵？<u>爲是</u>沙門？（大莊嚴論經卷三）

16. <u>爲是</u>帝釋梵天？<u>爲是</u>四天王子乎？（變749）

17. 不審此偈<u>爲是</u>如來神口所說？<u>爲是</u>尊人知我心意然後復說乎？（出曜經卷28）

例11、12，"爲是"後的謂語成分作爲選擇項，例13"是"與"爲是"交替出現，例14～17是"爲是A？爲是B？"形式，例14～16選擇項是名詞組，"爲是"以繫詞作選擇問標誌。例17雖有一選擇項是子句，但依上下文義，可知"爲是"仍然是繫詞。"爲是"與"爲"一樣，在選擇問中，除了有繫詞用法，也有選擇連詞用法，例如：

18. a. 問馱者言：「此人<u>爲是</u>獨一家法使其如是？<u>爲當</u>一切諸世間相，悉皆如斯？」（佛本行集經卷14）

   b. 此人<u>爲當</u>獨一家法？<u>爲當</u>一切世間眾生悉有是法？（同上卷15）

19. a. 王江洲夫人語謝過曰：「汝何以都不復進？<u>爲是</u>塵務經心？天

分有限？（世說・賢媛）

b.又嘗譏玄學植不進曰：「爲塵務經心？爲天分有限？」（
晉書・王凝之書謝氏傳）

20.云何不陷墮？爲我目不了？爲是夢幻耶？（大莊嚴論經卷13）

21.爲是人受罪？爲復船當辜？（景德傳燈錄卷28）

22.爲是觀？爲復不許人觀？（吉州青原山行思禪師第四世）

23.沖虛眞人：「未知風乘我？爲是我乘風？」（吳均高士詠）
　⑳

例18a "爲是Ａ？爲當Ｂ？" 與18b "爲當Ａ？爲當Ｂ？" 相較，可知 "爲是" 在此與 "爲當" 一樣是個選擇連詞。例19a先以特指問詢問，再以選擇問選擇可能的情況（例20亦是），與19b "爲Ａ？爲Ｂ？" 相較，省略一個選擇問標誌，"爲是" 出現於選擇問的第一分句，應是個選擇連詞。例20 "爲" 與 "爲是" 交替出現，因出現於特指問後，而且 "爲" 後的成分是個子句，在此，"爲是" 是選擇連詞。例21、22 "爲是" 與 "爲復" 出現於前後分句，例23 "爲是" 連接前後選項，很明顯是個選擇連詞。㉑

　　由上所述，可知 "爲是" 在六朝已可作爲繫詞，相當於 "爲" 或 "是"。這是繫詞 "爲" 雙音節化而產生的，在選擇問中，"爲是" 與 "爲" 一樣，可以繫詞或選擇連詞作爲選擇問標誌。

㈡、**"爲當"、"爲復"**

"爲當" 似乎與 "爲"、"爲是" 一樣具有繫詞的用法，例如：

1. 阿羅訶三藐三佛陀，爲轉金輪，爲轉銀輪…爲當轉於赤眞珠輪。（佛本行集經卷34）

2. 不受籌者爲當不欲內王，受籌者爲欲內王？（佛說義是經）

3. 我今不自知，爲活？爲當死？（佛本行集經卷48）

4. 「於汝意云何？識爲當常？爲當無常？」時諸比丘即白佛言：

「世尊，此識無常。」佛復問：「識既無常，爲苦？爲樂？」

諸比丘：「世尊，此識是苦。」（同上卷34）

例1、2 "爲" 與 "爲當" 交替出現，特別是例2否定句與肯定句並列，讓人覺得 "爲當" 好像也是個繫詞，相當於 "爲"。例3 "爲" 與 "爲當" 出現於選擇問，爲了求字數對稱，一用 "爲"，一用 "爲當"，在此也可以當作繫詞。例4 "識爲當常？爲當無常？" "爲當" 應是繫詞，與下文 "爲苦？爲樂？" 相較，更應當作繫詞處理。

　　這些例子並不多，而且都出現於佛經作品中，同期的其他資料（如史書、詩文）並未見到，是否爲佛經中的專門用語，有待進一步研究。在此仍將 "爲當" 當作選擇連詞。以下將探討 "爲當" 與 "爲復" 在選擇問句中的用法。

A・單獨出現於選擇問的前項或後項

5. 國師云：「只這個？爲當別更有？」（祖4.074.04）⑳

6. 師曰：「求汝只教此法？爲當別有意旨？」（祖1.130.07）

7. 爲復古鏡致火爐與麼大？火爐致古鏡與麼大？（雲門匡眞禪師語錄卷中）

8. 要招人檢點？爲復不招人檢點？（祖4.014.10）

B・同時出現於選擇問的前項與後項

9. 爲當求食欲著衣行？爲當默然寂靜而坐？（佛本行集經卷41）

10. 爲當悟心即了？爲當別有行門？（祖2.044.08）

11. 爲復世人無二種？爲復老者只一身？（變577）

12. 汝爲復將三錢與匠人？爲復將二錢與匠人？爲復將一錢與匠人？（祖3.031.08）

C・可與其他選擇連詞交替出現

13. 王爲當都去？將半去耶？（賢愚經卷7）

14. 爲當別有人？爲復轉座爲上身？（祖2.136.12）

15.師曰：「眼耳緣聲色時，<u>爲復</u>抗行？<u>爲</u>有回互？」（五燈會
　　元・蒙山光寶禪師）

16.未知足下雅意佛儒安在，<u>爲當</u>本一末殊？<u>爲</u>本末俱異耶？（
　　弘明集卷六）

D・能與繫詞"是"連文

　　有關"爲當"、"爲復"與繫詞"是"連文，可見前參、二、例
9～17中所舉之例。由於"爲當"可與"是"連文，似乎也證明了"
爲當"是選擇連詞，不是繫詞。

　　以上所述"爲當"與"爲復"在選擇問句中基本上有四種用法，
將二者當作選擇連詞，應是沒有問題。由於"爲"可作爲選擇連詞，
由其雙音節化產生的"爲當"、"爲復"，自然也可作爲選擇連詞。

　　在此一提"爲復"在宋代作品中有寫作"惟復"者，這可能是取
同音字替代而形成的，例如：㉓

17.兩國相重，書狀往還，寫得眞楷是厚意？惟復寫得諾筆是厚
　　意？（三朝北盟會編，15.5，燕雲奉使錄（1125））

18.所謂窮理，不知是反己求之於心？惟復是逐物而求之於物？
　　（朱子語類卷121）

　　由"爲"雙音節化產生的"爲是"、"爲當"、"爲復"，依據
梅祖麟（1978：22）：「出現的次序是"爲是"最先，"爲當"其次，
"爲復"最後，而其湮沒也是照著這個次序。」實際上"爲是"、"
爲當"、"爲復"在六朝時都已出現，其先後次序有時很難斷定。梅
文所言主要是根據三者出現的次數多寡，所以我們應該說在六朝時，
"爲是"使用最頻繁，"爲當"次之，"爲復"又次之，相對地，到
了唐五代，反而是相反，所以梅文提及"而其湮沒也是照著這個次序"，
在南宋《朱子語類》中只看到"爲復"，"爲當"、"爲是"皆已消
失。

三、"還"、"還是"、"還當"、"還復"

㈠ "還"

有關選擇連詞 "還" 的來源,梅祖麟（1978）、李崇興（1990）、劉堅等（1992）與筆者（1997）皆討論過,基本上梅文、劉文與筆者都同意選擇連詞 "還" 的產生是替換選擇連詞 "爲" 而來的,替換的條件是 "爲" 與 "還" 可作爲同義詞,在此根據這個論點再加以闡述。從句式上看, "爲" 與 "還" 都可出現於是非問、正反問、選擇問、特指問,兩者可作句式的替換。茲舉例於下：㉔

A・是非問

　甲、表反詰

1 a.我爲不如吉耶？而先趨附之。（搜神記卷一）

　b. 庾香,此二君何如？你看他們的相貌才藝,你評評,還是我說謊的麼？（品花寶鑒第九回）

　乙、表測度

2 a.酒至,對杯不飲,云有茱萸氣。協曰：「爲惡之耶？」（冥祥記・古小說鉤沉）

　b1.衾虎亦見,破顏微笑,問言諸將：「還識此陣？」諸將例皆不識。（變1085）

　b2.招慶拈師問：「只如著不得,還著得摩？」（祖3.082.03）

B・正反問

3 a.世光與信於家去時,其六歲兒見之,指語祖母曰：「阿爺飛上天,婆爲見不？」（冥祥記・古小說鉤沉）

　b.師云：「汝還喜歡不？」（祖2.018.03）

4 a.呂閭小人無爵秩者,爲應得事佛與不？（高僧傳,竺佛圖澄卷10）

　　b.問：「不假言句，<u>還</u>達本源也無？」（祖2.125.01）

C · 選擇問

5 a.不知孚爲瓊之別名，<u>爲</u>別有伍孚也？（三國志、魏書、董
　　二袁劉傳、裴松之注）

　　b.諸方老宿<u>還</u>說這個？不說這個？（祖5.065.01）

6 a.今我欲問，身中之事，我<u>爲</u>常？不常？（雜寶藏經）

　　b.問：「祖意與教意<u>還</u>同？別？」（祖3.007.05）

7 a.受王位時，<u>爲</u>太子一身受於王位？<u>爲復</u>國界一一受也？（
　　祖1.124.09）

　　b.與摩道，<u>還</u>得勤絕？<u>爲當</u>不得勤絕？（祖3.090.04）

D · 特指問

8 a.我向來逢見數擔谷從門出，若不糶米，<u>爲</u>是何事？（幽明
　　錄）

　　b.只如相公數年，於福光寺內，聽道安人講涅盤經，<u>還</u>聽得
　　何法？（變 1056）

在此四種句式中，發現一個有趣的現象，表測度詢問的是非問與正反
問的 "爲" 字句在六朝並不多，反而是取代它的「還」字句在晚唐五
代的《祖堂集》與禪宗語錄出現次數頻繁。相對地，作爲選擇問標誌
的選擇連詞 "爲" 與由其雙音節化產生的 "爲是"、"爲當"、"爲
復" 從六朝至唐五代十分流行，而以 "還" 作爲選擇連詞，最早出現
於唐五代，仍是萌芽階段，至宋才取代了 "爲"，成爲常見的選擇連
詞。

　　有關 "爲" 與 "還" 在是非問、正反問、特指問是怎樣地以同義
詞替代，不在此討論，著重於選擇連詞 "爲" 與 "還" 爲何能進行同
義詞替代。前已提及選擇連詞 "爲" 是由繫詞 "爲" 的用法而來，但
是 "爲" 的繫詞義已消失，引申出 "或許" 義。而 "或許" 義與 "爲" 表

示假設詞的“如其”義，在意義上也是可以引申相通的。這樣的說法是為了方便敘述“為”與“還”怎樣變成同義詞。梅祖麟（1978：25）：「張相《詩詞曲語辭匯釋》（126）提出在晚唐和宋元，“還”也是個假設詞，意思是“如其”。」依據梅文所引張書的例子，發現當作“如其”義的“還”，在唐並不多見，只有韓愈：「僧還相訪來，山藥者可掘。」（送文暢師北遊詩）。對於此點，劉堅等（1992：256）：「“還”作“如其”講唐代的例子很少見，宋代才較為普遍，而“還”作選擇問記號唐五代已多見，時間上銜接得不緊。」按選擇連詞“還”從晚唐五代至宋，是由萌芽進入普遍，劉文認為「“還”作選擇問記號唐五代已多見」，與語言事實是不相符。在此支持梅文說法，而且表“如其”義的“還”唐五代並不多見，宋代才漸普遍，正好也符合選擇連詞“還”在時間上的發展。至於由“如其”義而產生“或是”義，是憑藉著引申用法而來。如此，選擇連詞“為”與“還”有了一個共同義項“或是”義，自然在句式上可以相替代。

　　㈡“還是”、“還當”、“還復”

　　在參、二、㈠中已提及“還是”是選擇連詞“還”與繫詞“是”經過重新分析而產生的選擇連詞。梅祖麟（1978：27）把“還是”當作與“為是”相同，是由附加“是”而得來的。依據梅說，把“是A？還是B？”中的“還是”都當作選擇連詞，然而此“還是”結構是繫詞“是”前出現選擇連詞“還”，如此才能與前一分句的繫詞“是”相對應。所以我們不把“還是”當作由“～是”型而來。至於“還當”、“還復”作為選擇連詞，從六朝至宋的作品中，只見於《朱子語類》（如參、一、例25～28），而且用例不多，“還當”有3例，“還復”僅1例，其形成方式與“為當”、“為復”一樣，是由選擇連詞“還”雙音節化產生的。

伍、結　語

語言的變化是漸進的，在這慢慢的演變中，每個時代的語言現象，仍然有所差別。本文主要探討從中古至近代漢語選擇問句的類型與功能，大體上可歸納出以下四點結論：

一、選擇問句在形式上主要是靠選擇連詞、連接副詞、繫詞作爲選擇問標誌，或以句末語助詞來傳疑，也可以純粹把兩個（或兩個以上）選擇項並列，在這歷時發展中，先秦的選擇問，一定要有句末語助詞傳疑，此是必用條件，偶而選擇項前會出現選擇連詞，乃是可用條件。秦代後可單獨以選擇連詞來連繫選擇項，直到六朝才能出現只有選擇項並列的方式。在這發展過程中，顯現出早先句末語氣詞比選擇問標誌的標顯功能強，不過，後者有漸漸超越前者的趨勢，從六朝至現代，選擇問標誌在選擇問中扮演重要角色，出現次數頻繁，因而促使了許多新興的選擇問標誌在六朝時開始產生。

二、大抵從六朝至宋代新產生的選擇問標誌有繫詞“爲”、“爲是”、“是”，選擇連詞“爲”、“爲是”、“爲當”、“爲復”、“還”、“還是”、“還當”、“還復”。在這段期間，彼此有消長情形。六朝盛行的繫詞“爲”、“爲是”，在唐宋已被繫詞“是”取代。六朝至唐五代流行的選擇連詞“爲”、“爲是”、“爲當”、“爲復”，到了宋代已經衰亡，取而代之的是“還”與“還是”。基本上，宋代的選擇問句已趨於穩定階段，現代漢語最常見的選擇問“是A？還是B？”式在此時已成型，而且選擇連詞“還”與“還是”也是現代漢語最常用的選擇問標誌。

三、當對幾個新興的選擇問標誌進行溯源，可以發現到詞義引申、詞彙替代與詞雙音節化是這些選擇問標誌產生的原因。如選擇連詞“

爲"是由"爲"的繫詞用法發展而來的,當繫詞"爲"作爲選擇問標誌時,如果繫詞功能減弱,仍具有選擇問的標誌作用,因此就由不確定的揣測中引申出"或許"義,成爲選擇連詞。又如繫詞"是"與選擇連詞"還"分別取代了"爲"的繫詞與選擇連詞用法,這是採用同義詞的替代方式。一般能進行詞彙替換,必須以具有相同的句式爲先決條件。又如繫詞"爲是"、選擇連詞"爲當"、"爲復"、"還當"、"還復",都是藉由詞的雙音節化而形成的。這些雙音詞本身具有強調與調整音節作用。

　　四、根據語言的事實作分析,有時在某一時期會有一些特殊句式產生。這些特殊句式,有的只是發展中的歧出,出現次數不多,如選擇問"DV不V"與"VD不V"二式,選擇連詞"D"在此標誌功能不大,已被正反問"V不V"取代。有的則具有開展性,如唐五代選擇連詞與繫詞"是"連用,是促使宋代"是A?還是 B?"式產生的源頭。

【附註】

① 梅祖麟(1978:18)提及兩小句並列而不另加記號的選擇問在五世紀時才出現。

② 湯師廷池雖然認爲正反問句是國語裡一種很特殊的選擇問句,但是兩者仍然有差別,他說:「正反問句,與一般選擇問句一樣,疑問語助詞用"呢"不用"嗎"。但是與一般選擇問句不一樣,語助詞只能出現於句尾,不能出現於句中,又一般選擇問裡可供選擇的項目沒有一定的排列次序,而正反問句則必須依照肯定式在前,否定式在後的次序排列。」(見湯師1988: 264～265)按在現代漢語中,語助詞在正反問句中只能出現於句尾,而古漢語中,則句尾或句中都可出現,例如:

1.子之持戟之士,一日而三失伍,則去之否乎?(孟子·公孫丑)

2.師曰：「喫飯也未？」（祖1.166.07）

3.昨夜綠窗風雨，問君知也否？（歐陽修：應天長）

③　　"V" 指動詞，"VP" 指動詞組，"Neg" 為 "Negation" 之省略，指否定詞。

④　一般正反型的選擇項是肯定式在前，否定式在後，也可以看到排列順序相反的用例，如：

帝乃令謂之曰：「若寧不妒而生？寧妒而死？」（隋唐嘉話卷中）

⑤　有關中古至近代新興的選擇問標誌的來源，將在下一節探討。

⑥　有關 "為當" 用法，見肆、二、（二）中所述。

⑦　例23第二分句 "是" 字前有副詞 "只" 修飾，顯現在 "是…還是…" 式，"還是" 並非連詞，而是「選擇連詞 "還" ＋繫詞 "是"」。例24 "是…還…" 式，乃 "是…還是…" 式的省略，可還原成「不知只是首尾用之？還是中間亦用邪？」。

⑧　有關繫詞 "是" 作為選擇問標誌在變文與《祖堂集》中的用法，見拙著（1997：43～44）。

⑨　例9、10第二分句為否定式，繫詞 "是" 前出現否定副詞 "不"，並不是很好的用例，僅列出參考。

⑩　我們可以發現到 "還是A？還是B？"、"還是A？還是B？"、"A？還是B？" 大多不能變成 "還是…是…"，但卻能說成 "是…還是…"，此乃因 "是…還是…" 符合音節從輕到重的原理，所以能將本是複合詞的 "還是" 轉換成選擇連詞 "還" 與繫詞 "是" 連文。

⑪　這個例句與說明可以參徐正考（1996：123）。

⑫　例9a、b轉取自楊如雪（1998：77～78）。

⑬　轉取自楊如雪（1998：77～79）。

⑭　有關 "為是" 的繫詞用法見下節所述。

⑮　轉取自楊如雪（1998：75）。

⑯　繫詞"是"作為選擇問標誌在變文與《祖堂集》中使用的情形,可以參
　　拙著(1997:43～44)。

⑰　支識所譯的維摩詰經稱為《佛說維摩詰經》,鳩摩羅什稱為《維摩詰所
　　說經》。

⑱　以下所引的譯經文字轉取自楊如雪(1998:89)。

⑲　在張衡〈髑髏賦〉可以看到"為是"作為繫詞,而且是選擇問標誌的例
　　子:

　　為是上智?為是下愚?為是女子?為是丈夫?

　　蔣禮鴻(1982:346)提及東漢張賦有可能出於偽託。到底張賦是否出於
　　偽託,有待考證。為求謹慎,本文不將這個例子當作"為是"作為繫詞
　　最早的用法。

⑳　此例轉取自蔣禮鴻(1982:347)。

㉑　在下面的例子,"為是"、"為"當繫詞或選擇連詞,似乎都可以,不
　　過傾向於後者,例如:

　　1.為欲請國王過舍?為是貴家男欲娶婦女欲嫁乎?願聞其意。(出曜經
　　　卷27)。

　　2.且諸師所說,為是可毀?為不可毀?(陳書卷30)。

㉒　此例《五燈會元‧長慶慧稜禪師》作:「為當只這個?別更有?」可見
　　選擇連詞可單獨出現於前項或後項。

㉓　轉取自梅祖麟(1978:21)。

㉔　"為"出現於是非問、正反問、特指問與"還"在是非問中表反詰的用
　　例,轉取自劉堅等(1992:254～255,258)。

參考書目

王海棻，古代疑問詞語用法詞典，浙江，浙江教育出版社，1992。

王錦慧，敦煌變文與《祖堂集》疑問句比較研究，台北，台灣師範大學國文研究所博士論文，1997。

朱德熙，語法講義，北京，商務印書館，1984。

呂叔湘，現代漢語八百詞，北京，商務印書館，1980。

李思明，從變文、元雜劇、《水滸》、《紅樓夢》看選擇問句的發展，語言研究，1983.2：158～167。

李崇興，選擇問記號 "還是" 的來歷，語言研究1990.2：76～81。

吳振國，現代漢語選擇問句的刪除規則，華中師範大學學報（哲社版）1992.5：79～83。

邵敬敏，現代漢語選擇問研究，語言教學與研究，1994.2：49～66。

袁　賓，敦煌變文中的疑問副詞 "還"，語文月刊1988.4：16～17。

　　　　說疑問副詞 "還"，語文研究1989.2：26～28。

徐正考，唐五代選擇疑問句系統初探，吉林大學社會科學學報，1988.2：72～76。

　　　　清代漢語選擇疑問句系統，語言文字學，1996.4：119～124。

許世瑛，中國文法講話，開明書局，1966。

梅祖麟，現代漢語選擇問句法的來源，中央研究院歷史語言研究所集刊，49.1：15～36，1978。

馮春田，秦墓竹簡選擇問句分析，語文研究，1987.1：27～30。

黃寬重、劉增貴，中央研究院人文計算的回顧與前瞻，漢學研究通訊，17.2：145～168，1998。

湯師廷池，國語疑問句的研究，師大學報26：219～277，1981（*漢
　　　語詞法句法論集，1988a：241～311）。
　　　國語疑問句的研究續論，師大學報29：381～435，1984（*漢
　　　語詞法句法論集，1988b：313～399）。
閩南語的是非問句與正反問句，漢學研究16.2：173～195，1998。
楊如雪，支謙與鳩摩羅什譯經疑問句研究，台北，台灣師範大學國文
　　　研究所博士論文，1998。
楊伯峻，古漢語虛詞，北京，中華書局，1981。
楊伯峻、何樂士，古漢語語法及其發展，北京，語文出版社，1992。
劉子瑜，敦煌變文中的選擇疑問句式，古漢語研究，1994.4：53～58。
劉堅、江藍生、白維國、曹廣順，近代漢語虛詞研究，北京，語文出
　　　版社，1992。
劉鏡芙，《金瓶梅詞話》中的選擇問句，中國語文1994.6：454～457，
　　　1994。
蔣禮鴻，敦煌變文字義通釋，台北，木鐸出版社，1982。

紀念許世瑛先生九十冥誕學術研討會論文集

主 編 者：國立臺灣師範大學國文學系

著　　者：黃　　錦　　鋐　　等

出 版 者：國立臺灣師範大學國文學系

　　　　　台北市和平東路一段一六二號

　　電　　話：二三六二五二七〇

印 刷 者：文　史　哲　出　版　社

　　　　　臺北市羅斯福路一段七十二巷四號

　　　　　電話 886-2-23511028・傳眞 886-2-23965656

中 華 民 國 八 十 八 年 六 月 初 版